Jean Laplanche

Neue Grundlagen für die Psychoanalyse

Das Anliegen der Buchreihe Bibliothek der Psychoanalyse besteht darin, ein Forum der Auseinandersetzung zu schaffen, das der Psychoanalyse als Grundlagenwissenschaft, als Human- und Kulturwissenschaft sowie als klinische Theorie und Praxis neue Impulse verleiht. Die verschiedenen Strömungen innerhalb der Psychoanalyse sollen zu Wort kommen, und der kritische Dialog mit den Nachbarwissenschaften soll intensiviert werden. Bislang haben sich folgende Themenschwerpunkte herauskristallisiert:

Die Wiederentdeckung lange vergriffener Klassiker der Psychoanalyse – wie beispielsweise der Werke von Otto Fenichel, Karl Abraham, Siegfried Bernfeld, W. R. D. Fairbairn, Sándor Ferenczi und Otto Rank – soll die gemeinsamen Wurzeln der von Zersplitterung bedrohten psychoanalytischen Bewegung stärken. Einen weiteren Baustein psychoanalytischer Identität bildet die Beschäftigung mit dem Werk und der Person Sigmund Freuds und den Diskussionen und Konflikten in der Frühgeschichte der psychoanalytischen Bewegung.

Im Zuge ihrer Etablierung als medizinisch-psychologisches Heilverfahren hat die Psychoanalyse ihre geisteswissenschaftlichen, kulturanalytischen und politischen Bezüge vernachlässigt. Indem der Dialog mit den Nachbarwissenschaften wiederaufgenommen wird, soll das kultur- und gesellschaftskritische Erbe der Psychoanalyse wiederbelebt und weiterentwickelt werden.

Die Psychoanalyse steht in Konkurrenz zu benachbarten Psychotherapieverfahren und der biologisch-naturwissenschaftlichen Psychiatrie. Als das ambitionierteste unter den psychotherapeutischen Verfahren sollte sich die Psychoanalyse der Überprüfung ihrer Verfahrensweisen und ihrer Therapie-Erfolge durch die empirischen Wissenschaften stellen, aber auch eigene Kriterien und Verfahren zur Erfolgskontrolle entwickeln. In diesen Zusammenhang gehört auch die Wiederaufnahme der Diskussion über den besonderen wissenschaftstheoretischen Status der Psychoanalyse.

Hundert Jahre nach ihrer Schöpfung durch Sigmund Freud sieht sich die Psychoanalyse vor neue Herausforderungen gestellt, die sie nur bewältigen kann, wenn sie sich auf ihr kritisches Potenzial besinnt.

Bibliothek der Psychoanalyse

Herausgegeben von Hans-Jürgen Wirth

Jean Laplanche

Neue Grundlagen für die Psychoanalyse

Die Urverführung

Herausgegeben von Udo Hock und Jean-Daniel Sauvant

Aus dem Französischen von Hans-Dieter Gondek

Psychosozial-Verlag

Titel der Originalausgabe:
»Nouveaux fondements pour la psychanalyse«

(2. Auflage »Quadrige«, 2008)

Die Übersetzung des vorliegenden Buches wurde durch eine Zuwendung der *Fondation Jean Laplanche* finanziert.

Bibliografische Information der Deutschen Nationalbibliothek
Die Deutsche Nationalbibliothek verzeichnet diese Publikation in der Deutschen Nationalbibliografie; detaillierte bibliografische Daten sind im Internet über http://dnb.d-nb.de abrufbar.

2. Auflage 2024
Deutsche Erstveröffentlichung

E-Mail: info@psychosozial-verlag.de
www.psychosozial-verlag.de

Umschlagabbildung: Jean Laplanche, Paris, 5. Mai 1994

Umschlaggestaltung & Satz: Hanspeter Ludwig, Gießen
www.imaginary-art.net
Druck: Majuskel Medienproduktion GmbH, Wetzlar
www.majuskel.de
Printed in Germany
ISBN 978-3-8379-2006-2

Inhalt

Vorwort der Herausgeber

23 Jahre nach der französischen Erstveröffentlichung legen wir hier zum ersten Mal die deutsche Übersetzung von Jean Laplanches *Neue Grundlagen für die Psychoanalyse* vor. Damit wird es nun endlich auch dem deutschsprachigen Leser möglich, schrittweise die erkenntnistheoretische wie auch klinische Neuausrichtung der Psychoanalyse hin zu einer *Allgemeinen Verführungstheorie* zu verfolgen.

Zugleich soll dieses Buch der erste Baustein sein für eine umfassende Herausgabe des psychoanalytischen Werks von Jean Laplanche in deutscher Sprache. Geboren 1924 gehört Jean Laplanche zu jener Generation französischer Intellektueller, die im Umfeld des Strukturalismus groß geworden sind: Claude Lévi-Strauss in der Ethnologie, Louis Althusser in der Philosophie sowie Jacques Lacan in der Psychoanalyse. Als ehemaliger Schüler der Eliteuniversität École Normale Supérieure unterhielt und unterhält er vielfältige persönliche wie auch professionelle Verbindungen zu den Geistesgrößen seiner Zeit. 1947 beginnt er eine persönliche Analyse bei Jacques Lacan und bleibt sein Schüler bis 1964, als es zum endgültigen Bruch zwischen Lacan und der Internationalen Psychoanalytischen Vereinigung (IPV) kommt. Zeitgleich gründet Laplanche mit einer Gruppe von Psychoanalytikern, die ursprünglich Lacan nahestanden, die Association Psychanalytique de France (APF). Eine Besonderheit dieser Gruppierung besteht darin, dass dort der Status des Lehranalytikers abgeschafft wurde. Die Analyse, so deren Credo, dürfe keinen äußerlichen Zielen, wie etwa dem, Analytiker werden zu wollen, untergeordnet werden. Bereits 1957 als Übersetzer von Freuds

Zur Einführung des Narzißmus in Erscheinung getreten, hat Jean Laplanche als wissenschaftlicher Leiter seit 1988 die erste französische Gesamtübersetzung der psychoanalytischen Schriften Freuds auf den Weg gebracht. Inzwischen ist die überwiegende Mehrzahl der 20 Bände erschienen.

Zur editorischen Situation

Tatsächlich ist aktuell neben dem weltberühmten *Vokabular der Psychoanalyse* (frz. Erstausgabe 1967, erste Übersetzung ins Deutsche 1972, inzwischen in der 17. Auflage erschienen), das Laplanche zusammen mit Jean-Bertrand Pontalis verfasst hat, in Buchform nur *Die unvollendete kopernikanische Revolution in der Psychoanalyse* erhältlich. Ursprünglich 1996 bei Fischer publiziert, wurde dieser Band 2005 im Psychosozial-Verlag neu aufgelegt. Er umfasst Aufsätze aus den Jahren 1967–1992 und ist zugleich eine Teilübersetzung des französischen Buches *La révolution copernicienne inachevée* (1992), in dem das Primat des Anderen mehr und mehr Konturen gewinnt; deshalb auch der neue französische Titel dieses Buches seit 1999: *Le primat de l'autre en psychanalyse*.

Vergriffen und nicht wieder neu aufgelegt sind dagegen:

- *Marcuse und die Psychoanalyse* (frz. 1969, dt. 1970, Merve), ein als eigenständiger Band erschienener kritischer Aufsatz über Marcuses Kultbuch der 60er Jahre: *Triebstruktur und Gesellschaft.*
- *Leben und Tod in der Psychoanalyse* (frz. 1970, dt. zunächst 1974, Walter-Verlag; Neuauflage 1985, Nexus): In diesem Buch wird die menschliche Sexualität in mehrfacher Perspektive (infantile Sexualität, Narzissmus, Sadomasochismus, Lebens- versus Todestrieb) als das eigentliche Objekt der Psychoanalyse bestimmt.
- *Hölderlin und die Suche nach dem Vater* (frz. 1961, dt. 1975, frommann-holzboog): Das psychoanalytische Erstlingswerk von Jean Laplanche verrät bereits im Titel seine Lacan'sche Inspiration, insofern Hölderlins Wahn mit dem Fehlen des väterlichen Gesetzes enggeführt wird. Nach Lacan liegt der Psychose die Verwerfung des »Namen-des-Vaters« zugrunde.

- *Die allgemeine Verführungstheorie und andere Aufsätze* (dt. 1988, edition diskord), eine Aufsatzsammlung mit Texten aus den Jahren 1968–1987, in denen sich die Allgemeine Verführungstheorie Bahn bricht.
- *Urphantasie, Phantasien über den Ursprung, Ursprünge der Phantasie* (frz. 1964, dt. 1992, Fischer-Verlag): Ein zusammen mit Jean-Bertrand Pontalis verfasster Aufsatz aus dem Jahre 1964, der als eigenständiger Band erschienen ist. Der Text ist ein Dokument jener Zeit, in der Laplanche und Pontalis zwischen Lacan und Freud, »ihrem« Freud, oszillieren.

Kurz, die editorische Lage der Schriften Laplanches in deutscher Sprache ist äußerst unbefriedigend. Eine der großen Figuren nicht nur der französischen Psychoanalyse, sondern des gesamten intellektuellen Lebens in Frankreich seit den 60er Jahren ist derzeit in deutscher Sprache nur ganz fragmentarisch zugänglich.

Bisher nicht übersetzt sind neben den bereits erwähnten Arbeiten im Wesentlichen die *Problématiques I–VII*, die sieben Vorlesungszyklen aus den Jahren 1970–1984 bzw. 1989–1992 zu den Themen Angst, Kastration und Symbolisation, Sublimation, das Unbewusste und das Es, Übertragung, Nachträglichkeit sowie Biologismus in der Sexualität. Hinzu kommen zwei Aufsatzbände: zum einen *Entre séduction et inspiration: l'homme* (*Der Mensch zwischen Verführung und Inspiration* mit Aufsätzen aus den Jahren 1992–1999), zum anderen *Sexual* mit Texten, die zwischen 2000 und 2006 entstanden sind. Einige davon wurden bereits ins Deutsche übersetzt und sind insbesondere in der Zeitschrift *Psyche*, vereinzelt auch im *Forum der Psychoanalyse* publiziert worden.

Wie sind nun die vorliegenden *Neuen Grundlagen für die Psychoanalyse* im Gesamtwerk von Jean Laplanche zu situieren? Das französische Original ist 1987 erschienen, wurde also nach den ersten fünf Vorlesungsreihen verfasst, in denen sich Laplanche spezielleren Themen der Psychoanalyse gewidmet hatte. Hier geht es ihm um eine Verdichtung der dort ausgetragenen geduldigen Auseinandersetzung mit den theoretischen wie praktischen Grundfragen der Psychoanalyse. Wie können die verschiedenen Fäden, die er bei Freud aufgenommen und auf seine ureigenste Art weiterentwickelt hatte, verknotet werden, um der Psychoanalyse eine neue Grundlage, ja ein neues Paradigma zur Verfügung zu stellen? Das ist die Ausgangslage für den großen Entwurf, den das vorliegende Buch darstellt. Dabei verfährt er mit dem Werdegang des eigenen Denkens nicht anders als mit demjenigen Freuds: Er schreckt nicht davor zurück, frühere Erkenntnisse im Lichte neuerer Entwicklungen radikal infrage zu stellen.

Zwei Beispiele mögen dies konkretisieren. Hatte Laplanche zusammen mit Pontalis in einem der schönsten Texte aus jener glorreichen Zeit der Pariser strukturalistischen Epoche Mitte der 60er Jahre die *Urphantasien* zunächst zu einem Schlüsselkonzept für das Verständnis des Unbewussten erklärt, werden sie mehr als 20 Jahre später als eine Extremform für Freuds phylogenetisches Denken kritisiert. Denn Urphantasien sind wie der Ödipuskomplex Kategorien apriori, die dem individuellen Erleben vorausgehen. Laplanche plädiert aber in diesem Buch vehement für eine Herausbildung des Unbewussten über den Anderen und dessen rätselhafte Botschaften, sodass kein Platz für Heredität und Endogenität bleibt, wie sie die Urphantasien implizieren. Ähnlich kritisch verfährt er mit der *Anlehnungstheorie*. Nachdem er sie selbst mit Pontalis überhaupt erst bei Freud ausgegraben und ihre Bedeutung für dessen Bestimmung der Sexualität hervorgehoben hatte, relativiert er ihren Erklärungswert für die Entstehung der infantilen Sexualität aus der Selbsterhaltung entscheidend. Wie sollte aus dem Saugen an der Mutterbrust sexuelle Erregung hervorgehen, wie es diese Theorie behauptet, wenn sie nicht durch die »verführende« Mutter ins Spiel gebracht worden wäre?

Laplanche wird folglich nicht müde, immer wieder die gleichen Fragen an die Psychoanalyse zu stellen, um immer wieder neue Antworten zu finden: Was ist das Unbewusste und wie entsteht es? Wie ist seine Verbindung zur infantilen Sexualität und zum Trieb? Welche Bedeutung kommt dabei dem Anderen zu und welche Rolle spielt die Sprache? Spiralförmig durchläuft er dabei immer wieder die gleichen Bahnen und fügt doch fast unmerklich den vorangegangenen Erkenntnissen eine neue Wendung hinzu, sodass sich eine andere Perspektive auf das gleiche Problem eröffnet. Insofern ist die Wiederholung niemals nur eine pädagogische Maßnahme, gerade so wie in der psychoanalytischen Kur geht sie auch im theoretischen Diskurs mit einer Vertiefung des Themas einher – ein dialektisches Vorgehen, freilich ohne triumphales Ende.

Vor diesem methodischen Hintergrund greift Laplanche nun seine früheren Arbeiten auf, um ihnen einen Platz in seinem großen Projekt der Allgemeinen Verführungstheorie zuzuweisen. Überall finden sich Spuren dieser Arbeiten, implizite wie explizite Auseinandersetzungen mit weit zurückreichenden Problematiken verweisen auf die lange Vorgeschichte des vorliegenden Werkes: Die Wiederentdeckung der Nachträglichkeit, die schließlich zum zentralen Zeitlichkeitsbegriff der Psychoanalyse avanciert; die zunehmende Bedeutsamkeit der Verführung, die sich bereits in den erwähnten *Urphantasien* als Kompass für kommende Ausführungen erweist; die Debatte um den Status der Sprache im Unbewussten, die mit Leidenschaft und zugleich großer Scharfsichtigkeit bereits seit Anfang der 60er Jahre geführt wird; oder die immer wiederkehrende Unterscheidung zwischen Trieb und Instinkt, die bereits in *Leben und Tod in der Psychoanalyse* auf breiter Basis im Rückgriff auf die *Drei Abhandlungen zur Sexualtheorie* etabliert wird; nicht zu vergessen die Frage nach dem ökonomischen Prinzip und dem damit verknüpften Maschinenmodell, das im Unbewussten herrscht und die dortigen Prozesse bestimmt. All diese Kristallisationspunkte in Jean Laplanches Denken werden neu aufgegriffen und zu einem kohärenten Theorieentwurf zusammengefügt.

Natürlich verlangt es nicht nur dem Neueinsteiger einiges ab, sich auf dieses vielschichtige Werk einzulassen, mit seinen untergründigen Kämpfen, den Polemiken gegen genannte und ungenannte Gegner oder auch Revisionen der eigenen Theorie. Doch die Anstrengung lohnt. Denn weder davor noch danach hat Laplanche noch einmal eine vergleichbare Anstrengung unternommen, den eigenen psychoanalytischen Standpunkt in solch umfassender Weise darzulegen, wie er dies in den *Neuen Grundlagen für die Psychoanalyse* tut. Geschrieben in der Mitte seines intellektuellen Schaffens sind sie ein Markstein für die Entwicklung seiner Allgemeinen Verführungstheorie, der gleichermaßen die Erkenntnisse der vorangegangenen Arbeiten in sich vereint wie auch die zukünftigen Leitlinien erahnen lässt.

Eine Eigenschaft im Werk von Jean Laplanche, ist bereits deutlich geworden: die Hartnäckigkeit und Insistenz, mit der er eine Linie verfolgt und an ihr festhält. Mit großer Konsequenz treibt er seine Reflexion seit Jahrzehnten voran. Der Titel des Buches ist klar und kann, ja soll auch wörtlich verstanden werden. Laplanche diagnostiziert einen dringenden Bedarf nach Erneuerung der Psychoanalyse, genauer gesagt nach Erneuerung der Fundamente der Psychoanalyse. Damit stellt sich die Frage, was denn nun alles zu diesen Fundamenten zu zählen sei? Etwas lapidar ließe sich antworten: das Werk von Sigmund Freud. Zweifelsohne ist Freud für Laplanche der entscheidende Orientierungspunkt. Nun wäre das für sich genommen weder überraschend noch sehr originell. Das Besondere liegt in der Art, in der er an Freud herangeht oder sagen wir mit Freud umgeht. Seine Devise lautet: Referenz ohne Reverenz. Laplanche äußert seine Kritik direkt und unverblümt. Es gibt immer wieder Stellen, an denen er ungefähr schreibt: »Hier vermischt Freud verschiedene Dinge« oder »Hier stellt Freud einen Bezug her, von dem er selbst wissen muss, dass er nicht zutrifft«. Das kann bei der Lektüre zwei gegensätzliche Reaktionen hervorrufen: Entweder man ist durch diese in der psychoanalytischen Literatur doch eher ungewohnt direkten und pointierten (speziell Freud betreffend) Stellungnahmen vor den Kopf gestoßen oder man lässt sich dadurch animieren, Freud anders zu lesen.

Freud ist für Laplanche Fundament und Fundus. Immer wieder bearbeitet er Freud von neuem oder nach seinem Ausdruck, »lässt Freud arbeiten« (»faire travailler Freud«). Er definiert es so:

> »Bei der Annäherung an jeden großen Autor (nicht nur Freud), dessen Denken, ja Herkunft man verfolgt, gibt es in jedem von uns zwei sich abwechselnde Tendenzen. Entweder man weist diesem Autor seinen Platz zu und nur diesen Platz, womit ihm auf eine gewisse Weise Gerechtigkeit getan wird, aber gleichermaßen Unrecht, da man ihn ein wenig auf das festlegt, was er gesagt hat; die andere Tendenz ist die, ihn von den fortschrittlichsten Elementen seines Denkens oder von denen her, die man dafür hält, weiter zu entfalten. Diese zweite Einstellung ist im Allgemeinen meine eigene: Die meiste Zeit nehme ich Freud, wenn ich ihn kommentiere, von seiner besten Seite, um zu versuchen, mich durch ihn inspirieren zu lassen.«[1]

Inspirierend für Laplanche sind, das wird im Buch immer wieder deutlich, die Stellen bei Freud, in denen ein Widerspruch auftaucht.[2] Hier

1 S. 135–137 im vorliegenden Band.
2 Vgl. S. 49 im vorliegenden Band.

kann man auch seine Vorgehensweise mitverfolgen: Er bleibt nicht bei der Kritik stehen, um etwas zu verwerfen oder zu widerlegen, sondern untersucht zunächst den Widerspruch selbst, sucht nach dessen Ursprüngen. In einem Artikel mit dem Titel »[Mit] Freud deuten« schreibt Laplanche: »Das Werk in alle Richtungen durchstreifen, ohne etwas auszulassen und ohne etwas a priori zu bevorzugen, das ist vielleicht für uns das Äquivalent der Grundregel der Kur.«[3] Und Laplanche wählt aus, entscheidet, wo er bei Freud ansetzen und etwas wieder aufnehmen will. Dabei ist seine Auswahl nicht zufällig oder willkürlich, sie folgt einer konsequenten Linie und betrifft in der Tat die Grundlagen der Psychoanalyse.

Das zentrale Beispiel stellt natürlich die *Verführungstheorie* dar. Laplanche widersetzt sich der auch heute noch vorherrschenden Auffassung, wonach die Aufgabe der Verführungstheorie im Brief an Fließ vom 21. September 1897 den Weg freigemacht habe für die Geburt der eigentlichen Psychoanalyse. Er fasst nach, legt frei und kommt in seiner Auseinandersetzung mit diesem Wendepunkt, die das Wesentliche des vorliegenden Buches ausmacht, schließlich zur Formulierung der *Allgemeinen Verführungstheorie*. Dabei weiß er es am Ende nicht etwa besser als Freud, sondern macht vielmehr das Geniale am Gründungsakt sichtbar: Freud hat eine Behandlungssituation geschaffen, welche die *anthropologische Grundsituation* mit dem Charakter des Rätsels wiederholt, neu aufleben lässt und auf diese Weise den Kern der psychoanalytischen Theorie zugleich darstellt und in die Tat umsetzt. Darin liegt nach Laplanche das Wesen und auch das genuine Potential der Analyse. Neue Grundlagen bedeutet also, dass Laplanche nicht bei Freuds Gedankengebäude seine eigene Seitenkapelle anbaut, so wie dies einige führende Denker nach Freud getan haben, sondern die Fundamente erneuert und stärkt. In seinen eigenen Worten: »Der Ausdruck, den ich vorziehe, nach dieser Rückkehr zu Freud und diesem Rückgriff auf Freud, wäre das Zurückkommen auf [»sur«] Freud, denn man kann nicht zu Freud zurückkehren, ohne ihn einer gewissen Arbeit zu unterziehen.«[4] Der Autor entfaltet

3 J. Laplanche: »[Mit] Freud deuten«. In: J. Laplanche (1988): *Die allgemeine Verführungstheorie*. Tübingen (edition diskord), S. 28 (Übersetzung durch uns verändert; A. d. H.).

4 S. 41 im vorliegenden Band.

in seiner Auseinandersetzung mit Freud insofern eine emanzipatorische Wirkung, als er den Leser dazu anregt, sich von einer doktrinären oder orthodoxen Lektüre Freuds freizumachen und damit der Gefahr des Denkens innerhalb einer Glaubensgemeinschaft zu entgehen.

Es geht in diesem Buch, und ganz allgemein im Werk von Jean Laplanche, um psychoanalytische Theorie, um die *»Hexe Metapsychologie«* also. Laplanche erweist sich hier einmal mehr als ein praktischer Theoretiker. Wir lernen auf der Spur des Autors einen Freud (und eine Metapsychologie) »zum Anfassen« kennen. Laplanches Furchtlosigkeit im Umgang mit den psychoanalytischen Begriffen, die er aus seiner profunden Kenntnis des Freud'schen Werkes schöpft, hat etwas Ansteckendes. Und wer sich auf diese Zugangsweise einlässt, kann bald nachempfinden, was mit »Theorie als Erfahrung« oder mit praktischem Theoretisieren gemeint ist. In der vorhin angedeuteten, bekannten Stelle aus *Die endliche und die unendliche Analyse* fährt Freud mit den folgenden Worten fort: »Ohne metapsychologisches Spekulieren und Theoretisieren – beinahe hätte ich gesagt: Phantasieren – kommt man hier keinen Schritt weiter.«[5] Erinnern wir uns daran, dass Spekulieren ursprünglich »spähen«, »ins Auge fassen« bedeutet, dass Spekulation und Theorie nahezu synonym »Betrachtung« meinen. Entgegen der noch immer verbreiteten Haltung, wonach seriöse Wissenschaft nur durch statistisch gesicherte Überprüfung von Arbeitshypothesen betrieben werden könne – ein nota bene an sich ganz und gar ehrbares Vorgehen – baut jede Wissenschaft auf vorausgehendes Theoretisieren, auf »Spekulation« eben, wenn sie denn innovativ, also erneuernd sein will. Freud ist hierin das leuchtende Beispiel. Jean Laplanche macht deutlich, dass Theorie und Theoretisieren in der Psychoanalyse selbst ein wichtiges Erfahrungsfeld darstellen und keineswegs entbehrlicher Überbau sind. Er unterscheidet dabei die verschiedenen Theorieebenen genau und betont die Tatsache, dass der Mensch ein grundsätzlich *selbst-theoretisierendes Wesen* ist. Dass die Metapsychologie nicht in die Kur eingeschleust werden soll, dass dies nicht ihrer Bestimmung entspricht, ist bekannt. Dies wird am Ende nochmals unmissverständlich auf den Punkt gebracht: »Man behaupte nicht, es sei unsere Absicht, eben diese Theorie in die Kur einzuführen.

5 GW XVI, S. 69.

Nicht nur darf die Theorie nicht in die Kur eindringen, sondern sie ist *dazu* da, dem Eindringen jeder dem Subjekt fremden Theorie Einhalt zu gebieten.«[6] Metapsychologie und Praxis stehen in einem dialektischen Verhältnis zueinander, wir brauchen beide; keines kann das andere vertreten oder ersetzen.

Neben Freud ist sicherlich Jacques Lacan eine weitere Quelle der Inspiration, die sich im vorliegenden Buch deutlich niederschlägt. Einerseits schreibt Laplanche, es falle ihm schwer, die Konzepte von Lacan arbeiten zu lassen (»faire travailler Lacan«), sei es in Lacans Texten, sei es im Gespräch mit Lacanianern; er stellt dabei wiederholt den Unterschied zwischen Jacques Lacan und dem Lacanismus heraus. Andererseits versteht Laplanche wie Lacan das Unbewusste und somit den Trieb nicht als etwas Biologisches, Archaisches oder Angeborenes, sondern als Resultat der Menschwerdung nach der Geburt. Auch die *zentrale Position des Anderen* von Lacan findet sich bei Laplanche wieder, wenn auch in anderer Form und mit anderer Bedeutung. Ein wesentlicher Gegensatz zu Lacan ist hingegen in Bezug auf die Stellung der Sprache auszumachen. Für Laplanche geht es bei der Sprache nicht nur um die verbale Sprache und er zitiert hierzu gerne aus Freuds *Das Interesse an der Psychoanalyse*: »Unter Sprache muß hier nicht bloß der Ausdruck von Gedanken in Worten, sondern auch die Gebärdensprache und jede andere Art von Ausdruck seelischer Tätigkeit, wie die Schrift, verstanden werden.«[7] Laplanche ortet bei Lacan ein »Primat des Signifikanten«, dem er sich nicht anschließen kann; denn wird dieser als »Primat« der Verbalsprache verstanden, so ist es in letzter Konsequenz ja auch nicht von der Idee eines überindividuellen Unbewussten zu trennen. Für Laplanche gibt es aber kein überindividuelles, quasi präformiertes Unbewusstes. Bereits in einem Text von 1959 (zusammen mit Serge Leclaire) prägte Laplanche den Begriff vom *Realismus des Unbewussten*. Damit ist einfach ausgedrückt gemeint: Das Unbewusste existiert. Das Unbewusste stellt keinen verborgenen Sinn dar, den es mithilfe einer psychoanalytischen Hermeneutik aufzudecken gilt, sondern es entspricht einer (unbewussten) psychischen Realität.

6 S. 196 im vorliegenden Band.

7 GW VIII, S. 403.

Zum Aufbau des Buches

Zu Beginn erklärt der Autor, warum sich aus seiner Sicht eine Erneuerung der Grundlagen für die Psychoanalyse aufdrängt. Er gibt hierzu seine Bezugspunkte an, die »Orte der Erfahrung«: Das sind a) die Kur, b) die »exportierte« Analyse, d. h. Psychoanalyse in der Konfrontation mit Gesellschaft und Kultur, dann c) die konkrete Auseinandersetzung mit der Theorie und schließlich d) die Geschichte oder die Entwicklungslinien des psychoanalytischen Denkens. Laplanche geht systematisch vor und beginnt mit einem *Kathartikon*. Damit bezeichnet er seine kritische Bestandsaufnahme der Fundamente und impliziten Annahmen in der Psychoanalyse. Er macht sichtbar, dass nach wie vor einige frühe theoretische Hypothesen unbemerkt oder unhinterfragt ihre Wirkung entfalten, was in der Weiterentwicklung der Psychoanalyse teilweise zu Engpässen oder zu ideologischen Positionen geführt hat und führt. Dies wird am Beispiel der Biologie oder der mechanizistischen Physik deutlich. Auch in Bezug auf die Linguistik betont Laplanche, dass eine auf die Verbalsprache eingeschränkte Linguistik keine weiterführende Basis für die Psychoanalyse bilden kann. Eine persönliche Vorliebe Freuds, jene nämlich für die Phylogenese, für das vermeintlich von der Stammesgeschichte Ererbte des einzelnen Menschen also, welches sich u. a. in der Theorie der oben erwähnten *Urphantasien*, aber auch in Begriffen wie dem der *Urhorde* niederschlägt, wird hier dekonstruiert.

Laplanche legt auch dar, dass die Psychoanalyse klar von der Psychologie unterschieden und abgegrenzt werden muss, wenn man das genuin Psychoanalytische nicht verwässern, ja verlieren und die Psychologie nicht entwerten will.[8] Es ist kein Gewinn für die Psychoanalyse, schreibt er, wenn man von ihr annimmt, sie sei *»eine umfassende psychologische Theorie«* oder wenn man sie *»zu einer allgemeinen Psychologie des Erwachsenen erweitern«* will. Gerade bei psychoanalytischen Theorien über die Kindheitsentwicklung, die mit klaren Beschreibungen von Stadien oder Phasen aufwarten (Laplanche redet diesbezüglich auch von *Stadismus*), herrscht im Grunde oft große begriffliche Verwirrung, weil verschiedene Ebenen vermischt werden. Für Laplanche kann es keine

8 Vgl. S. 90–95 im vorliegenden Band.

»psychoanalytische Entwicklungspsychologie« geben. Es geht vielmehr darum, genau zu untersuchen, wie und unter welchen Umständen, die Erkenntnisgewinne der Psychologie und anderer Nachbarwissenschaften die Psychoanalyse bereichern können. Der Autor beleuchtet auch die Debatte zwischen dem »psychoanalytischen, sogenannten mythischen Kind« und dem »beobachtbaren psychologischen Kind als Gegenstand wissenschaftlicher Konstruktionen«, die er sogleich entschärft: In Wirklichkeit sind beide verschränkt oder vielmehr sie überdecken sich, genauso wie dies für Selbsterhaltung und Sexualität gilt. Laplanche zeigt am Beispiel der Triade *Autoerotismus – Narzissmus – Objektwahl* sehr schön, dass es sich nicht um eine chronologische, lineare Abfolge handeln kann und erinnert daran, dass auch Freud in diesem Zusammenhang nicht von der Entwicklung des Individuums, sondern von der Libidoentwicklung spricht.

Im zweiten Hauptkapitel *Grundlagen* untersucht Laplanche zunächst das Paar Kind–Erwachsener und beschreibt die Elemente dieser *Ursituation*, die er in späteren Texten *anthropologische Grundsituation* nennen wird. Wichtig ist hier u.a. der Begriff der *Hilflosigkeit*, den Laplanche freilegt, indem er zeigt, dass dieser Begriff bei Freud nicht in erster Linie eine innere Not sondern vielmehr eine objektive Tatsache bezeichnet, nämlich dass der Säugling nicht ohne äußere Hilfe überleben kann. Die grundlegende anthropologische Situation ist also, wie ihr Name besagt, universell und bildet den Ausgangspunkt für die *Urverführung*. Laplanche unterscheidet zunächst die *infantile Verführung*, d.h. die Verführung durch einen perversen Erwachsenen – dem Thema von Freuds (»eingeschränkter«) Verführungstheorie – und die *frühzeitige Verführung*, d.h. das unvermeidliche Erwecken sexueller Lustempfindungen bei der Körperpflege des Säuglings durch den Erwachsenen.[9] Ein wesentlicher Schwachpunkt der Freud'schen Verführungstheorie sei die Beschränkung auf die Psychopathologie, da sie ja immer von einem perversen Erwachsenen ausgeht. In dieser Hinsicht sieht Laplanche die frühzeitige Verführung schon als einen Fortschritt in dieser Theorie, weil sie vom Psychopathologischen zum Allgemeinen führt. Wesentlich für die Urverführung ist die Asymmetrie des Paares Kind–Erwachsener, in

9 GW XV, S. 129.

welchem der Erwachsene im Gegensatz zum Säugling ein Unbewusstes besitzt. In dieser Beziehung sind Teile der Botschaften des Erwachsenen für das Kind nicht verständlich, nicht übersetzbar, und dies umso mehr, als der unbewusste Teil dieser Botschaften definitionsgemäß auch dem Erwachsenen nicht zugänglich ist. Das macht das Rätsel aus und das Rätsel ist per se Verführung.

Mittlerweile hat der Begriff der *rätselhaften Botschaften*, die hier meistens noch *rätselhafte Signifikanten* genannt werden, bei vielen Analytikerinnen und Analytikern Aufnahme gefunden. Um eine paradigmatische und so oft zitierte Situation zu wählen, den Akt des Stillens nämlich, könnte man nach Laplanche in der Position des Säuglings formulieren: »Was will diese Brust von mir?«[10] Und wie das gewählte Beispiel deutlich macht, ist das Stillen keineswegs auf eine rätselhafte Botschaft zu reduzieren. Es geht vielmehr darum, dass diese Situation zwangsläufig rätselhafte Botschaften einschließt. Laplanche verwendet später auch eine andere Wendung und sagt, diese Botschaften seien durch das Unbewusste des Erwachsenen »kompromittiert« oder »gestört«, wie man von einem Störsender sagen kann, dass er den Empfang stört. Die nicht übersetzbaren oder nicht symbolisierbaren Elemente dieser Botschaften erliegen der Verdrängung und bilden die Kerne des Unbewussten, die *Quellobjekte* des Triebes, wie Laplanche sie nennt. Wie das Unbewusste, so ist auch der Trieb nach dieser Auffassung nicht biologisch begründet (wohl aber mit dem Körper verbunden). Die Allgemeine Verführungstheorie bietet ein Modell an, welches die Entstehung des Unbewussten in der menschlichen *Ursituation* Kind–Erwachsener nachvollziehbar macht. Darin ist auch die Idee enthalten, dass uns der »Kern« unseres Wesens fremd ist und bleiben muss, da er ja seinen Ursprung beim Anderen, bei dessen Unbewussten nimmt.

Am Ende des Buches wirft Laplanche einen Blick auf die Folgen seiner Theoretisierung für die psychoanalytische *Praxis*. Die analytische Situation entspricht in mehrfacher Hinsicht einer Reaktualisierung der Ursituation Kind–Erwachsener. Dadurch wird der Analytiker zum *Hüter*

10 Vgl. z.B. J. Laplanche: »Von der eingeschränkten zur allgemeinen Verführungstheorie«. In: J. Laplanche (1988): *Die allgemeine Verführungstheorie*. Tübingen (edition diskord), S. 224.

des Rätsels, wie Laplanche das später bezeichnet. Dies lässt auch erahnen, welche Auffassung von Deutung in der Psychoanalyse Laplanche vertritt. Das Rätsel kann nie endgültig gelöst werden, keine Antwort ist die letzte und das Ende der Analyse bildet keinen definitiven Schlusspunkt. Was die Übertragung anbelangt, so unterscheidet der Autor eine *gefüllte* von einer *hohlförmigen Übertragung*. Die gefüllte Übertragung entspricht Aussagen von der Art: »Sie verhalten sich jetzt so, als wäre ich Ihre Mutter …« Die hohlförmige Übertragung, oder besser gesagt die Begünstigung einer solchen durch den Analytiker, besteht darin, auf solch »positivistische« Erklärungen zu verzichten und stattdessen eine Höhlung anzubieten, in der das Rätsel des Analysanden sich »einnisten« und gewissermaßen sichtbar werden kann. Bleibt man nur in der *gefüllten* Übertragung, so stehen die Chancen, dort wieder herauszukommen, schlecht. Beide Protagonisten laufen dann Gefahr, ihr gemeinsames Unterfangen mit einem Pseudoverständnis des Rätselhaften abzuschließen. Zu guter Letzt legt Laplanche dar, dass die Übertragung nicht aufgelöst werden kann; sie kann einzig aus der Analyse hinausgetragen und neu übertragen werden, sei es auf Personen oder auf andere Objekte.

Neue Grundlagen für die Psychoanalyse – ein vielversprechender, ja ein gewagter Titel. Man muss den Autor beim Wort nehmen, wenn er gleich zu Beginn gesteht, dass er die Last dieses Unterfangens spüre und dabei wohl den Preis eines gewissen Schematismus nicht werde vermeiden können. Es sind aber seit der Publikation dieses Buches viele weitere Arbeiten von Jean Laplanche erschienen, die weitere Ausführungen und Entwicklungen seiner Theorie beinhalten. Weitere deutsche Ausgaben der bisher nicht übersetzten Texte sind in diesem Sinne geplant.

Berlin und Bern im März 2010
Udo Hock und Jean-Daniel Sauvant

Einleitung

Neue Grundlagen für die Psychoanalyse? Was macht es notwendig, zu den Grundlagen zurückzukehren, und was rechtfertigt es, sie als »neu« zu bezeichnen? Für mich ist die Notwendigkeit klar: Seit 1969 findet an der Universität Paris VII fortlaufend dieser Unterricht statt und erscheint danach in der Reihe *Problématiques*[1], deren Untertitel deutlich zeigen, worum es geht. Es geht darum, von einem scheinbar klassischen Thema der Freud'schen Psychoanalyse aus zu fragen, zu hinterfragen, zu problematisieren. Problematisieren bedeutet, die gesamte analytische Erfahrung bis in ihre Grundlagen hinein zu erschüttern, auf die Probe zu stellen. Sicherlich betrifft diese Problematik vorrangig die Freud'sche Erfahrung und ist auf die Freud'schen Begriffe ausgerichtet.

Ausgehend von diesen radikalen, heftigen Infragestellungen zeichnen sich zwangsläufig eine neue Thematik, neue Anordnungen, neue Begriffe oder eine neue Gliederung der Begriffe ab. Meine Positionen in Bezug auf den Trieb, den Narzissmus oder die Sprache sowie bezüglich einiger weiterer Themen sind eindeutig, allerdings nur verstreut auffindbar. Jetzt ist für mich der Zeitpunkt gekommen, ihre Verbindungen aufzuzeigen. Ob der Preis dafür ein bestimmter Schematismus sein wird? Das wird sich nicht ganz vermeiden lassen, und so spüre ich

---

1 Jean Laplanche hat von 1969 bis 1992 an der Universität Paris VII Vorlesungen zur Psychoanalyse gehalten. Diese wurden später unter dem Titel *Problématiques* in sieben Bänden (Jahre 1970–1992) bei den Presses Universitaires de France veröffentlicht (A.d.H.).

vom ersten Satz dieser Darstellung an zu meinem Leidwesen die Last, d.h. die Notwendigkeit, dieses Thema abzudecken, und den Willen, bis zum Ende zu gehen. Daher ein gewisser Lauf gegen die Zeit und eine etwas weniger verweilende und weniger »spiralförmige« Vorgehensweise als zu anderen Zeitpunkten.

Von neuem gründen

Grundlagen: Das bedeutet, aus einer unaufhörlichen Kritik der grundlegend genannten Begriffe heraus, Gesten und Bewegungen wiederaufzunehmen, welche begründen; welche was begründen? Welche *die* Psychoanalyse begründen, welche *eine* Psychoanalyse begründen, im Sinne dessen, was wir die Kur nennen, und die schließlich den Menschen begründen. Denn, darauf bestehe ich: Begründend für die Psychoanalyse kann nur sein, was in Resonanz steht, was durch Nachträglichkeit zusammenhängt mit dem, was für den Menschen begründend ist.

Grundlagen also, aber auch: »neue Grundlagen«? Misstrauen ist angebracht, es wird halsbrecherisch, sobald dieser Ausdruck »neu« auftaucht! Ich will auf eine kürzlich erschienene Chronik anspielen, die sich (einmal mehr!) anmaßt, den Untergang der Psychoanalyse und ihrer intellektuellen Produktion zu verkünden, und dabei einige der geistreichsten Werke unter den jüngst erschienenen Veröffentlichungen stillschweigend übergeht. Die Ankündigung des Untergangs ist nur die Kehrseite der unersättlichen Gier nach Neuem um jeden Preis. Erstaunt uns, jederzeit, verschafft uns Genuss, noch und immer mehr, das verlangt man von der Psychoanalyse. Vor längerer Zeit, als die Psychoanalyse, und insbesondere die französische Psychoanalyse, den Effekten und der Faszination der Mode nachgab, ließ sie sich auf das ein, was man, um eine Freud'sche Formel aufzunehmen, »Triebbefriedigung auf kürzestem Wege« oder auch »Primärvorgang« oder auch »Todestrieb« nennen kann. Das Genießen um jeden Preis ist die ungebremste Arbeit des Todestriebs.

Misstrauen wir also dem Wort »neu« und besinnen wir uns auf Freuds Leitsatz aus dem *Witz*: »Jede Entdeckung ist immer nur halb so neu, als sie auf den ersten Blick erscheint.«[2] Skeptizismus, wird man sagen. Aber sicherlich nicht irgendein Skeptizismus, denn die Psychoanalyse liefert ihre Gründe für diesen Leitsatz. Die Psychoanalyse zeigt uns nämlich, dass sich die Geschichte nicht kontinuierlich fortschreitend, nicht durch Akkumulation und nicht in Richtung auf ein *Happy End*, also nicht in einer glatten Entwicklung vollzieht, sondern mittels Verdrängung, Wiederholung, Wiederkehr des Verdrängten vorgeht. Und andererseits werden wir sehen, wenn wir uns auf eine ältere, philosophische Tradition beziehen, ich denke dabei ebenso an die Tradition Hegels wie an das Erbe eines Heidegger, dass Neues beizutragen nicht zwangsläufig Innovation bedeutet und auch nicht zwangsläufig Entfernung von den Grundlagen. Zwischen dem Wort »neu« und dem Wort »Grundlage« findet also eine Bewegung statt: Zu den Grundlagen zurückkehren, um sie zu erneuern. Zur Quelle aufsteigen.

Zudem möchte ich noch einen weiteren Punkt betonen: Ich verbinde »Neuheit« mit »Grundlage« und nicht mit »Psychoanalyse«; es geht mir nicht um eine neue Psychoanalyse. Die Psychoanalyse existiert, als eine Situation und als eine Praxis, die sich entwickeln – auch als theoretische Praxis, ich werde darauf zurückkommen –, und es geht nicht um Innovation um jeden Preis, auch nicht, um manch einem zu gefallen. Doch was es infrage zu stellen und zu erneuern gilt, indem man es verdeutlicht, ist das, was sie begründet.

Grundlage und Praxis deutlich zu unterscheiden, sollte uns freilich nicht in einen absoluten Gegensatz führen, denn ganz offensichtlich kann die Erneuerung der Grundlagen nicht ohne Auswirkung auf die Praxis bleiben, so wie auch eine gewisse moderne Abwandlung der Praxis nicht ohne Einfluss darauf sein kann, wie wir die Grundlagen betrachten. Indem ich die Beziehung betone, die trotz allem zwischen den Grundlagen und der Praxis besteht, widerspreche ich vielleicht Freud in dem, was er zuweilen darüber gesagt hat. Ich spiele namentlich auf eine Passage aus

---

2 »Ein jeder Fortschritt ist immer nur halb so groß als er zuerst ausschaut!« (»Die Frage der Laienanalyse«. In: GW XIV, S. 220); »Ein jeder Fortschritt ist nur immer halb so groß, als wie er zuerst ausschaut!« (»Die endliche und die unendliche Analyse«. In: GW XVI, S. 72) In beiden Fällen führt Freud den Ausspruch auf den »Satiriker« J. Nestroy zurück (A. d. Ü.).

Zur Einführung des Narzißmus[3] an, aber man findet weitere vom selben Schlag, in denen letztlich die allgemeinsten Begriffe der Psychoanalyse als erfahrungsferne und unter Umständen austauschbare Überbauten dargestellt werden. Es gibt da einen gewissen zur Schau getragenen Skeptizismus gegenüber der Spekulation, der Freuds Inspiration und seinem tiefgreifenden Anspruch, gerade in Bezug auf die Erforschung der Grundlage, absolut widerspricht.

Grundlage und Freud'sche Erkenntnistheorie

Ich möchte nun einen weiteren differenzierteren erkenntnistheoretischen Text kurz kommentieren: Es ist der wohlbekannte Anfang von *Triebe und Triebschicksale*, wo Freud sich die Frage nach der Notwendigkeit stellt, sich auf einen so grundlegenden Begriff wie den des Triebs zu berufen.

> »Wir haben oftmals die Forderung vertreten gehört, daß eine Wissenschaft über klaren und scharf definierten Grundbegriffen aufgebaut sein soll. In Wirklichkeit beginnt keine Wissenschaft mit solchen Definitionen, auch die exaktesten nicht [wir werden sehen, dass dieser ganze Text ein *allgemeines* erkenntnistheoretisches Vorgehen beschreibt, ohne jeglichen Bezug auf das, was die Erforschung der Grundlagen und die Konzeptualisierung *in der Psychoanalyse* auszeichnet]. Der richtige Anfang der wissenschaftlichen Tätigkeit besteht vielmehr in der Beschreibung von Erscheinungen, die dann weiterhin gruppiert, angeordnet und in Zusammenhänge eingetragen werden [Selbstverständlich kommt Freud auf diesen Ausdruck Erscheinung zurück: Es geht nicht um einen blinden Empirismus]. Schon bei der Beschreibung kann man es nicht vermeiden, gewisse abstrakte Ideen auf das Material anzuwenden, die man irgendwoher, gewiß nicht aus der neuen Erfahrung allein, herbeiholt [die Erfahrung selbst benötigt, einfach nur um wahrgenommen und benannt, nur um beschrieben zu werden, einen ersten entlehnten, ›behelfsmäßigen‹ Begriffsrahmen]. Noch unentbehrlicher sind solche Ideen – die späteren Grundbegriffe der Wissenschaft – bei der weiteren Verarbeitung des Stoffes. Sie müssen zunächst ein gewisses Maß von Unbestimmtheit an sich tragen; von einer klaren Umzeichnung ihres Inhaltes kann keine Rede sein [die Rückkehr zu einer klaren Definition entspricht ganz klar einem zweiten Schritt und, wie wir sehen werden, einer Etappe, die

3 GW X, S. 142.

niemals abgeschlossen ist]. Solange sie sich in diesem Zustande befinden, verständigt man sich über ihre Bedeutung durch den wiederholten Hinweis auf das Erfahrungsmaterial, dem sie entnommen scheinen, das aber in Wirklichkeit ihnen unterworfen wird. Sie haben also strenge genommen den Charakter von Konventionen, wobei aber alles darauf ankommt, daß sie doch nicht willkürlich gewählt werden, sondern durch bedeutsame Beziehungen zum empirischen Stoffe bestimmt sind, die man zu erraten vermeint, noch ehe man sie erkennen und nachweisen kann [für die Intuition und für das, was wir gleich als Spekulation erkennen werden, ist somit der Platz geschaffen]. Erst nach gründlicherer Erforschung des betreffenden Erscheinungsgebietes kann man auch dessen wissenschaftliche Grundbegriffe schärfer erfassen und sie fortschreitend [...] abändern [...]. Dann mag es auch an der Zeit sein, sie in Definitionen zu bannen. Der Fortschritt der Erkenntnis duldet aber auch keine Starrheit der Definitionen. Wie das Beispiel der Physik in glänzender Weise lehrt, erfahren auch die in Definitionen festgelegten ›Grundbegriffe‹ einen stetigen Inhaltswandel.«[4]

Halten wir fest, dieser Absatz endet mit der *Physik* und beschreibt also ein bereicherndes Hin und Her zwischen Erfahrung und Begriffen: Die Grundbegriffe sind nicht von Anfang an da, doch schon im Stadium der Beschreibung gibt es vage, rahmengebende Vorstellungen, wie man von Kleidern sagen kann, dass sie nicht einschnüren, das heißt nicht einzwängen dürfen, zugleich konventionell und nicht willkürlich, hier oder da entlehnt; und selbstverständlich wird dies eines der Probleme sein, die wir untersuchen müssen, dass Begriffe der Psychoanalyse aus benachbarten Bereichen entlehnt, gleichsam zusammengebastelt sind. Erst zu einem späteren Zeitpunkt erfolgt eine Verengung hin zu den Grundbegriffen, ein Versuch, sie zu fassen und sie zu definieren; doch werden diese Definitionen immer wieder Revisionen unterliegen.

Die Physiologie als Grundlage: Ein Wurm in der Frucht

Gut, ein sehr schöner Text, der aber, das möchte ich betonen, absolut nicht spezifisch ist für die Vorgehensweise der Psychoanalyse, oder, ge-

4 GW X, S. 210f.; in eckigen Klammern: Kommentare von J. L.

nauer gesagt, der diese in eine allgemeine Erkenntnistheorie auf einer Ebene mit den Naturwissenschaften einordnet. Deshalb kann ich nicht umhin, zum folgenden Absatz überzugehen – Sie werden sehen warum. Der folgende Absatz führt den Begriff Trieb ein und macht eine Anleihe bei der Physiologie, der Physiologie des *Reizes**,[5] was im Allgemeinen durch »excitation« übersetzt wird, was man aber besser durch »stimulus« wiedergeben sollte, um es von der *Erregung**, der »excitation«, zu unterscheiden. Somit wäre der Begriff Trieb durch den Bezug auf den weiter gefassten Grundbegriff »Reiz« zu verstehen. Ich zitiere:

> »Ein solcher konventioneller, vorläufig noch ziemlich dunkler Grundbegriff, den wir aber in der Psychologie nicht entbehren können, ist der des *Triebes*. Versuchen wir es, ihn von verschiedenen Seiten her mit Inhalt zu erfüllen. Zunächst von seiten der Physiologie. Diese hat uns den Begriff des *Reizes* und das Reflexschema [an der Stelle beginne ich mich zu amüsieren, wenn ich das so sagen darf] gegeben, demzufolge ein von außen her an das lebende Gewebe (der Nervensubstanz) gebrachter Reiz durch Aktion *nach* außen abgeführt wird.« [6]

Somit würde der Begriff Trieb durch den Grundbegriff Reiz und durch das »Schema des Reflexbogens« erklärt. Immer wieder habe ich gezeigt, dass dieses Schema, so wie Freud es darstellt, völlig irreführend ist: Es ist einer *falschen*, ja einer kindlichen *Physiologie* entnommen. Die Idee, dass eine von außen an das lebende Gewebe herangeführte Erregung sich am Ausgang identisch wiederfinden lässt, läuft auf einen von niemandem vertretbaren elementaren Mechanizismus hinaus. Bekanntlich hat das, was in der Form einer abschließenden muskulären Aktion abgeführt wird, *weder* mit der Energie des Reizes *noch* mit der nervlichen Energie, welche die Bahnen des »Reflexbogens« durchläuft, etwas zu tun. Die muskuläre Energie, die Energie der Aktion, die das Bein hochgehen lässt, wenn man mit dem Hämmerchen auf die Patellarsehne schlägt, hat natürlich nichts mit der Energie des Hämmerchens gemein. Es handelt sich um eine Folge nacheinander ablaufender Auslösemo-

5 Im Original deutsch, was hier und fortan durch einen nachgestellten Asteriskus (*) gekennzeichnet wird (A.d.Ü.).

6 GW XI, S. 211; in eckigen Klammern: Kommentare von J.L.

mente und nicht um die Weiterleitung und dann Abfuhr der äußeren Energie. Zwischen der rezeptiven und der motorischen Extremität ist nichts, das einem Versuch ähnlich sieht, sich von einer störenden Erregung zu befreien. Ein solches »Schema« ist nicht nur vor der modernen Physiologie, sondern selbst vor derjenigen aus der Epoche Freuds keine Sekunde haltbar, und Freud musste dies einfach wissen.

Hier wird also dieser Begriff des Reflexbogens, mithilfe eines falschen Schemas im Rahmen einer abwegigen Physiologie beschrieben, als Modell für die Psychoanalyse vorgeschlagen! Und gewiss als ein äußerst fruchtbares Modell in eben dem Maße, als es, so irrig es auch sein mag, etwas Ähnliches im psychischen Apparat gibt, das heißt, dass alles, was zugeführt wird, rasch abgeführt werden muss. So beruft sich diese angebliche Anleihe bei einer Nachbarwissenschaft nur auf eine phantastische oder vielleicht volkstümliche Physiologie, *ganz so wie* die hysterische Lähmung sich auf eine parawissenschaftliche Anatomie beruft, um ihr Territorium abzugrenzen.

Ich möchte nicht mit diesem erkenntnistheoretischen »Bravourstück« Freuds abschließen, ohne zu betonen, wie es gleichsam von innen in dem Moment auseinanderfliegt, in welchem er seine Vorgehensweise auf den Begriff Trieb und auf »das Beispiel« des Reflexbogens »anzuwenden« vorgibt. Wie auch in einigen anderen Texten,[7] deren Vorgehensweise scheinbar gut durch Vernunft und Erfahrung zu begründen wäre, wenn sie die Naturwissenschaften oder eben die anderen »Wissenschaften vom Menschen« beträfe, wird durch die letzten, so verwirrenden Zeilen der Wurm in die Frucht eingeführt: Das der »Biologie«, der Psychophysiologie entlehnte Modell ist ein *falsches* Modell. Gleichsam, um auf eine *doppelte* Heterogenität hinzudeuten: Die Psychoanalyse ist nicht nur *anders als* die anderen Wissenschaften, insofern sie nicht so voranschreitet wie diese, sie steht vielleicht auch in einer Beziehung *mit* den anderen Wissenschaften, die nicht mit derjenigen vergleichbar ist, welche diese untereinander verbindet.

Dieser Text ist also ein Exkurs, aber ein sehr wichtiger, insofern er in einer Aura des *Unheimlichen* die Beziehungen der Psychoanalyse zu den benachbarten Bereichen einführt; nicht nur zur Biologie, sondern

7 Siehe unten, S. 49.

auch zur Sprachwissenschaft, zur Geschichte, Vorgeschichte und noch zu weiteren: Wir werden die Gelegenheit haben, dieses Problem von allen Seiten zu betrachten. Ist die Einfuhr, die Aneignung begrifflicher Grundlagen, die der Psychoanalyse äußerlich sind, möglich? Vor allem aber, vorausgehende Frage, sind diese Begriffe *wirklich äußerlich*? Oder auch, um eine andere Frage aus demselben Umkreis zu formulieren, welchen Sinn kann dieser Ausdruck »Aneignung eines Begriffs« haben, wenn es sich um die *Psychoanalyse* handelt, *die aus der Aneignung selbst* nicht nur eine begriffliche, sondern *eine reale Bewegung macht*; sagen wir, etwas, das notwendigerweise auf einer Introjektion (um einen einfachen Ausdruck zu nehmen) gründet?

Vier Orte der analytischen Erfahrung

Grundlagen für die Psychoanalyse sind also die Grundlagen für eine Erfahrung, für die *psychoanalytische Erfahrung*. Kann die psychoanalytische Erfahrung verortet werden? Gibt es einen bevorzugten Ort dieser Erfahrung? Gewiss doch: Wenn es *einen* bevorzugten Ort gibt, werden wir sicherlich sofort sagen, dass das die psychoanalytische Kur ist. Allerdings muss man diese Bevorzugung genau definieren, die vielleicht gar nichts mit der Bevorzugung zu tun hat, welche sich vermeintlich mit der unmittelbaren Erfahrung verbindet, einer Bevorzugung der Empirie: Vielleicht ist nämlich letztlich nichts weniger empirisch als die psychoanalytische Kur. Überdies ist die psychoanalytische Erfahrung nicht nur Erfahrung der Kur, und man darf zu Recht die Orte und die Gegenstände der psychoanalytischen Erfahrung unter vier Hauptpunkten anordnen: die Klinik, die exportierte Psychoanalyse, die Theorie und die Geschichte.

Die Klinik: Die Kur

Die Klinik. Nun zeigt die eben erwähnte Liste, welche die Klinik wieder parallel zu anderen Orten setzt, dass diese Klinik nicht das Ganze der psychoanalytischen Erfahrung ausmacht, selbst wenn man sie durchaus richtigerweise im engeren Sinn als eine Klinik der Kur verstehen will. Sie ist umso weniger der Ort der psychoanalytischen Erfahrung, wenn man sie, wie das allzu oft der Fall ist, auf all das herabwürdigt, was ein beliebiger ψ[8] (würde man in der Mathematik sagen) unter beliebigen Umständen von irgendeinem Subjekt aufnehmen kann. Die Inflation des Begriffs Klinik geht einher mit seiner vagen und unreflektierten Beschaffenheit und vor allem mit dem Alibiwert, den er heutzutage einnimmt, Alibi gegen das Denken und Kriegswaffe gegen jede Reflexion. Soll es sich dabei dem Anspruch nach um einen heilsamen Empirismus handeln? Meiner Meinung nach ist im Vergleich zur großen empiristischen Tradition, der Tradition der Angelsachsen, der Empirismus der »Klinik« nicht erkennbar, und die großen Empiristen würden sich darin gewiss nicht wiedererkennen. Was sich unter dem Namen einer Rückkehr zur Klinik durchzusetzen versucht, ist ein Terrorismus impliziter, zumeist dem gemeinen Menschenverstand entnommener oder durch ihn banalisierter Begriffe. Ich werde die Gelegenheit haben, über einen dieser Begriffe zu sprechen, einen unter den jüngst aufgetauchten, der insbesondere in der angelsächsischen psychoanalytischen Psychologie zu einer Art großem Sammeltopf geraten ist, ich meine den Begriff Interaktion, der nunmehr als Klischee der Antitheorie dasteht. Aber man könnte viele andere anführen …

Wird man behaupten, das »klinische Denken« sei ein pragmatisches Denken? Doch auch damit beleidigt man die große Tradition des Pragmatismus in ihrer erkenntnistheoretischen Ausrichtung; man vergisst dabei, dass der wahre Pragmatismus zwar den Erfolg zum Kriterium macht, aber eben den Erfolg des *Denkens* und nicht das Erreichen eines unmittelbaren materiellen Effekts, wie das, immer zahlreicher in unseren Kreisen, diejenigen fordern, die bei jedem Vortrag, in jedem Moment der Diskussion immer nur die eine Frage auf der Zunge haben: Wozu dient das? Welches Rezept bieten Sie mir an? Ein Rezept um jeden Preis, um die Angst vor unserer allzu häufigen therapeutischen Wirkungslosigkeit abzudichten! »Mein Königreich für ein Pferd!« – »Den ganzen Freud für ein Rezept!«

---

8 ψ = »psy« ist auf Französisch die umgangssprachliche Bezeichnung für alle psychotherapeutisch und/oder psychiatrisch Tätigen (A.d.Ü.).

Die Kritik an einem *im vulgären Sinne* empiristischen oder pragmatischen Denken ist bereits geleistet. Freud deutet sie in der gerade von mir zitierten Passage an: Jede Erfahrung kann nur in Begriffsrahmen, Vor-Rahmen aufgenommen werden, die sich dialektisch in einem ständigen Hin und Her mit der Erfahrung verfeinern und korrigieren. Man kann sich dennoch fragen, ich habe gerade darauf hingewiesen, ob die Freud'sche Argumentation nicht ein wenig beliebig ist. Ist in diesem Passus die Freud'sche Erkenntnistheorie ihrem Objekt und dessen Besonderheit angemessen? Der Besonderheit des menschlichen Objekts, ist man versucht zu sagen. Einverstanden. Aber reicht das …? Geht es einfach nur darum, die Wissenschaften vom Menschen den Wissenschaften von der Natur gegenüberzustellen? Vielleicht würde es nicht unbedingt weit führen, wenn man die Erkenntnistheorie der Psychoanalyse in eine allgemeine Erkenntnistheorie der Humanwissenschaften einschließen würde.

Bevor wir weiter gehen, sollten wir, denke ich, zwei Besonderheiten der psychoanalytischen Klinik als Objekt definieren. *Erstens* die Besonderheit unserer Erfahrung der Kur. Unsere Erfahrung findet in einem grundlegenden Rahmen statt, einer selbst grundlegenden Regel folgend, denn sie trägt ja den Titel: *Grundregel**, d. h. sie ist selbst die Grundlage für das, was in der Kur geschieht. Wir werden auf das, was diese Regel begründet, was sie *von Neuem* begründet, zurückkommen, aber unterstreichen wir erst einmal, dass diese grundlegende Besonderheit der Kur weit über das hinaus geht, was man die experimentellen Bedingungen nennen kann, die notwendig jeden Apparat zum Experimentieren in *irgendeiner* Wissenschaft (ob »Human-« oder nicht) einrahmen. Dies geht viel weiter als die Vorschrift, der zufolge man die Bedingungen der Beobachtung berücksichtigen müsse. Es ist etwas, das den Anspruch erhebt, einen Vorgang zu begründen und wieder in Fahrt zu bringen, der mit einem die menschliche Existenz begründenden Prozess in Resonanz steht.

Das andere, vom ersten nicht völlig unabhängige besondere Merkmal ist, dass *das Objekt der Psychoanalyse nicht das menschliche Objekt im Allgemeinen ist*; es handelt sich nicht um den Menschen, den man durch verschiedene Wissenschaften erfassen kann, Psychologie, Soziologie, Geschichte, Anthropologie, sondern um das menschliche Objekt, insofern es seine eigene Erfahrung formuliert, sie in eine Form bringt. Natürlich bringt es sie im Wesentlichen in der Sprache der Kur in eine Form, doch in einem tiefer gehenden Sinn handelt es sich dabei um eine Bewegung seines ganzen Lebens. Eine Erkenntnistheorie und eine Theorie der Psychoanalyse müssen von Grund auf die Tatsache berücksichtigen, dass das menschliche Subjekt ein theoretisierendes Wesen, ein über sich selbst theoretisierendes Wesen ist, will sagen, dass es sich selbst theoretisiert, dass es sich auto-theoretisiert, oder auch, falls dieses Wort Theorie zurückschrecken lässt, dass es sich auto-symbolisiert. Die Symbolisierung, die es in der Kur erfährt, als Deutung oder Selbstdeutung, als Bewegung der Deutung zwischen Analytiker und Analysiertem, ist Re-Symbolisierung auf der Grundlage erster Symbolisierungen, jener ursprünglichen Symbolisierungen, auf deren Spur wir uns notwendigerweise bei dieser Untersuchung der Grundlagen begeben werden.

Die Psychoanalyse ausserhalb-der-Mauern

Ein zweiter Ort und Gegenstand der psychoanalytischen Erfahrung ist die Psychoanalyse, die ich als *exportiert* oder *außerhalb-der-Mauern* bezeichne. Bekanntlich gebrauche ich diesen Ausdruck, um mich von dem der »angewandten Psychoanalyse« abzugrenzen, der sicherlich der gebräuchlichste und anschaulichste ist, auch aus der Zeit Freuds stammt, der aber, insofern er den Ausdruck Anwendung mitschleppt, durchaus kritikwürdig ist. »Anwendung« würde unterstellen, dass ausgehend von einem bevorzugten Bereich, nämlich der Kur, eine Methodologie und eine Theorie abstrahiert würden, um anschließend ohne Weiteres – wie in einem Engineering – auf einen anderen Bereich übertragen zu werden, so wie ja auch die auf den Brückenbau angewandte Ingenieurswissenschaft letztlich nur eine geistreiche Ableitung von den Grundbegriffen der Physik oder der Mechanik ist. Deshalb weisen wir diesen Ausdruck angewandte Psychoanalyse zurück; er missachtet, was wir hinsichtlich ihrer Funktion, ihrer Rolle und ihrer Bedeutung in der psychoanalytischen Bewegung und zuallererst bei Freud feststellen; gerade bei ihm können wir nicht nur ihre quantitative Bedeutung im Werk, sondern ebenso ihre Fruchtbarkeit bestätigt finden. Wenn man bedenkt, dass Fälle wie diejenigen von Schreber oder von Leonardo, welche ja beide so zentral für den Fortschritt des Freud'schen Denkens sind, Psychoanalyse außerhalb-der-Kur, außerhalb-der-Mauern sind; wenn man an die sozio-anthropologischen Studien denkt, an *Totem und Tabu*, an den *Mann Moses*, an die Studien über Kunst, an die Studien über Religion, alles Schriften, die einen beträchtlichen Anteil des Freud'schen Werkes ausmachen. Auf keinen Fall ist dieses Denken außerhalb-der-Mauern zweitrangig bei Freud; stets gewinnt es seine Ergebnisse aus der Berührung mit seinem Gegenstand. In Anbetracht dieser Fruchtbarkeit habe ich ebenfalls gelegentlich, nicht ohne Ironie, die Schmähung betont, die ihm heutzutage vielerorts widerfährt, ein Misskredit, der nur vom Eifer übertroffen wird, mit dem sich ein jeder ihm hingibt – entweder offen, noch der bessere Fall, oder heimlich, bis hin zu psychoanalytischen Bewertungen der »Bewegung«, der psychoanalytischen Schulen oder auch in der »Psychoanalyse« der »lieben Kollegen«.

Die Psychoanalyse, die nach einem Außerhalb-der-Kur strebt, nicht nebenbei, sondern grundlegend, die den *kulturellen Phänomenen* entgegenstrebt; denn in Wirklichkeit ist die exportierte Psychoanalyse nicht Export irgendwohin, ist nicht das gesamte »Außerhalb-der-Kur« Gegenstand einer Psychoanalyse außerhalb-der-Mauern; die Bedingungen für Bereich und Methode sind jedes Mal neu zu definieren. An dieser nach außen strebenden Bewegung der Psychoanalyse unterscheide ich zwei Aspekte, zwei Bewegungen oder einen zweifachen Aspekt ein und derselben Bewegung: zum einen natürlich den deutenden, theoretischen, ja spekulativen Aspekt, zum anderen aber auch einen realen Aspekt, auf den noch kaum eingegangen wurde. Mit realem Aspekt meine ich, dass *die Psychoanalyse* nicht nur als Denken und als Lehrmeinung in den Werken einer sogenannten Psychoanalyse außerhalb-der-Mauern, sondern auch *als Seinsweise das Kulturelle völlig besetzt*. Die Psychoanalyse ist eine gewaltige kulturelle Bewegung, und in diesem Sinne strebt das Ganze der Psychoanalyse nach Außerhalb-der-Mauern. Ich habe in meinen der Sublimierung gewidmeten *Problématiques III*[9] zu fassen versucht, was eine Theorie der *modernen Sublimierung* sein könnte, um einen solchen Terminus zu gebrauchen, und zwar von der Bewegung aus, welche die Psychoanalyse in die Kultur trägt und die dafür sorgt, dass der psycho-

9 Paris (PUF), 1980.

analytische Mensch nicht bloß ein Mensch ist gemäß der Psychoanalyse, untersucht von der Psychoanalyse, sondern auch ein Mensch, der fortan kulturell durch die Psychoanalyse geprägt ist.

Die Theorie als Erfahrung

Dritter Ort und Gegenstand der Erfahrung: die Theorie. Zu erklären, die Theorie sei Ort und Gegenstand der Erfahrung, bedeutet selbstverständlich, der Theorie jeden endgültigen Sonderstatus abzusprechen, sei es als Werkzeug (begriffliches Werkzeug, heißt es mitunter: sie muss zu etwas dienen), sei es im Gegenteil als mehr oder weniger unnützer Überbau (und bekanntlich war es zuweilen eine Koketterie, man kann es nicht anders sagen, von Freud, zu behaupten, die psychoanalytischen Begriffe seien alles in allem bloß unser Steckenpferd). Zu behaupten, der Mensch sei auto-theoretisierend, heißt im Gegensatz dazu, dass jede wahre Theoretisierung eine Erfahrung ist, die notwendigerweise den Forscher einbindet. Das Vorbild dafür ist selbstverständlich Freud. Ich denke an diese rein theoretischen Monumente wie den *Entwurf einer Psychologie* von 1895, das Kapitel VII der *Traumdeutung*, *Jenseits des Lustprinzips* oder auch den letzten wiederentdeckten, unveröffentlichten Text mit dem Titel *Übersicht der Übertragungsneurosen*. Nun, wie soll man diese theoretischen Monumente angehen, wenn nicht als Übungen, in denen die Analyse gelebt wird? Und zwar lebt sie hier nicht im Verhältnis zu einem Gegenstand, der ihr äußerlich wäre; sie entwickelt sich vielmehr aus ihrer eigenen Bewegung. Diese Erfahrungen sind ebenso zu analysieren und noch weiter voranzutreiben, als Freud es tut, bis in ihre letzten Verschanzungen, auch wenn sie dadurch auseinandergenommen, zerlegt und wieder zusammengesetzt werden.

Es handelt sich dabei, sagt uns Freud, um Spekulation, »was nun folgt, ist Spekulation ...«, sagt er in *Jenseits des Lustprinzips* und annähernd denselben Satz in der *Übersicht der Übertragungsneurosen*. Er sagt das, wie um sich zu entschuldigen, und vergleicht die Spekulation mit dem freien Spiel der Phantasie, aber bekanntlich gewinnt diese Spekulation für ihn rasch größeres Gewicht als alle erfahrungsgeleiteten Überlegungen. Denken wir im Besonderen an die berühmte Spekulation über den

Todestrieb, tatsächlich entstanden aus einer Bewegung, angeblich, »um einmal zu sehen«, aus einer Art »Gedankenexperiment«, die nach und nach »fest wird« wie Mayonnaise, und eine gar noch stärkere Konsistenz annimmt als die Mayonnaise, wie richtiger Beton. Biologische Spekulation in *Jenseits des Lustprinzips*, anthropologisch-historische Spekulation in *Totem und Tabu* oder auch in der *Übersicht*, die Spekulation ist bei Freud eine wahrhaftige »innere Erfahrung«, um diesen Ausdruck eines anderen Autors aufzunehmen. Es ist keine Entwertung der Spekulation, wenn man sie mobilisiert, sie also beweglich macht, remobilisiert, ihre künstlichen Bindungen löst, um unter Umständen andere Valenzen für sie zu finden, ohne sie deshalb auf etwas rein Illusorisches (für manche ein Synonym von Phantasma oder Phantasie) herunterzubrechen, aber auch ohne sie andererseits auf ein Spiel rein rationaler Argumente zu reduzieren.

Die Geschichte als Erfahrung

Mein vierter Punkt schließlich ist folgender: Was wir gerade für die theoretische Erfahrung umrissen haben, dürfte noch mehr für die *Geschichte* als Ort und Gegenstand der Erfahrung zutreffen. Auch da geht es wieder um die Geschichte der Psychoanalyse und namentlich um die Geschichte Freuds und des Freud'schen Denkens. Wir haben den Vorzug dieses Denkens noch nicht ausgeschöpft (werden wir das je tun?), nicht nur fruchtbar oder wenn man will genial, sondern auch der Ort einer Erfahrung zu sein, die noch in ihren Unschlüssigkeiten, ihrer Abwehr, ihren Voreingenommenheiten und Wiederholungen die eigentlichen Umrisse ihres Gegenstandes zu erkennen gibt. Mit Geschichte des Freud'schen Denkens meine ich gewiss nicht die historisierende Geschichte; ich bin in keiner Weise ein Freud-Historiker, andere sind da tausendmal kompetenter als ich. Ich mache meinen Honig aus der Geschichte, die andere schreiben, aber das ist hier nicht die Frage: Ich gehe von einer Reflexion über die Geschichte des Freud'schen Denkens aus. Ich verstehe darunter weder die offizielle Geschichte dieses Denkens noch die berichtigte Geschichte. Die offizielle Geschichte ist zunächst einmal die Geschichte Freuds durch ihn selbst. Freud hat mehr als einmal entweder in gesonderten Werken oder in bestimmten Passagen eine Geschichte seines eigenen Denkens skizziert, eine Geschichte, die stets äußerst unzuverlässig, verfälscht ist. Noch mehr gilt das für die offizielle Geschichte der großen Hagiographen, und wäre sie auch so kompetent verfasst wie die von Jones. Doch umgekehrt verstehe ich unter Geschichte genauso wenig die berichtigte Geschichte, die man uns heutzutage vorlegen kann, anekdotisch oder nicht, in Abhängigkeit von den wenigen Dokumenten, die man zu exhumieren vermocht hat, auch wenn diese mitunter tatsächlich wichtig sind; diese wahrheitsgetreuere Geschichte, die sich nach und nach an die Stelle der Verfälschungen oder der Plattitüden der vorherigen Geschichte setzen will. Was mich interessiert, ist vielmehr die Geschichte eines ganz und gar durch seinen Gegenstand oder, wenn man so will, ganz und gar durch seinen Trieb angetriebenen Denkens. Mehr als die Anekdote, mehr als die Ereignisse (diese berühmten Fälle von Aufgabe und von Wiederkehr), mehr auch als die Kontinuitäten interessiert mich an dieser Erfahrungsgeschichte eine komplexe Dialektik, in der man in der Evolution der Theorie das Echo, ja mitunter die Nachbildung der Evolution des Menschen wiederfindet. Ich denke, es wäre nicht übertrieben, eine neue Art Haeckel'sches Gesetz aufzustellen (Sie wissen: Die Ontogenese reproduziert die Phylogenese), das zumindest auf das psychoanalytische Denken anwendbar wäre und zu formulieren, dass »die Theoriegenese die Ontogenese reproduziert«. Ich habe dies am Beispiel der Freud'schen Theorie der Triebe genauer aufgezeigt, von der man sagen muss, dass ihre zeitliche Entwicklung selbst etwas von der Bewegung des Menschen reproduziert, durch welche seine eigenen Triebe erzeugt werden.

In anderen Momenten ist der Konflikt, die Zwietracht, die Phasenverschiebung zwischen dem Denken und seinem Gegenstand in dem zu erkennen, was man Verdrängungen, Abwehr, unbezwingbare Wiederholungen nennen kann. Unter diesen Verdrängungen, unter dieser Abwehr – die wie jede Abwehr oft viel mehr mit sich reißt als das, wogegen sie sich richten möchte, die oft einen ganzen Teil der Realität und hier einen ganzen Teil der Denkrealität mitreißt – gibt es diese Art Umwälzung, auf die wir noch nicht eingegangen sind und die wir noch nicht hinreichend durchgearbeitet haben, diese berühmte Umwälzung der angeblichen Aufgabe der Verführungstheorie.

Die Psychoanalyse gründen und nicht sie erschaffen, denn sie existiert an diesen vier Orten der Erfahrung: klinisch, theoretisch, außerhalb-der-Kur und historisch; Orte, die ich im Ausdruck *»Theoretik«* versammle, um sie im Ganzen von einer *»Praktik«* zu unterscheiden, insofern als selbst das, was klinisch genannt wird, in Wirklichkeit eine gewisse *Betrachtung (theorein)* und eine gewisse Reflexion über das Objekt ist, denn es gibt keine rein empirische Klinik. Vier Orte der *Erfahrung* [*»expérience«*] also, wobei das Französische dürftig ist mit diesem Wort, das wenigstens drei Ausdrücke im Deutschen (und auch in anderen Sprachen) abdeckt, *»Experiment*«*, den Experimentalismus, der gegenüber dem Objekt zurücktritt, *»Erlebnis*«*, was man als *»l'expérience vécue«* übersetzt, bei der eher das Objekt dem Erlebten gegenüber zurücktritt, und schließlich das, was ich hier unter *»Erfahrung*«* [*»expérience«*], verstehe, nämlich eine Bewegung in Berührung mit dem Objekt, in Berührung mit der Bewegung des Objekts.

Gründen ist also erneut gründen, und erneut gründen ist zurückkehren zu einer grundlegenden Geste und zwangsläufig, selbstverständlich, zum Gründer, das heißt zu Freud. Welches ist diese grundlegende Geste? Es ist die Etablierung der psychoanalytischen Situation in den Jahren 90 bis 95, was ich den Zuber [»baquet«] nenne, den ich, wie bereits in früheren Vorlesungen entwickelt, in seiner seltsamen Geschlossenheit (Geschlossenheit des Kreises) und Offenheit (da es ja Berührung mit einem anderen Kreis gibt, dem der Interessen und der Anpassung) schematisiere.[10]

Freuds Geste ist bahnbrechend, doch scheint er nicht zu ahnen, dass sie das nur ist, weil sie eine, weil sie andere gründende Gesten erneuert, nämlich Umriss, Umgrenzung eines innersten menschlichen Bereichs im Menschenkind zu sein. Gründen ist stets von Neuem gründen.

Was heißt das im Verhältnis zu dem, was man »Rückkehr zu Freud« nennt bzw. schon seit geraumer Zeit genannt hat? Deren Stile sind unzählige seit der mitreißenden Bewegung, die von Jacques Lacan ausgegangen ist. Rückkehr zu Freud? Heißt das, orthodoxer Freudianer zu sein? Und was mag das wohl bedeuten? Kann es im Gegenteil heißen,

10 Vgl. *Problématiques I: L'angoisse*. Paris (PUF), 1980, S. 178ff. und vor allem *Problématiques V: Le baquet. Transcendance du transfert*. Paris (PUF), 1987.

Freud nach eigenem Wunsch Aussagen zu unterstellen, was in der Tat bei einem gewissen Lacanismus der Fall ist? Kann es auch heißen, auf Freud zurückzugreifen, ich meine, allenfalls auf apologetische Weise, sich gegenseitig mit verschiedenen Passagen von Freud zu schlagen? »Freud'sche Scholastik«, sagt man. In Wirklichkeit sollten wir nicht übertreiben, die Freud'sche Scholastik hat niemals das Ausmaß angenommen, welches die aristotelische Scholastik hatte, nicht einmal das Ausmaß der uns näheren Marx'schen Scholastik. Der Ausdruck, den ich vorziehe, nach dieser Rückkehr zu Freud und diesem Rückgriff auf Freud, wäre das Zurückkommen *auf* [»*sur*«] Freud, denn man kann nicht zu Freud zurückkehren, ohne ihn einer gewissen Arbeit zu unterziehen [»faire subir«] (und das meint dieses »auf« [»sur«] Freud zurückkommen): Arbeit am [»sur«] Werk und Arbeit des Werkes, wozu ich mich bereits geäußert habe, Arbeit, die das Werk der Befragung aussetzt.

I. Kathartikon

Wie stellt sich die Frage nach den Grundlagen, zunächst einmal für Freud und, vielleicht nach ihm, insbesondere im lacanianischen Abenteuer? Von Beginn an als ein Rückgriff auf mehr oder weniger benachbarte wissenschaftliche Bereiche; ich werde versuchen, vier davon genauer zu untersuchen: den Rückgriff auf das Biologische, den Rückgriff auf die Vorgeschichte der Menschheit, den Rückgriff auf den Mechanizismus und den Rückgriff auf die Linguistik. Die ersten drei, ich meine Biologismus, Prähistorismus und Mechanizismus, sind bei Freud unaufhörlich ineinander verstrickt; der vierte ist an den Versuch gebunden, eine andere »Leitwissenschaft« zu finden, so der Ausdruck, den man eine gewisse Zeit lang im strukturalistischen Klima der Linguistik beigesellte.

1. Das Biologische

Das Biologische ist allgegenwärtig bei Freud. Ich bin mehrfach darauf eingegangen und verweise für gewisse Ausführungen auf meine *Problématiques I*, insbesondere auf »Die Angst in der Topik«.[1] Das Biologische taucht im Freudianismus in dreifacher Weise auf: als *Ursprung*, als *Modell* (mitsamt der Vielwertigkeit, die man diesem Ausdruck zuschreiben kann, ich komme gleich darauf zurück) und zuletzt als *Hoffnung*, als Zukunftsperspektive und genaugenommen als therapeutische Perspektive.

1 Paris (PUF), 1980, S. 153–250.

Das Biologische als Hoffnung

Die Hoffnung auf eine biologische, chemotherapeutische Behandlung der Neurosen wird Freud niemals loslassen, so als müsse sie irgendwann, früher oder später, durch viel kürzere Wege die psychotherapeutische Behandlung verdrängen. Dies lässt sich durchaus mit der Theorie begründen, in Verbindung mit einer bestimmten Idee, die sich auf verschiedene Weise formulieren lässt:

Da ist zunächst die chemische Natur der Libido, die Freud als ein Stoffwechselprodukt betrachtet, das abgeführt oder angehäuft werden und somit Ursache einer Vergiftung sein kann. Für Freud wäre die Libido in beiden Geschlechtern ein und dieselbe Substanz.

In Verbindung mit dieser Theorie der chemischen Natur der Libido steht die alte Theorie der Aktualneurosen, die nicht als Neurosen psychologischen Ursprungs oder mit einer psychologischen Bedeutung betrachtet werden, sondern durch eine Ablenkung des Sexualstoffwechsels, eine Störung der Mechanismen verursacht werden, die normalerweise zu einer regelmäßigen Abfuhr der Libido führen sollten. Diese Theorie der Aktualneurosen, immer gegenwärtig, niemals aufgegeben, bedeutet zum einen, dass Freud eine Kategorie neben eine andere, die Kategorie der Aktualneurosen neben die Kategorie der Psychoneurosen stellt, wobei letztere eine psychische Determination und eine psychische Bedeutung haben, während in den Aktualneurosen ein somatischer, also gegenwärtiger, »aktualer« Mechanismus voll zum Zuge kommen würde, da der Körper per definitionem als res extensa stets in der Gegenwart ist. Zugleich ist die Aktualneurose aber mehr als eine einfache, begrenzte Kategorie: Freud behauptet, dass sie den Psychoneurosen innewohnt, in dem Sinne nämlich, dass es keine Psychoneurose gibt, nicht einmal eine voll und ganz durch psychische Faktoren verständliche, die nicht auch ein Moment – vielleicht das wirkungsvollste vom Gesichtspunkt der Produktion der Symptome aus –, ein Moment »Aktualität« beinhaltet, eine Zeit, in der sie sich im Aktuellen des Körpers aktualisiert. Diese allzu oft vergessene Idee wird periodisch wiederentdeckt, jüngst noch am Beispiel der Angst; denn auf einem Kongress zu diesem Thema, über den die Zeitungen auf eine recht merkwürdige Weise berichtet haben, wurde Freuds Position als eine rein psychogenetische einer, sagen wir,

»Stoffwechsel«theorie der Angst gegenübergestellt und dabei vergessen, dass Freud selbst der Erfinder dieser Stoffwechsel-, dieser Vergiftungstheorie der Angst ist.[2] Die Angst als gegenwärtige Furcht, die eine alte Furcht wiederholt, das ist der einfachste (und zweifellos zu sehr vereinfachte, in dieser Form inakzeptable) Aspekt der psychogenetischen Theorie;[3] die Angst als Überschwemmung und Bedrängung des Ich durch ein Übermaß an Libido, das ist die »Aktual«theorie. Auch wenn ich hier nicht auf die mögliche Synthese zwischen diesen beiden Gesichtspunkten eingehe, war es doch wichtig zu unterstreichen, dass eine psychoanalytische Theorie der Angst nicht darauf verzichten kann, diesem inneren Angriff durch die Libido Rechnung zu tragen[4], der sich unmittelbar auf der Ebene des Körpers entwickelt. Auch im Hinblick auf eine allgemeine Theorie der Affekte lohnt es sich daran zu erinnern, dass eine solche Theorie es nicht vermeiden kann, sich unmittelbar auf der Bühne des Körpers anzusiedeln, genau wie dies für die Theorie des Affektes schlechthin, nämlich der Angst, gilt. Die körperliche Veränderung und die dabei erlebte Wahrnehmung sind wesentlich für das Erleben des Affekts, und so hat es auch nichts Skandalöses oder Antipsychoanalytisches, daran zu erinnern, dass Drogen dieses Erleben vollständig modifizieren können, und das Projekt einer selektiven und kontrollierten Einwirkung auf diese Wahrnehmung zu formulieren.

Das Biologische als Modell

Nach dieser allzu knappen Rekapitulation des Begriffs des Biologischen als »Hoffnung« komme ich zu dem, was ich vor allem am Freudianismus hervorheben und diskutieren möchte: das Biologische als »Prototyp«. *Vorbild** ist ein Ausdruck, der bei Freud häufig auftaucht und in dem mehrere Ideen zusammenfließen. Das *Vorbild** ist ein Bild,

2 Internationales Symposium über die »Neuen Aspekte der Angst« an der Académie de Médecine, 24.–26. April 1985. Bericht in *Le Monde* vom 24. April 1985, S. 15.

3 Vgl. dazu *Problématiques I: L'angoisse*. Paris (PUF), 1980, S. 148ff. und 244ff.

4 Was ich den Angriff des Quellobjekts nenne, vgl. insbesondere »Une métapsychologie à l'épreuve de l'angoisse«. In: *Psychanalyse à l'Université*, 1979, 4. Jg., Nr. 16, S. 709–722 [dt.: »Eine Metapsychologie – von der Angst auf die Probe gestellt«. In: *Die allgemeine Verführungstheorie*. Tübingen (edition diskord), 1988, S. 45–70].

ein Aufriss, eine vorgängige Skizze, zugleich abstraktes »Modell«, aber auch eine erste konkrete Realisierung, das heißt ein »Prototyp«. Mehr als einmal verwendet Freud diesen Begriff, insbesondere für die von ihm sogenannten normalen Vorbilder pathologischer Zustände. Demnach wäre die Trauer das normale *Vorbild** der Melancholie oder der Schlaf gleichsam das normale Vorbild oder vielmehr das aktuelle Modell des fötalen Zustandes. Doch an dieser letzten Freud'schen Behauptung aus der *Metapsychologischen Ergänzung zur Traumlehre* wird deutlich, dass man sich die Frage stellen kann, welches das Modell des Anderen ist: Ist ein Modell das, was es uns ermöglicht, das Andere zu erkennen, oder ist es das, was in der Chronologie vor dem Anderen kommt? Man behauptet, der Schlaf sei das normale Vorbild des Narzissmus, um zu suggerieren, dass der Schlaf unser Mittel ist, um zum fötalen Narzissmus vordringen zu können; doch andererseits wäre, zumindest nach Freud, der fötale Narzissmus der Prototyp des Schlafes. Kurz, welcher ist Modell und welcher ist Prototyp im Sinne dessen, was, dem deutschen Wort *Vor-bild** gemäß, als erstes kommt? In welchem Maße beschreibt ein Vorbild einen Ursprung? Und welchen Ursprung beschreibt es? Ist es ein Ursprung innerhalb des Vorbilds, oder ist es ein dem Vorbild äußerlicher Ursprung?

Und da ich nun schon einmal bei diesem Begriff *modèle* verweile (ein Ausdruck, noch einmal, der nicht exakt in dem Sinne bei Freud vorkommt, den ihm eine modernere Epistemologie gibt. Am nächsten dran findet sich der Ausdruck »Fiktion«), erinnere ich kurz daran, dass man bei Freud wenigstens zwei Arten von Modellen unterscheiden muss.[5] Man begegnet einerseits dem, was ich die Gedächtnismodelle, Modelle mit freier Zirkulation nenne, vergleichbar dem, was heutzutage die Modelle der Informatik sind. Das berühmteste dieser Modelle ist das aus dem Kapitel VII der *Traumdeutung*, aber wir haben gleichermaßen einen ganzen Teil des *Entwurfs einer Psychologie*. Das berühmte Modell aus dem Kapitel VII richtet tatsächlich eine Abfolge von Gedächtnissen ein, zwischen welchen sukzessive, wiederholte Niederschriften stattfinden. Dann gibt es eine andere Art von Modellen, die Niveaumodelle; sie sind viel näher an der Biologie, denn sie lassen die Fiktion eines *Orga-*

5 Vgl. *Problématiques V: Le baquet. Transcendance du transfert*. Paris (PUF), 1987, S. 31ff.

nismus – und nicht mehr nur eines psychischen *Apparats* – wirken, der mit allen Mitteln danach strebt, ein gewisses Niveau, eine Homöostase, aufrechtzuerhalten. Häufig ergänzen sich diese beiden Modellarten, vermischen sich, insbesondere im *Entwurf einer Psychologie*, bei dem wir mit einem Gedächtnismodell starten, jedoch sehr schnell genötigt werden, von der »Not des Lebens« gezwungen, sagt uns Freud, (genau genommen *gezwungen* in unserem Denken, so *wie* der Organismus selbst es in seinem Sein ist), die Annahme eines zu wahrenden Niveaus vorauszusetzen.

Das Biologische als Ursprung …

Stellen wir kurz die drei Begriffe *Ursprung*, *Modell* und *Grundlage* in ihrem Bezug zum Biologischen einander gegenüber. Der Ursprung unterstellt eine Vorzeitigkeit. Wir gehen von der Selbstverständlichkeit aus, dass wir Lebewesen sind, bevor wir Menschen, »kulturelle« Wesen sind. Eine Selbstverständlichkeit, die niemand bestreiten wird: In der Geschichte des Lebens gibt es nicht-kulturelle Wesen, bevor es durch eine Kultur geprägte Wesen gibt, und wahrscheinlich wird man in der Geschichte der Hominiden auch kaum bestreiten, dass das kulturelle Stadium sich auf ein biologischeres Stadium aufgepfropft hat. Schließlich kann nicht ohne Grund eine ähnliche Vorzeitigkeit beim Individuum postuliert werden, in dessen Entwicklung man von der Beobachtung aus die Existenz einer Schicht von Anpassung und Fehlanpassung (wie man sagen könnte) im Verhalten des Neugeborenen zumindest rekonstruieren kann, noch bevor es von der sozialen Interaktion geprägt wird. So viel also zum Ausdruck *»biologischer Ursprung«*; in diesem Sinne erscheint es uns nicht überzogen oder zu weitgehend, zu behaupten, dass das Lebendige vor dem Kulturellen, früher als das Kulturelle da ist.

Sehen wir jetzt, wie sich das für die Frage des »biologischen Modells« darstellt. Die Psychoanalyse beschreibt unser menschliches Werden mit sogenannten biologischen Modellen und beruft sich dabei auf die allgemeine Annahme eines mit einer Umwelt konfrontierten Lebewesens. Zudem sind das nicht nur statische, sondern sich in Bewegung befindende

Modelle, Modelle einer Genese, die zu zeigen beanspruchen, wie dieses Lebendige sich durch Differenzierung von einer einfachen Etappe zu einer komplexeren Etappe entwickelt.

… aber nicht als Grundlage

Nun, wie kommt es, dass diese drei Aspekte: Vorzeitigkeit des Lebendigen in uns, Modell des Lebendigen für unser Seelenleben und schließlich evolutives, konstruktives Modell des Lebendigen (konstruktives Modell *eines* Lebendigen, denn es handelt sich um ein Lebendiges in seiner ganzen Abstraktion), nicht durch ihr Zusammenfließen in einer totalen Konfusion enden zwischen dem, was es mit dem Ursprung, dem, was es mit dem Modell, und dem, was es mit der Grundlage auf sich hat? Das Biologische vor dem Menschlichen, das zuzugestehen, sind wir bereit. Das Biologische, das als Modell das menschliche Seelenleben heimsucht, ist, was es zu beschreiben gilt; es ist das, was Freud, so man mir folgen will, gelegentlich zu leisten versucht hat, insbesondere in Bezug auf das »Ich«. Zweifelhafter ist dagegen das Biologische, das die Genese des menschlichen Seelenlebens von einer vitalen Grundlage aus lenkt, mit anderen Worten das Biologische, das die Beziehung von Seelenleben und Leben lenkt, sodass die Emergenz des menschlichen Seelenlebens selbst durch das Biologische regiert wird. Zwei Selbstverständlichkeiten: das Vorausgehen des Biologischen und das Vorhandensein des biologischen Modells im Seelenleben; eine zweifelhafte Schlussfolgerung: dass diese Entwicklung des menschlichen Seelenlebens selbst durch ein biologisches Gesetz regiert wird. Dennoch liegt in dieser Idee, dass die Entwicklung des Vitalen hin zum menschlichen Seelenleben *selbst* in die vitale Ordnung, ja in die Ordnung der Anpassung gehören soll, eine gängige, anerkannte, niemals wieder infrage gestellte Auffassung, die sich beispielsweise in einer Theorie der progressiven Strukturierung des menschlichen Seins äußert, mit dem Auftreten immer höherer Stufen der Anpassung, selbst wenn es Brüche aufweist.

Verkörpert hat diese Art von Theorie, die es seit einigen Jahrzehnten gibt – vielleicht ist das heute ein wenig aus der Mode gekommen –, der Organodynamismus mit Henri Ey als seinem Hauptvertreter. Darin lag eine Gesamtsicht der Psychopathologie, die sich auf zwei als vereinbar angesehene Quellen stützte: zum einen Jackson und zum anderen Freud. Jacksons Thesen von der sukzessiven Integration unterschiedlicher Stufen, der Progression vom Einfachsten zum Komplexesten und vom Automatischsten zum Absichtsvollsten verbanden sich mit der Idee einer möglichen Desintegration, die in der psychopathologischen Auflösung dieselben Etappen in umgekehrter Richtung durchläuft. Was Henri Ey selbst seinen Neojacksonismus nannte, war nichts anderes als ein Versuch, in dieses Schema als erste Etappe dieses Durchlaufs das Unbewusste, die Triebdynamik zu integrieren. Sicher leistet Freud dem in mehr als einem Aspekt Vorschub. Eine ganze Denklinie, eine ganze Reihe von Texten geht in diese Richtung, und einer der Texte, der sich in diesem Versuch eines Aufbaus des menschlichen Seins vom Einfachsten zum Komplexesten als ein sich an die Lebensnotwendigkeiten anpassendes Lebewesen am weitesten vorwagt, ist wahrscheinlich der Text mit dem Titel *Formulierungen über die zwei Prinzipien des psychischen Geschehens*[6]. Es ist selten, dass ein solcher Text, den man durchaus als einen naturalistisch inspirierten Text bezeichnen kann, nicht das enthält, was ich einen Rückruf zur Ordnung nenne, so wie ein Traum häufig an einer abgelegenen Stelle ein Zeichen, ein »Determinativum« enthält, das uns zum Beispiel darauf hinweist, dass der gesamte Inhalt des Traums vom Siegel des Widerspruchs oder des Widersinns geprägt sein muss: ein »Reißen wir uns zusammen«. Diesen regelrechten Warnschuss findet man in diesem Text im letzten Absatz. Während der gesamte Artikel auf die fortschreitende Anpassung eines Organismus an die Welt, also an die Realität, ausgerichtet ist, erinnert uns dieser letzte Absatz, gerade im Widerspruch zum Ganzen des Textes, daran, dass die Währung der Realität (das ist der von Freud verwandte Terminus), dass die Währung der physischen Realität in der Psychoanalyse nichts gilt, da diese sich ganz im Bereich des Nicht-Adaptiven, des Nicht-Vitalen abspielt.[7]

Die Frage ließe sich auf eine andere Weise folgendermaßen stellen:

6 GW VIII, S. 229–238.

7 »Man lasse sich aber nie dazu verleiten, die Realitätswertung in die verdrängten psychischen Bildungen einzutragen …« (ebd., S. 237). Wenn der Psychoanalytiker gewarnt wird, diese »Realitätswertung« nicht einzuführen, wie sollte dann »die Not des Lebens« fähig sein, sie in das menschliche Unbewusste einzuführen? [Vgl. auch ebd., S. 238, wo Freud von der »neurotischer Währung« spricht; A. d. Ü.].

Das Biologische am Anfang des Lebens, der konkrete Organismus des Menschenkindes, den wir selbstverständlich bereit sind zu berücksichtigen, *und* das Biologische als Modell im Seelenleben, dieses »Lebendige« im Seelenleben, das wir gleich wiederfinden werden, ist das wirklich dasselbe? Nun, in eben diesem Text wird sich Freud in einer berühmten Fußnote,[8] in der er sich selbst einen gewichtigen Einwand macht, die Frage stellen: Wie könnte der Organismus, den er beschreibt, der, wie Sie wissen, angeblich fähig ist, seine Wünsche halluzinatorisch zu befriedigen, in Autarkie zu leben, wie könnte diese Monade, die ganz dem »Lustprinzip« unterworfen wäre und welche die Realität der Außenwelt vernachlässigen würde, sich auch nur einen Augenblick lang am Leben erhalten, und wie hätte sie überhaupt nur auftauchen können? Doch, fügt Freud (mit schöner Ungeniertheit) hinzu: »Die Verwendung einer derartigen Fiktion rechtfertigt sich aber durch die Bemerkung, daß der Säugling, wenn man nur die Mutterpflege hinzunimmt, ein solches psychisches System nahezu realisiert.« Somit ist Freud selbst nicht unempfänglich für den Unterschied, der zwischen einer Art, man muss schon sagen, extrem einfachem und abstraktem Modell des Lebendigen und andererseits dem Lebendigen, das wir alle sind, und mehr noch dem Lebendigen, welches das kleine Neugeborene ist, besteht; und um diesen beträchtlichen Unterschied zu verringern, muss er nichts weniger als die gesamte mütterliche Pflege *in das Modell* einschließen ... Doch stürzt man ein biologisches Modell nicht dadurch komplett um, dass man darin einen fremden Eingriff einbezieht, von dem man mindestens sagen kann, dass er ziemlich komplex ist und keinesfalls auf ein zusätzliches Element in einem angeblich autarken Gleichgewicht reduziert werden kann?[9]

Das biologische Modell im Seelenapparat

Meistens wird sich Freud nicht die Mühe machen, ausdrücklicher auf Fragen zu diesem konkreten Lebendigen, dem anfänglichen Men-

8 Ebd., S. 232, Anm. 1.

9 Man wird weiter unten die durch und durch »anti-homöostatische« Funktion der mütterlichen Pflege in der Hypothese der Verführung sehen.

schenkind, zu antworten. Als Ursprung setzt er in Wirklichkeit nicht das Menschenkind ein, so wie man es beobachtet, sondern ein, wie man sagen kann, primitives Modell, ein Modell einer elementaren Biologie, ein Protist, ein auf seinen einfachsten Ausdruck reduziertes Lebendiges: Das ist, wie Sie wissen, das berühmte Modell aus *Jenseits des Lustprinzips*, worin dieser Protist den Namen »Protoplasmatierchen« erhält. Ich hatte die Gelegenheit, darüber ausführlich zu sprechen,[10] und möchte hier einfach nur einige entscheidende Züge davon nachzeichnen. Was charakterisiert dieses Modell, das man als ein biologisches bezeichnen kann? Die Tatsache, dass es ein Niveauapparat ist, wenn wir die weiter oben vorgeschlagene Unterscheidung zwischen Gedächtnisapparaten und Niveauapparaten aufnehmen wollen. Ein Niveauapparat ist vor allem ein energetischer Apparat, er berücksichtigt Energiemengen und vor allem Unterschiede zwischen Energiemengen; indem er diese Unterschiede in Rechnung stellt, hat der Apparat zur Funktion und zum einzigen Ziel, sich im Dasein zu halten, was *für ihn* nichts anderes ist, als sein Niveau konstant zu halten. Genau das wird Homöostase und Homöostaseprinzip genannt. Man muss nicht glauben, dass in der Homöostase das energetische Niveau dieses Protoplasmatierchens höher sei als das der Außenwelt; ganz im Gegenteil, was der (in einer wohl akzeptablen Fiktion) »anfängliche« »Organismus« konstant zu halten versucht, ist ein weniger hohes Niveau als das seiner Umgebung. Die Grenze dient dazu, ein internes Energieniveau zu schützen, das in keinem Verhältnis steht zu den äußeren Energien, die Freud für äußerst gewalttätig und jederzeit fähig hält, den Organismus zu zerstören. Um ein andersartiges Modell aufzunehmen, das diesem aber letztlich recht nahe kommt: Es kann der Zweck einer Vase oder eines Glases sein, ein höheres energetisches (Wasser-)Niveau gegenüber dem seiner Umgebung zu erhalten; wenn jedoch das leere Glas leicht in die Wasseroberfläche eingetaucht wird, wird es seine Funktion sein, im Inneren ein weniger hohes Niveau zu erhalten.

Wer »konstantes Niveau« sagt, spricht notwendigerweise von einer Oberfläche, einer Grenze, von einem Etwas, das dieses Ni-

10 *Problématiques I: L'angoisse*. Paris (PUF), 1980, S. 187.

veau schützt. Was im Freud'schen Modell eine Oberflächendifferenzierung impliziert mit dem Ziel, den Niveauunterschied aufrechtzuerhalten: bekanntlich das, was Freud *Reizschutz**, Schutzschicht nennt. Diese gehärtete Schutzschicht, dieses Häutchen, im konkreten einzelligen Lebewesen mit der Zellmembran vergleichbar, hat Freud zufolge eine normale zweifache Funktion: den Schutz des energetischen Niveaus und die Absenkung, die Reduktion der Energien, die dem Organismus zufließen. Schließlich hat diese Hülle (dieses Mal keine Funktion, sondern) eine zentrale Rolle inne in allem, was pathologisch ist, denn wenn sie durch die äußere Energie durchbrochen wird, äußert sich das entweder als Schmerz oder aber als Trauma.

Erinnern wir abschließend der Vollständigkeit halber daran, dass die Oberflächendifferenzierung des Apparats Freud zufolge in der Ausbildung von *zwei* Oberflächenschichten und nicht einer einzigen endet: der schützenden Schicht, aber auch der wahrnehmenden Schicht, der direkt unter der schützenden Schicht angesiedelten Schicht namens »Wahrnehmung-Bewusstsein«.

Das also nennen wir ein Modell. Welchen Bezug hat es zur Sache: welches Modell und welche Sache? Man kommt, wenn man Freud liest, bei der eindeutigen Zuordnung dessen, was er darstellen will, ganz schön in Verlegenheit, denn er meint wahrscheinlich mehrere Dinge gleichzeitig. Zum einen und an erster Stelle ist es ein biologisches Modell des *Organismus*, nicht nur des Organismus des Urtierchens, sondern eben auch jedes Organismus, was der ihm von Freud zugewiesene Erklärungswert demonstriert, denn dadurch sollte es möglich sein, ein so allgemeines Phänomen wie das des Schmerzes zu erklären: den physischen Schmerz, der bekanntlich als das Ergebnis eines begrenzten Durchbruchs der schützenden Hülle angesehen wird. Zum anderen jedoch, und darauf bestehe ich, ist es ein *theoretischer* Organismus, dessen Beziehung zum konkreten Organismus des Neugeborenen mehr als hypothetisch ist, da man darin die Mutter einschließen müsste, um Modell und Realität mehr oder weniger zur Deckung zu bringen!

Auf einer *zweiten Stufe* (und ich kündige an, dass man wenigstens drei Stufen antreffen wird) ist dieses Modell ein spezialisiertes System im Lebendigen und nicht mehr das Ganze des lebenden Organismus; ein System, bei dem es nicht gleichgültig ist, ob man es je nachdem entweder zentrales Nervensystem oder auf psychoanalytischer Seite psychischer Apparat oder Seelenapparat nennt. Mitunter scheint es so, als seien zentrales Nervensystem und psychischer Apparat nahezu äquivalente Begriffe, aber dennoch ist ihre Erklärungsfunktion klar verschieden: Wenn es um das zentrale Nervensystem geht, ist das, was es zu erklären gilt, das physische Trauma, während es sich, wenn es um den psychischen Apparat geht, um das psychische Trauma handelt. Nun gibt es zwischen den beiden Arten von Trauma gewiss Analogien, aber auch einen entscheidenden Unterschied; wir sind da an einer wesentlichen Bruchstelle in dem Sinne, dass sich physisches Trauma und psychisches Trauma alles andere als ergänzen oder fortführen, sondern vielmehr gegenseitig ausschließen. Ganz konkret bedeutet dies, dass in einer traumatischen Situation die Tatsache einer somatischen Verletzung zur Vermeidung und nicht zur Verstärkung des psychischen Traumas führt.

Wir hielten gerade eben fest, dass das Merkmal des Widerspruchs sich oft an einer abgelegenen Stelle des Freud'schen Textes kundtut. Hier in *Jenseits des Lustprinzips* wird man es in einer »Widersinnigkeit« wiederfinden können, die selbstverständlich nicht einfach nur festzustellen ist, um Freud unsinnige Dinge sagen zu lassen. Ich spiele hier auf eine allbekannte Darstellung an, in der Freud seine Vorstellung zu bekräftigen sucht, dass sich das »System« durch Differenzierung an der Peripherie entwickelt, und dass sich insbesondere das System Wahrnehmung–Bewusstsein unmittelbar unter der schützenden Schicht befindet. Nun will aber Freud als Beweis für diese Behauptung neuroanatomische Betrachtungen heranziehen, denen zufolge sich der Kortex als Ort des Bewusstseins selbst an der Oberfläche des Gehirns befindet. Was offensichtlich eine beinahe kindliche Betrachtung einer makroskopischen Anatomie ist, die in der Tat unterstellt, dass die Erregungen gleichsam von außen durch die Schädeldecke hindurch direkt zum Kortex gelangen würden. Dabei wissen wir in Wirklichkeit durch die neuronale Anatomie, dass der zerebrale Kortex, weit davon entfernt, als erstes im Nervensystem den Erregungen ausgesetzt zu sein, sich vielmehr ganz am Ende der afferenten Bahnen befindet.[11] Die Widersinnigkeit, einen topologischen Vergleich zwischen Schädeldecke und Kortex auf der einen Seite und Reizschutz und System Wahrnehmung–Bewusstsein auf der anderen Seite herzustellen, ist so offensichtlich, dass man sie nicht einfach nur Freud zum Vorwurf machen kann, ohne nicht darin ein *Zeichen* für etwas anderes zu suchen: das Zeichen jener *Pseudobiologie*, die ich in den Freud'schen Modellen zu stellen versuche, wie man einen Hasen stellt.

Schließlich ist die letzte mögliche Ebene dieses Modells, außer der eines Organismus und der des zentralen Nervensystems oder eines psychischen Apparats, die Ebene eines *Ichs*. Ein Ich, denn es ist nicht belanglos, festzuhalten, dass *Jenseits des Lustprinzips* der Text ist, in dem Freud diesen Begriff wieder voll einführt und damit eine sehr alte Linie wieder aufnimmt, jene des *Entwurfs einer Psychologie* von 1895, und zwar in derselben Richtung: indem er aus dem Ich sicher nicht die Totalität der psychischen Person, sondern ein Organ derselben macht; jedoch – zweites Merkmal – nicht irgendein Organ, sondern eben einen Organismus, eine Organisation, deren gesamtes Funktionieren von dem weiter oben definierten Niveauprinzip beherrscht wird. Wie unser Tierchen von eben ist das Ich selbst in eine Welt traumatisierender Energien eingetaucht, die Triebe.

Das Vitale ist nicht: »In der Tiefe des Menschen, das Es«

Wenn man nun aber diese letzte Ebene, die des Ichs, betrachtet, bemerkt man, dass das »Vitale«, das »Biologische« nicht mehr als Grundlage, eine Grundlage in existentia, sondern als Modell und zudem als ein *reales* Modell fungiert, als *das, was im Seelenleben repräsentiert*

11 Ich zitiere diese Passage, sie verdient es: »Wir bemerken dann, daß wir mit diesen Annahmen nichts Neues gewagt, sondern uns der lokalisierenden Hirnanatomie angeschlossen haben, welche den ›Sitz‹ des Bewußtseins in die Hirnrinde, in die äußerste, umhüllende Schicht des Zentralorgans verlegt. Die Hirnanatomie braucht sich keine Gedanken darüber zu machen, warum – anatomisch gesprochen – das Bewußtsein gerade an der Oberfläche des Gehirns untergebracht ist, anstatt wohlverwahrt irgendwo im innersten Innern desselben zu hausen. Vielleicht bringen wir es in der Ableitung einer solchen Lage für unser System *W-Bw* weiter« (GW XIII, S. 23f.).

wird oder was sich darin repräsentieren lässt. Das Vitale im menschlichen Wesen ist eine Voraussetzung, das ist unbestreitbar. Aber, hier liegt der Unterschied, muss man deshalb behaupten, dass es das erste Verdrängte sei oder das, was es an Tiefstem im Seelenleben gibt? Und doch ist dies eine These, die sich im Freud'schen Werk und vor allem in einer gewissen freudianischen Vulgata durchhalten wird: Das Vitale wäre das Verdrängte und damit wäre das Kulturelle der Überbau und das Verdrängende zugleich. Diese These finden wir in jeder der beiden »Topiken« wieder; in der ersten Topik etwa so ausgedrückt: Alles, was bewusst geworden ist, muss zunächst unbewusst gewesen sein. Das Unbewusste wäre also nur der durch Segregation erhaltene Teil eines ursprünglichen unbewussten Bereichs. Man kennt dieses berühmte Bild vom Naturschutzpark (der erste Naturschutzpark in den Vereinigten Staaten, der Yellowstone-Park): Das Unbewusste wäre einem Naturreservat ähnlich, das sich eingefriedet und dadurch in seinem Urzustand erhalten findet. Und die schönste Illustration für den Ausdruck dieser angeblichen Priorität des Vitalen in der zweiten Topik dürfte der französische Titel sein, der eine Zeit lang für das Werk von Groddeck gewählt wurde: *Au fond de l'homme, cela [In der Tiefe des Menschen, das Es = Das Buch vom Es].* Das Es [»ça«, »cela«], ist sicherlich ein Ort des Fremden, des Fremdlings: Das Wort selbst bedeutet tatsächlich, dass es »sächlich« ist, dass es »in dritter Person«, Neutrum, ist. Das Es als Ort der dunkelsten Triebe und namentlich des Todestriebs – ist damit auch gesagt, dass es notwendig das ist, was in uns am biologischsten ist? Das ist nun eine absolut fragwürdige Folgerung. Ist das Es etwas ganz Ursprüngliches oder *wird* vielmehr das Es gerade durch den Entstehungsprozess des psychischen Apparats, insbesondere durch die Verdrängungen, zu diesem Fremden, das es fortan in uns ist? Ist die trennende Geste – gegenüber dem, was abgetrennt wird – zuerst da oder nicht? *Stellt* nicht sie erst *her*, was sie abtrennt?

2. Das Phylogenetische

Ich möchte jetzt eine zweite Form des Ursprünglichen bei Freud genauer prüfen, und damit meine ich diesen Rückgriff, als letzte Grundlage, auf das, was man Phylogenese, Vorgeschichte oder archaische Menschheitsgeschichte nennen kann.

Abermals wird hier der Trieb im Zentrum der Auseinandersetzung stehen. Zunächst sei daran erinnert, wie eindeutig Freuds Terminologie in dieser Sache ist; allen Übersetzungsvarianten zum Trotz hat man es bei ihm mit zwei vollkommen verschiedenen Termini zu tun, die auch zwei vollkommen verschiedene Dinge bezeichnen: zum einen mit dem *Trieb**, was wir zu Recht durch *»pulsion«* übersetzen, und zum anderen mit dem *Instinkt**. Zumeist taucht im Übrigen unter seiner Feder der Ausdruck »Instinkt der Tiere« in einem präzisen Sinne auf, nämlich als ein Verhalten, das vollständig auf ein Ziel gerichtet ist, darauf fixiert und ihm vorweg angepasst, eben als das, was die Ethologen über eine ganze Periode ihrer Arbeiten hinweg als instinktmäßige Vorrichtung beschrieben haben.

Der verlorene Instinkt

Doch zwischen Instinkt und Trieb gibt es eine gewisse Dialektik[12]. Die gesamte Bewegung der *Drei Abhandlungen zur Sexualtheorie* lässt sich so zusammenfassen: der verlorene Instinkt und der wiedergefundene Instinkt. Alles, worum es geht, ist zu zeigen, dass beim Menschen der Instinkt, insbesondere der sexuelle Instinkt, noch genauer, der auf die Reproduktion abzielende Instinkt verloren gegangen ist. Der Trieb beim Menschen, das ist zumindest die These der *Drei Abhandlungen* in ihren beiden ersten Teilen, hat weder ein festes und endgültiges Objekt noch gar ein Ziel, das heißt einen stereotypen und einzigen Ablauf. Bei der Beschreibung der sexuellen Abirrungen, den Perversionen, sei es nun bezüglich des Objektes oder des Ziels, handelt es sich um ein wahrhaftiges Plädoyer für die Plastizität, die Beweglichkeit, für die Austauschbarkeit der Triebe untereinander, der Verhaltensweisen untereinander. Herausgestellt wird die *Vertretungsfähigkeit**, das heißt die Fähigkeit, stellvertretend Funktionen zu übernehmen, die Fähigkeit eines Triebs, an die Stelle eines anderen zu

12 Eine Dialektik, welche diejenigen, die – in der Übersetzung – die Unterscheidung der beiden Termini eliminieren wollen, zwangsläufig übersehen.

treten, unter Umständen ein perverser Trieb an die Stelle eines nicht-perversen und umgekehrt. Andererseits ist in den *Drei Abhandlungen* durch *die Umgestaltungen der Pubertät** »der wiedergefundene Instinkt« das, was man auch den nachgeahmten Instinkt, den ersetzten Instinkt nennen könnte, ersetzt im Laufe einer komplexen Entwicklung durch etwas, das trotz allem dem Instinktmäßigen ähnlich sieht. Man denke daran, wie wenig einfach der Kinderwunsch sein kann, so wie Freud seine Entstehung beim Menschen, bei der Frau, dem natürlichen Anschein zum Trotz, beschreibt. Durch welche Labyrinthe hindurch gelangt die Frau dahin, das zu *wünschen*, wonach jedes Lebewesen instinktmäßig *strebt*?

Dieser wiedergefundene Instinkt wäre somit nur das Ergebnis einer komplexen, zufälligen Entwicklung, oft aus eigenartigen Umkehrungen und Identifizierungen bestehend; denken wir insbesondere an das Phänomen der Identifizierung, die bei Freud im Wesentlichen eine Identifizierung mit dem Liebesobjekt ist, sodass die Annahme des Geschlechts zu Beginn eine stärkere homosexuelle Liebe voraussetzt, eine homosexuelle Liebe zum Elternteil gleichen Geschlechts, mit dem man sich letztlich identifizieren können muss.[13]

Gegen die angeborenen Urphantasien

Doch auch wenn sich zeigen lässt, dass die sexuelle Entwicklung des Individuums immer komplex ist und nicht – oder nur mangelhaft – präformiert, wird die Leidenschaft für das Präformierte und Hereditäre im Menschen Freud unablässig verfolgen. Das extremste Beispiel für diese Wiederkehr des Hereditären sind zweifellos die »Urphantasien«. Wenn beim Menschen, erklärt Freud, etwas dem Instinkt der Tiere Ähnliches existiert, so muss man es wohl aufseiten der angeborenen Phantasien suchen. Diese Urphantasien sind von Pontalis und mir selbst in einem kleinen, jüngst wieder veröffentlichten Text[14] ausgegraben worden, der

13 Vgl. *Problèmatiques I: L'angoisse*. Paris (PUF), 1980, S. 341ff.

14 *Fantasme originaire, fantasme des origines, origines du fantasme*. Paris (Hachette) 1985; durchgesehene Ausgabe der Erstveröffentlichung in *Les Temps Modernes*, 1964, Nr. 215, S. 1133–1168 [dt.: *Urphantasie. Phantasien über den Ursprung, Ursprünge der Phantasie*, übersetzt von Max Looser. Frankfurt/M. (Fischer), 1992].

Freuds wahrer Leidenschaft für das Phylogenetische den ihr gebührenden Platz zurückgibt. Ich nehme diesen Band zum Anlass, um darzulegen, wie ich mich von diesem Begriff distanziere: Einen Gedanken wiederherstellen bedeutet noch lange nicht, dass man dem, was er vermittelt, völlig zustimmt.

Die Urphantasien bei Freud sind also so etwas wie Kategorien *a priori*, nicht nur Begriffe, sondern wahre Szenarien, von denen sich wenigstens vier auflisten lassen: das Verführungsszenario, das Kastrationsszenario, das Szenario der Urszene und schließlich, unter Umständen, das Szenario von der Rückkehr in den Mutterleib. Freud versteht diese Kategorien, wie jede Kategorie im Kant'schen Sinne des Ausdrucks, als mächtiger als das individuelle Erleben, denn sobald dieses mit ihnen nicht übereinstimmt und Atypien aufweist, gäbe es so etwas wie einen Ordnungsruf vonseiten der Urphantasie, welche die persönlichen Besonderheiten einrahmen, vervollständigen, beugen, ja sogar korrigieren würde.

Vorgeschichtliche Spekulationen bei Freud

Diese These von den Urphantasien geht mit der einer quasi endogenen Entwicklung des Ödipuskomplexes, seines Höhepunktes und seines Untergangs oder Verschwindens einher. Schließlich wird diese These durch die Darstellung des *Urmenschen** oder der *Urhorde** in groß angelegten prähistorischen Fresken vervollständigt. Mit *Totem und Tabu* findet sich der ganze Verlauf des individuellen Erlebens in einem weiten prähistorischen Panorama vorgezeichnet, demzufolge zunächst eine Horde von einem mächtigen Vater beherrscht wird, der die Söhne kastriert, sie entmachtet, der sie gänzlich unter seiner Herrschaft hält und die zwei anfänglichen verbietenden Gesetze aufstellt: das Verbot des Mordes (am Vater) und das Verbot des Inzests (mit der Mutter). Bekanntlich wird am Ende der Urvater nichtsdestotrotz von den Söhnen entthront, woraus eine ganz andere Gesellschaft entsteht, die sogenannte brüderliche Gesellschaft, in der das homosexuelle Band zwischen den Brüdern vorherrscht. Diese großartige Saga von *Totem und Tabu* ist jetzt durch einen vor Kurzem wiedergefundenen Text mit dem Titel *Übersicht der Übertragungsneurosen** vervollständigt worden.[15] Dieser Text, eher ein Entwurf in quasi telegraphischem Stil, stammt von 1915 und wurde von Freud an Ferenczi geschickt: Diese Zieladresse ist zweifellos nicht ohne Einfluss auf den Inhalt geblieben, denn bekanntlich gibt es in Ferenczis Denken einen ausgeprägten Hang zu diesen metahistorischen, ja metakosmologischen Spekulationen. Was hier dargelegt wird, ergänzt teilweise *Totem und Tabu*, insbesondere durch die Hypothese eines Vorhordenstadiums (wenn man das so sagen kann) vor der Herrschaft des Vaters, das Freud ganz einfach mit dem irdischen Paradies vergleicht, eines Stadiums, in dem es keinen Mangel gibt, im Gegensatz zum folgenden Stadium, in dem die Not der Faktor ist, der in die Bildung der Horde unter der Herrschaft, aber auch unter dem Schutz eines allmächtigen Vaters, eines Herrn mündet. All dies wird in den verschiedenen Texten und namentlich in der *Übersicht* gewiss als reine Phantasie ausgegeben; anderswo wird es dann Spekulation genannt, ein Terminus, den ich besonders hervorgehoben habe.[16] Hier nun im Text der Beginn der Ausführung zur Phylogenese:

> »Hoffe der Leser, der sonst auch an Langweile vieler Abschnitte gemerkt hat, wie sehr alles auf sorgfältiger und mühseliger Beobachtung aufgebaut, wird Nachsicht üben, wenn auch einmal die Kritik vor der Phantasie zurücktritt und ungesicherte Dinge vorgetragen werden bloß weil sie anregend sind und Blick in die Ferne eröffnen.«[17]

Alles in allem eine durchaus stimulierende Balance zwischen der Langeweile der Theorie und der auf mühseliger Beobachtung gegründeten Klinik und dann diese Art von Entspannung, der sich plötzlich die Phantasie überlässt, einer nichtsdestoweniger als fruchtbar und anregend verstandenen Phantasie, die häufig allmählich zum Glauben und zur Überzeugung wird.

Dieser zweite Teil des Textes geht von einer Überlegung über die Prädisposition für Neurosen und über die Übereinstimmung dreier Reihen aus, die Freud herauszuheben versucht; ich schematisiere sie wie folgt:

15 Frankfurt/M. (Fischer), 1985.
16 Vgl. oben, S. 37–38.
17 Frankfurt/M. (Fischer), 1985, S. 28 [GW Nachtragsband, S. 641].

d c b a / a b c d
A B C D

Die Reihe rechts in Kleinbuchstaben spiegelt das Erscheinen der verschiedenen Neurosen in der Geschichte des Individuums wider: Die verschiedenen Neurosen treten gewöhnlich in einem mehr oder weniger bevorzugten Alter auf, sodass man die Angsthysterie, die Zwangsneurose, die Konversionshysterie, die Dementia praecox usw. in einer gewissen Ordnung aufreihen kann. Links ist die Reihe der prädisponierenden Ereignisse dargestellt, immer noch auf der Ebene der individuellen Geschichte. Es lässt sich feststellen, dass sie im Verhältnis zur vorhergehenden Reihe spiegelverkehrt ist, sodass die Psychoneurose sich umso später entwickelt, je früher das verursachende Ereignis stattfindet. Die Dementia praecox zum Beispiel entwickelt sich im Prinzip nach der Adoleszenz, während die ihr zugrunde liegenden Ereignisse sehr weit zurückliegen. Was uns aber daran letztlich mehr interessiert und was auch in diesem Text ganz neu (wenn auch angreifbar) ist, das ist die durch Großbuchstaben gekennzeichnete, angeblich phylogenetische Reihe, die Reihe der Psychoneurosen der gesamten Menschheit. Es fällt auf, dass diese Prädisposition zeitlich genauso (und nicht umgekehrt) angeordnet ist wie beim Individuum. Man sieht, wie weit das, was man Freuds wahre Leidenschaft für die Phylogenese nennen darf, gehen kann: Hier finden sich nicht nur die prototypischen Szenarien der Normalität, sondern auch die transindividuellen, metahistorischen Schemata der gesamten *Psychopathologie* im Voraus eingetragen. Überdies sind sie in eine historische Chronologie eingereiht, die sich innerhalb einer zeitgenössischen Population im jeweiligen Alter des Auftretens der Psychoneurosen widerspiegelt.

Weder Darwin noch Lamarck

Wie lässt sich das, was ich soeben als eine Leidenschaft Freuds bezeichnet habe, in Bezug auf die Evolutionstheorien einordnen? Sie in eine große Kategorie einzufügen, erscheint nicht richtig. Der Darwinismus wird bekanntlich von Freud als ein zentraler Moment des menschlichen Denkens angeführt, als eine der drei großen Revolutionen, die den Menschen vom Thron seines Anthropozentrismus stürzt, zwischen der kopernikanischen Revolution,[18] welche die Erde von ihrem zentralen Platz verdrängt, und der Freud'schen Revolution, die gar noch die menschliche Seele aus ihrer Zentrierung kippt, da sie sich als exzentriert gegenüber ihrem eigenen Unbewussten erweist. So wird der Darwinismus von Freud als die große Lehre von der Evolution verkündet, und es wäre etwas vorschnell, hinter diesen phylogenetischen Phantasien einen mehr oder weniger latenten Lamarckismus aufzudecken. Um den Sachverhalt mit einem Wort zu fassen: Bei Darwin haben wir zufällige Variationen bzw. Mutationen, die durch die Eliminierung des Schwächeren in der Gattungsgeschichte erhalten bleiben. Bei Lamarck wird die Auseinandersetzung mit der Umwelt und die Anpassung daran als vorrangig angesehen, wodurch adaptive und zweckgerichtete Veränderungen entstehen, die dann per Vererbung weitergegeben werden. Es ist auch bekannt, dass der Lamarckismus derzeit ganz allgemein aufgegeben worden ist zugunsten dessen, was man einen recht allgemeinen Neodarwinismus nennen kann.[19] Nun handelt es sich bei Freud allerdings weder um das eine noch um das andere. Sicher, Freud nimmt an, dass vererbt wird, was im Verlauf langer Perioden im Leben – in den Leben – des geschichtlichen oder vorgeschichtlichen Menschen »erworben« wurde. Diese Hypothese wird ernst genug genommen, wortwörtlich und nicht in einem »mythischen« Sinne, sodass man sich schließlich folgende Frage stellt: Vererbung also von etwas Erworbenem? Allerdings so deutlich unterschieden vom Erwerb des »lamarckischen« Menschen, dass der Ausdruck »Erworbenes« selbst trügerisch ist: Zum einen dient das, was weitergegeben wird, nicht speziell der Anpassung, auch wenn es dies in einer gewissen Zeit tat: Es kann sich auch um eine Neurose handeln ... Zum anderen und vor allem besteht dieses phylogenetische Erbe nicht in Merkmalen oder in der Perfektionierung von Appara-

18 Die man eher die »aristarchische« nennen sollte, um Aristarchos von Samos die Urheberschaft zurückzuerstatten.

19 Wir werden keineswegs in die Einzelheiten über die grundsätzlichen Unterschiede zwischen Darwinismus und Neodarwinismus einsteigen. Nur so viel: Beide verneinen die Möglichkeit einer erblichen Weitergabe (durch die Keimzelle) dessen, was im individuellen oder kollektiven Leben (im Soma) erworben wurde.

ten, sondern in Szenarien, die in einer Art *Gedächtnis* gegenwärtig sind; ich habe gerade darauf hingewiesen, die Urphantasien können letztlich das individuelle Gedächtnis ergänzen, sie haben ihren Platz auf einer Gedächtnis- und nicht auf einer Funktionsebene. Das Vorbild für die menschliche Geschichte bleibt für Freud die individuelle Geschichte. Was in letzterer erworben wird, wird als Erinnerung oder zumindest als *Schema von Erinnerungen* gespeichert.

Keine vererbte Erinnerung der Szenen

Wenn ich schon einmal dabei bin, meine persönliche Position insbesondere in Bezug auf dieses kleine Werk von Laplanche und Pontalis über die »Urphantasien« zu verdeutlichen – so möchte ich sagen, dass genau von dem Moment an, da bei der Skizzierung des infantilen Ursprünglichen und der Abgrenzung des infantilen Gedächtnisses die Hand zu zittern beginnt, der Rückgriff auf ein genetisches Erbe von Szenen aufkommt. Damit wir uns richtig verstehen: Keineswegs soll hier innerhalb einer reichlich überholten Debatte über das Erworbene und das Vererbte mit einem Federstrich all das gestrichen werden, was zum Bereich der Veranlagung gehören kann. Auf das, was bei der Geburt angelegt, was angeboren, ja konstitutionell ist, beharrt Freud zu Recht mit Ausdrücken wie dem der *Anlage** und der *Veranlagung**. Es geht nicht um eine Debatte zwischen dem rein Angeborenen und dem rein Erworbenen, sondern darum, das, was angeboren sein kann, einzuordnen: Dies kann ein Erwerb der Gattung oder, davon verschieden, die Veranlagung einer besonderen genetischen Abstammung sein, die zu einem bestimmten Individuum führt. Die Erwerbungen der menschlichen Gattung, die bei der Geburt bestehenden Vorrichtungen sind wichtiger, als man es sich wohl hatte eingestehen wollen; und andererseits lässt sich das Konstitutionelle, das für eine genetische Abstammung und folglich für ein daraus hervorgegangenes Individuum eigentümlich ist, in mannigfaltigen Bereichen erfassen; denken wir an die adaptiven sensomotorischen Fähigkeiten, an die Vorherrschaft bestimmter Sinne oder an die Dominanz eines bestimmten Sinnesorgans, mit der sich beispielsweise diese oder jene Art künstlerischer Veranlagung verbinden lässt; denken wir auch an die gesteigerte Reizempfindlichkeit einer bestimmten Körperzone, einem natürlichen Anziehungspunkt, damit der Trieb, welcher sich daran heften wird, gestärkt werde. Schließlich kann man gewiss allgemein von einer mehr oder weniger ausgeprägten angeborenen Empfänglichkeit für das Trauma sprechen. *Umgekehrt* muss man der Idee von biologisch eingeschriebenen *mnemonischen* Szenarien, welche wohl auch vonseiten der Genetiker nicht akzeptiert würden, es sei denn, begünstigt durch eine Konfusion zwischen (stets an Vorstellungen gebundenem) Gedächtnis und Verhaltensschemata, äußerst skeptisch gegenüberstehen.

Sekundäre Stellung der »Urphantasien«

Es lässt sich dennoch nicht bestreiten, dass Freud mit den Urphantasien etwas Prototypisches entdeckt hat, etwas, das tatsächlich über das individuelle Erleben hinausgeht und die besonderen Erlebnisse formt, ja sogar verändert. Dennoch ist die Frage nach der Beschaffenheit dieses »Prototypischen« nicht gelöst, oder genauer gesagt, ist sogar eine zweifache Frage zu beantworten: Wie werden diese Urphantasien weitergegeben und wie sind sie topisch einzuordnen? Vielleicht ließe sich die Art ihrer Weitergabe leichter angehen, wenn man als erstes kritisch darüber nachdenken würde, wie sie topisch wirklich einzuordnen sind. Wie sind diese prototypischen Szenarien im menschlichen psychischen System einzuordnen? Nächstgelegen zu was? Zum Es, zum Ich oder zum Über-Ich? Wie kann man am Beispiel der Kastrationsphantasie, der vielleicht grundlegendsten Urphantasie, nicht überrascht feststellen, dass Freud das, was er neu »Urphantasie« nennt, bereits als »infantile Sexualtheorie« entdeckt hatte? Und was soll wohl dieser letzte Begriff bedeuten, wenn nicht etwas, das nicht direkt auf der Ebene des Triebhaften hervortritt, sondern die Aufgabe hat, das, was das Triebhafte zweifellos an Anarchischem, aber auch an in jeder Hinsicht Infragestellendem hat, zu beherrschen und einzudämmen? Die *Kastration*, ob man sie Theorie, Phantasie oder Urphantasie nennt, ist vor allem eine *Antwort* und kein triebgeleitetes Fragen. Sie ist eine Antwort auf eine der ängstigenden Fragen, die sich das kleine Kind stellt: Woher kommt der Unterschied der Geschlechter? Die Theorie zur Erklärung des Unterschieds der Geschlechter ist folglich auf der Seite anzusiedeln, auf welcher der Mensch theoretisiert bzw. auto-theoretisiert. Der Begriff der Kastration ist von der großen, letztlich logischen Kategorie des Wegschneidens, der Entfernung eines Teils von einem Ganzen[20], nicht zu trennen, und die Vorstellung eines Wegschneidens des Geschlechts – wie man durchaus in der Gattungsgeschichte sehen kann, beispielsweise in den prähistorischen Malereien[21] – ist im wahrsten Sinne sekundär und wiederum an die Vorstellung von logischer Negation, Anwesenheit–Abwesenheit und ausgeschlossenem Dritten gebunden, die sie im Übrigen begründet. Die Phantasie oder die Theorie der Kastration als Ursprung des Geschlechtsunterschiedes führt das menschliche Subjekt in die unendliche Entwicklung, aber auch in die Zwangsjacke einer binären Logik und einer Logik des Widerspruchs ein; sie auf der Seite eines primären Unbewussten anzusiedeln, käme dies nicht einer Aufhebung dieser grundlegenden Entdeckung der Psychoanalyse gleich, wonach das Unbewusste gerade keine Negation kennt? Wenn die Negation, als Symbol der Verneinung, auf der »höchsten« Stufe des psychischen Apparats angesiedelt wird, wie könnte es dann für die grundlegende Verwirklichung der Negation, der Kastration, anders sein? Man müsste sie folglich aufseiten dieser gewaltigen kulturellen Errungenschaft ansiedeln, welche die Menschheit in das Denken des Widerspruchs einführt.

Und um auf die soeben hergestellte Verbindung zwischen der topischen Stellung der Urphantasie und dem Problem ihrer Weitergabe zurückzukommen, sagen wir, dass die »sekundäre« topische Stellung des Kastrationsszenarios für seine Weitergabe als ein sekundäres logisches Muster, als eine implizite Voraussetzung der verbalen Kommunikation, spricht.

---

20 Im Original wird das Wort »retranchement« verwendet, das neben der oben angeführten »logischen« Bedeutung das Streichen etwa von Ausgaben oder das Kürzen eines Textes, im militärischen Sinne auch die »Verschanzung« und in der idiomatischen Wendung »pousser quelqu'un dans ses derniers retranchements« so viel wie »jemanden in die Enge treiben« bedeutet. Das Verb *retrancher* ist aus »re«, »wieder« und »trancher«, »schneiden« gebildet (A.d.Ü.).

21 Vgl. J. Laplanche: *Problématiques II: Castration. Symbolisations*. Paris (PUF), 1980, S. 213f.

3. Der Mechanizismus

Mit dem dritten Punkt meiner Ausführungen über gewisse exogene Grundlagen, die man für die Psychoanalyse zu finden versucht, werde ich kurz das Problem des *Mechanizismus* streifen. Es handelt sich dabei um eine grundlegende Inspiration Freuds, die man biographisch einzuordnen pflegt, indem man sie auf den Einfluss der »physikalistischen« Schule und ihren berühmten Schwur zurückführt, der Brücke, Du Bois-Reymond, Helmholtz und einige weitere zu einem kleinen Club vereinte. Der Schwur der Physikalisten, dessen Text man bei Jones findet, zwingt dazu, nichts in der Psychologie zu erklären, was nicht auf die harte Physik und Chemie zurückgeführt werden kann. Doch so geht er weiter: Sollten diese Kräfte jedoch unmöglich direkt aufzudecken sein, bedeutet dies, »dass neue Kräfte angenommen werden müssen, welche, von gleicher Dignität mit den physikalisch-chemischen, der Materie inhärent, stets auf nur abstoßende oder anziehende Componenten zurückzuführen sind«. Neben dem abstrakten Versuch, die Psychologie vollständig auf Physik und Chemie zurückzuführen, findet man eine ganz andere und interessantere Idee: Falls sich diese Reduktion als allzu fern, allzu schwierig erweist, muss ein physikalistisches *Modell* in die Psychologie eingeführt werden. Wir befinden uns damit auf der Ebene des zweiten Typus von Modellen, die ich weiter oben unterschieden habe, den Gedächtnismodellen oder auch, wie man sagen kann, den Maschinenmodellen. Wir werden hier in diese zugleich maschinenhaften und mechanischen Modelle des Freudianismus eingeführt, dessen am gründlichsten ausgearbeitetes der *Entwurf einer Psychologie* von 1895 ist. Wir müssen daraus kurz einige für unser Thema wesentliche Merkmale in Erinnerung rufen.

Das physikalistische Modell: Vier Merkmale

Zunächst einmal wird darin alles auf *Gestalt* [»figure«] *und Kraft* zurückgeführt; sagen wir, auf Kräfte, die in einem gestalteten, räumlich gestalteten Modell zirkulieren. Die Gestalt wird komplexer, wenn sie zum Gedächtnis wird, welches nichts anderes als die Wirkung der Kraft auf sie ist; bekanntlich führen die Spuren im Durchgang der Kraft der Erregung zu Bahnungen, die nichts anderes sind als der physische Aspekt dessen, was wir Gedächtnis nennen. Dieser erste Punkt führt uns in der Reihe der Vorläufer weit zurück, zumindest bis zu Descartes, zur Dualität von Gestalt und Bewegung, wie man im 17. Jahrhundert sagte.

Zweitens handelt es sich um ein *nicht-biologisches* Modell und überdies um ein nicht-lebendiges Modell und mehr noch um ein Modell, *das gar nicht leben kann*, das nicht einen Augenblick überleben könnte. Es ist ein Modell, das am Anfang gleichsam nach allen Seiten hin offen ist, da sein einziges Ziel darin besteht, sich der Energie zu entledigen, die ihm zugeführt wird.

Dieser Mechanizismus, und dies ist unser dritter Punkt, ist *vor* einen *Biologismus* gesetzt, der ihn komplizieren, aber ihn eben nur komplizieren wird; Freud nennt es das Eingreifen der *»Not des Lebens**«, die, man weiß nicht wie, als wahrhaftiger *Deus ex Machina* eingreift und den Apparat zwingt, mit der Energie hauszuhalten, wo es doch im Gegenteil sein alleiniges Prinzip war, sich dieser zu entledigen. Um sich der Energie besser entledigen zu können, müsste also diese nicht-lebendige Maschine mithilfe eines regelrechten Taschenspielertricks leben, das heißt Energie zu akkumulieren lernen.

Viertes Merkmal: Dieser Mechanizismus liefert den *Prototyp für den psychischen Primärvorgang*, der ja gerade durch die freie Zirkulation der Energie charakterisiert ist, und der außerdem vor dem Sekundärvorgang kommen soll; ganz so wie in dieser phantastischen Genese das Leben *nach* dem Mechanismus kommen soll, kommt nun auch das sekundäre Psychische, das Gebundene, das, was nicht frei abläuft, nach der freien Energie. Das Freie vor dem Gebundenen, das Tote vor dem Lebendigen, und Freud wird es sich nicht entgehen lassen, dies bei anderen Gelegenheiten zu sagen, insbesondere in *Jenseits des Lustprinzips*, die unbelebte Materie vor der organisierten Materie.

Das wahre Modell des Es …

Gibt es Fragen zu diesem Modell? Zumindest zwei. Zuallererst, *wovon ist dies das Modell*? – so wie wir uns das auch für das Bläschen in *Jen-*

seits des Lustprinzips gefragt hatten. Ist es das Modell eines Lebewesens und seines zentralen Nervensystems? Ich habe gerade auf das Paradox hingewiesen, das darin bestünde, einem Etwas das Leben beizubringen, das gerade dafür gemacht ist, nicht zu leben, sondern eine Maschine zum Abführen zu sein. Wenn dies nun aber nicht das Modell dessen ist, was an den Anfang, an den Ursprung zu stellen ist, wäre es dann nicht vielmehr das Modell dessen, was im Innersten verborgen ist? Denn wir betonen beharrlich diese Unterscheidung, die einer breiten, ja der vorherrschenden freudianischen Strömung entgegensteht, dass es nicht dasselbe ist, am Ursprung zu stehen oder im Innersten verborgen zu sein. Das Mechanische, das »in dritter Person«, das »in geschlechtsloser Person« Auftauchende, das »Eshafte« befindet sich unseres Erachtens im Innersten des Menschen, ohne deswegen am Anfang zu stehen.

… eine falsche Physik

Unsere zweite Frage ist vielleicht nebensächlicher für die Psychoanalyse, aber es ist nicht nutzlos, sie sich zu stellen: Um welche physikalische Wissenschaft handelt es sich? Ist das nicht eine recht veraltete, noch sehr post-cartesianische Wissenschaft, auf jeden Fall eine Physik weit vor Quantenmechanik und Relativität, noch den makroskopischen Erscheinungen verbunden und zu dem Zeitpunkt, als Freud sich darauf beruft, unwiderruflich überholt? Wenn dem tatsächlich so ist, dann fände die Geburt der Psychoanalyse folglich vom epistemologischen Gesichtspunkt aus ihre Anregung und ihren Antrieb nicht in einem Moment der Entfaltung der Physik, sondern in einer Art finalem Aufblühen, einem letzten Aufblitzen des Mechanizismus, das vielleicht eher philosophisch als wirklich wissenschaftlich wäre. Und letztlich verstand sich die physikalistische Schule in der Tat mehr philosophisch als wissenschaftlich.

Um welche Elemente geht es schließlich dabei? Um die Materie, welche die moderne Physik beschreibt? Oder, in einer volkstümlicheren Sicht, um eine Materie, die sich in gewisser Weise mit einem gewissen Cartesianismus deckt? Oder muss man vielmehr annehmen, dass es in der Psychoanalyse andere letzte Elemente, andere Atome, andere Unteilbare gibt? Doch zwischen diesen Unteilbaren wie den Neuronen des *Entwurfs*, den Vorstellungen bei Freud oder den Signifikanten in der Linguistik ist, wie Sie sehen, der Übergang nicht völlig willkürlich. Und damit bietet sich ein vierter, ebenfalls der Analyse äußerlicher Typus von Grundlage an, die linguistische Grundlage.

4. Das Linguistische

Mangels einer Ableitung aus dem Lebendigen und seiner Anpassung daran geht es in diesem Projekt einer linguistischen Grundlage darum, das menschliche Unbewusste auf das offensichtlich Eigene des Menschen und den offensichtlichen Bereich der Kur, das heißt die Sprache, zurückzuführen. Sie erkennen darin das Lacan'sche Projekt, worüber ich mich ausführlich geäußert habe, insbesondere im ersten Teil von *Problématiques IV* unter dem Titel »Die Bezugnahme auf das Unbewusste«.[22] Ich habe für Lacans kanonische Formel, »das Unbewusste ist strukturiert wie eine Sprache«, ausdrücklich Partei ergriffen.

Welche Linguistik? Welche Sprache? Aber auch welcher Lacanismus, denn schließlich gibt es mehr als einen? Auf jeden Fall kann man sagen, wie wir das seit 1961 unterstrichen haben, dass es ausdrücklich antifreudianisch ist, das, was es an Tiefgründigstem[23] im Menschen gibt, sein Unbewusstes, mit der verbalen Sprache (das, was wir Sprache im strengen Wortsinne nennen) gleichzusetzen. Nicht dass die Sprache bei Freud keinen herausragenden Platz einnähme, Sie können vielfältige Belege dafür in einem Text wie *Das Interesse an der Psychoanalyse*[24] finden, in dem innerhalb des Interesses an der Psychoanalyse für die nicht-psychologischen Wissenschaften »das sprachwissenschaftliche Interesse« an erster Stelle steht. Ich kann dem nicht widerstehen, die ersten Sätze daraus zu zitieren, da sie sehr genau festhalten, was Freud Sprache nennt:

---

22 Paris (PUF), 1981, S. 7–144.

23 Denn ich sehe nicht ein, warum man die *Freud'sche* Annahme einer »Tiefenpsychologie« zurückweisen sollte, es sei denn im Namen eines Snobismus, der wohl nur das Überbleibsel einer *gewissen* Phänomenologie sein könnte.

24 GW VIII, S. 389–420.

> »Ich überschreite gewiß die gebräuchliche Wortbedeutung, wenn ich das Interesse des *Sprach*forschers[25] [also derjenige, der sich für den Logos, für die Rede interessiert] für die Psychoanalyse postuliere. Unter Sprache muß hier nicht bloß der Ausdruck von Gedanken in Worten, sondern auch die Gebärdensprache und jede andere Art von Ausdruck seelischer Tätigkeit, wie die Schrift, verstanden werden.«[26]

So vermerkt Freud als Motto zu diesem übrigens sehr verdichteten Kapitel gleich vorab, dass die Sprache in einem Sinne aufgefasst werden muss, der das Verbale und das Nonverbale umfasst.

Sekundäre Stellung der Verbalsprache

Die Verbalsprache wiederum, dieses Mal im engen Sinne des Wortes, spielt auch eine wesentliche Rolle bei Freud in Gestalt der bekannten *Wortvorstellungen**. Die Wortvorstellung ist keineswegs am Grund oder Ursprung des Unbewussten; die Verbalsprache steht für Freud in jeder Hinsicht an zweiter Stelle, *genau so* wie ich gerade zeigte, dass die Kastration auf einer zweitrangigen Ebene anzusiedeln ist. Die Verbalsprache ist *historisch* zweitrangig: In der individuellen Geschichte kann man zu Recht von einem präverbalen Stadium sprechen. Freud behauptet sogar, diese Chronologie anzuwenden, um in der Symptomatologie gewisser Neurosen, insbesondere der Konversionshysterie, eine Regression auf ein Stadium von vor der Sprache aufzudecken, das dadurch gekennzeichnet ist, dass in dieser vorsprachlichen Etappe die Unterscheidung zwischen bewusst und unbewusst noch nicht existiert. Die anderen Zustände, die hypnoiden Zustände der Hysterie, in denen gerade die Grenzen zwischen bewusst und unbewusst verwischen, würden daher eine Regression auf dieses Stadium vor der Sprache darstellen. Auch in der kollektiven Geschichte ist die Sprache nach Freud chronologisch zweitrangig, was man daran erkennen kann, dass er mit allen seinen Kräften den

25 »Philo*logue*« in der von Laplanche zitierten französischen Übersetzung (A.d.Ü.).
26 Ebd., S. 403; in eckigen Klammern: Anmerkung von J.L.

Artikel von Hans Sperber über den sexuellen Ursprung der ersten Wörter und der ersten Sprache unterstützt.[27]

Auch *topisch* ist die Sprache zweitrangig: Sie charakterisiert das Vorbewusste und das Ich in dem Sinne, dass sie die Aufklärung für die Wortvorstellungen liefert, welche es den Gedankenketten erlauben, bewusst zu werden. Für Freud gibt es kein Bewusstsein ohne aktuelle Wahrnehmung. Das Bewusstsein ist primär ein Wahrnehmungsbewusstsein, das Bewusstsein, das wir in dem Augenblick haben, in dem wir für die Welt offen sind; doch selbstverständlich muss man gleichermaßen das sekundäre Bewusstsein in Betracht ziehen, das heißt das Bewusstsein, das wir aus psychischen Inhalten, Gedankeninhalten oder Erinnerungen, erhalten. Nichtsdestoweniger kann dieses »sekundäre« Bewusstsein nicht gegen seinen Wahrnehmungscharakter verstoßen: Es impliziert das, was man aufeinanderfolgende, diskontinuierliche Wahrnehmungsblitze nennen kann, und diese Wahrnehmungsblitze, die es uns ermöglichen, uns psychischer Inhalte bewusst zu werden, implizieren die Reproduktion der Wortvorstellungen. Nur weil wir an einen Bewusstseinsinhalt jeweils gewisse Wörter anhängen, nur weil diese Wörter reaktualisiert, neu wahrgenommen und im wahrsten Sinne des Wortes wiederbelebt, ja sogar innerlich erneut ausgesprochen werden, ist eine sekundäre Bewusstwerdung möglich. Natürlich ist das sehr wichtig für die Dynamik der Kur, welche vollständig dieser zentralen Formel unterworfen ist, wonach in der Bewusstwerdung die vorbewusste Vorstellung aus Sachvorstellung *plus* Wortvorstellung besteht.

Ökonomisch schließlich ist die verbale Sprache zweitrangig, das heißt, dass sie durch einen Modus von Assoziationen und Zirkulation mit Stau- und Sperrmauern reguliert wird. Damit es Denken gibt, darf irgendetwas nicht in irgendetwas anderes übergehen, und genau das ist der verbalen Sprache eigen.

Ein gewisser Lacanismus, wahrscheinlich sogar seine dominante Strömung, neigt dazu, die Verbalsprache als Grundlage des Unbewussten zu nehmen, welches somit und per definitionem transindividuell wird; man findet hier, gewiss anders als das Jung'sche Unbewusste, so etwas wie ein

27 H. Sperber: »Über den Einfluß sexueller Momente auf die Entstehung und Entwicklung der Sprache«. In: *Imago* I, 1912.

kollektives Unbewusstes wieder und nimmt im Gegenzug in Kauf, diese Verbalsprache, angeblich die des Unbewussten, gemäß dem Primärvorgang funktionieren zu lassen; diese Krankheit des bis zum Überdruss betriebenen Wortspiels, die, mehr noch vielleicht als bei Lacan selbst, in so vielen, modernen oder alten, Texten der Lacanianer grassiert, und auf komische Weise mit dem Ausdruck »*yau-d'poêle*-Effekt«[28] stigmatisiert wurde, ist nur zu gut bekannt. Eine solche Theorie, ein auf die Verbalsprache zentrierter Lacanismus, lässt zweifellos ein »analytisches« Hören zu, das nichts mehr mit dem Hören des Einzigartigen zu tun hat, da nun die universalen oder, wenn man so will, transindividuellen Effekte der Sprache privilegiert werden.

Eine umfassende Würdigung des Lacanismus hieße eine hier kaum zu bewältigende Herausforderung annehmen, und wäre es auch nur der auf die Sprache bezogene Lacanismus. Es ist ein vielfältiges, vielleicht auch widersprüchliches Denken in dieser Frage des Verbalen und des Nonverbalen. Aber auch ein Denken, das sich entwickelt hat. Es gab eine Zeit, in der Lacan die Linguistik als »Leitwissenschaft« rühmte (das war die große Epoche des Strukturalismus); um dann anschließend glücklicherweise zu erkennen, dass eine psychoanalytische Linguistik im Verhältnis zur Linguistik der Linguisten einen tiefgreifenden Wandel durchzumachen hätte.

Ich meinerseits würde meinen, dass das Positivste an diesem ganzen psychoanalytischen Trubel rund um die Linguistik[29] das ist, was sich mit dem *Signifikanten* verbindet. Der Begriff Signifikant ist in seinem Gegensatz und in seiner Komplementarität zum Signifikat natürlich von Saussure übernommen. Er *muss* von Saussure aber auch in der Erweiterung übernommen werden, die er hinsichtlich der Verbalsprache impliziert, denn bei Saussure läuft das Hervorheben der Formel vom

28 Anspielung auf den Anfang eines alten absurden Wortspiels: »Comment vas-tu, yau de poêle?«, eine Verschmelzung von »Wie geht es Dir?« [»comment vas-tu?«] und »Ofenrohr« [»tuyau de poêle«] zu einem Satz, bei dem lediglich die Silbe »tu« als überlappende Verbindung dient, ohne dass ein neuer Sinn entsteht; Darstellung des Lächerlichen, Einfältigen (A.d.Ü.).

29 »Linguistikerie«, hat Lacan gesagt. Die der Psychoanalytiker, aber auch *die der Linguisten*: so viele Schulen, so viele begriffliche Entscheidungen wie Individuen! Hier wird selbst die Psychoanalyse auf der Ebene der Zersplitterung, des distinguo und der Exegese geschlagen …

Zeichen nicht auf eine Linguistik, sondern wirklich auf eine allgemeine Semiologie, das heißt auf eine Wissenschaft von der Gesamtheit der Systeme mit Signifikant–Signifikat, hinaus.

Primat des Signifikanten, oder: Der entsignifizierte Signifikant

Da, wo Lacan die Unabhängigkeit des Signifikanten, ja das *Primat* des Signifikanten gegenüber jedem Signifikat behauptet, geht er ganz und gar über Saussure hinaus. Hier liegt ein metaphysisches Gleiten nicht mehr weit, ein wahrhafter Idealismus des Signifikanten deutet sich an, und vielleicht entspricht dies auch der Versuchung eines philosophischen Autors wie Juranville. Doch das Fruchtbarste an Lacans Verwendung des Begriffs Signifikant ist meiner Meinung nach die gelegentliche, aber dennoch wesentliche Unterscheidung zwischen zwei Aspekten: der Signifikant *von was* (worunter das Signifikat zu verstehen ist) und der Signifikant *für wen*. Manchmal wird genau dieser Aspekt des Signifikanten hervorgehoben, er ist dann das, was jemandem bedeutet [»signifie«], was eine Frage aufwirft, in dem Sinne, wie man sagt, dass ein Gerichtsdiener Ihnen ein amtliches Schreiben, eine Pfändung oder eine Verordnung des Präfekten bedeutet [»signifie«]. Diesen Aspekt »Signifikant für wen« hervorzuheben, ist ganz entscheidend, denn ein Signifikant kann *für* jemanden bedeuten, ohne dass man deshalb weiß, *was er* bedeutet. Man weiß, dass er bedeutet, aber man weiß nicht was. Ein Signifikant hat eine Signifikanz, ein nachweisbares signifikantes oder signifikatives Vermögen, man weiß, dass *es* irgendwo Signifikantes *gibt*, ohne dass deswegen ein ausdrückliches Signifikat sichtbar gemacht wird. Lacan hat das Bild der Hieroglyphen in der Wüste, der Keilschriftzeichen auf einer Tafel vorgeschlagen, von denen wir wissen, dass sie bedeuten, und die als solche eine eigene Existenzform besitzen, welche sich phänomenologisch von der Existenz der Dinge unterscheidet: Sie *wollen* uns etwas bedeuten, ohne dass wir ihnen deswegen irgendein Signifikat zuweisen können. Dies bedeutet aber nicht, einem Primat des Signifikanten und noch weniger einer Hegemonie des Signifikanten oder gar einer Hegemonie des Signifikanten in der Kur zuzustimmen. Damit wird ganz einfach, aber mit Nachdruck die Möglichkeit des Signifikanten unterstrichen, *entsignifiziert zu sein*, das zu verlieren, was er bedeutet, selbst jede zuweisbare Bedeutung zu verlieren, ohne deswegen sein Vermögen *für jemanden zu bedeuten* verloren zu haben. Ich spreche hier ebenso vom nonverbalen wie vom verbalen Signifikanten und bereite so den Weg in Richtung auf das, was ich den rätselhaften Signifikanten nenne.

5. Morphismen

Die Frage des Anthropomorphismus

Im Anschluss an diesen kurzen Überblick über die für die Psychoanalyse vorgeschlagenen heterogenen und exogenen Grundlagen, das Biologische, das Anthropologische oder Anthropo-Soziologische, den Mechanizismus und die Linguistik, räumen wir selbstverständlich ein, dass alle diese Bereiche ihren Platz in dem durch die Psychoanalyse eröffneten Feld finden. Dass sie sogar einen zweifachen Platz finden, so wie ich das gerade eben für das Biologische gezeigt habe: einerseits *an den Grenzen* des psychoanalytischen Feldes und andererseits *innerhalb* des psychoanalytischen Feldes. Aber welche Beziehung besteht zwischen beiden? Dass es eine Kausalitätsbeziehung zwischen beiden gebe, genau das stelle ich infrage. Zwischen dem, was an den Grenzen und dem, was innerhalb ist, gibt es einen tiefgreifenden Wandel, der sie wirklich im Vergleich unkenntlich macht; so sehr, dass man sich beispielsweise auf eine *falsche* Biologie berufen muss, damit das Leben im psychischen Apparat repräsentiert werden kann. Um mich verständlich zu machen, werde ich hier nochmals auf *die* sogenannte *Frage des Anthropomorphismus* in der Psychoanalyse und dessen Kritik eingehen. Die Kritik des Anthropomorphismus der Psychoanalyse, des Freud'schen oder des kleinianischen beispielsweise, gründet sich auf das Ideal einer Psychologie, die wissenschaftlich und nicht magisch sein soll, während der Anthropomorphismus per definitionem diesen leicht magischen Aspekt hätte, nämlich in der Psychologie das zu wiederholen, was draußen geschieht, um so den Eindruck zu haben, es zu kontrollieren. Der Hauptvorwurf an Freud: nicht auf die im psychischen Apparat vorhandenen menschlichen Gestalten verzichten zu können. In der ersten Topik (in der *Traumdeutung*) ist es dieses berühmte Bild – mehr als ein Bild –, das die Zensur beim Übergang vom einen System zum anderen wiedergibt: ein Türhüter, der für diese oder jene Vorstellung die Tür öffnet oder verschließt, der manche davon zulässt und andere zurückweist. In der zweiten Topik ist der Anthropomorphismus noch ausgeprägter, da die Instanzen (außer vielleicht das Es) Ich, Über-Ich und vor allem die idealen Instanzen nach dem Bilde menschlicher Wesen geformt sein sollen und auf einem inneren Schauplatz und in zwischenmenschlichen Szenarien auftreten, z.B. in sadomasochistischen Beziehungen zwischen Ich und Über-Ich. Worauf natürlich der Einwand kommt, dass man im Modus des »als ob« spricht, während man gemäß dem wissenschaftlichen Ideal selbstverständlich eine Sprache finden müsse, die nicht »als ob« ist. Auf diesen Einwand kann es nur eine mögliche Antwort geben: Und wenn sich der Mensch gemäß dem »als ob« konstruiert? Und wenn das »als ob« nicht nur eine stilistische Vorsichtsmaßnahme auf der Ebene der Deutung wäre (»Sie benehmen sich, als ob Ihre Mutter in Ihnen jemand wäre, der absolute Verbote ausspricht«), sondern das »als ob« wirklich die Art wäre, nach welcher der Mensch strukturiert ist? Und wenn nicht nur die sogenannten »Als-ob-Persönlichkeiten«, sondern sämtliche Persönlichkeiten *as-if*-Persönlichkeiten *wären*?

Da ist indes ein anderer Einwand, der, wie ich glaube, kaum jemals formuliert wurde, welcher aber als zentral erscheint und dem tatsächlich ein gebührender Platz eingeräumt werden muss. Diese inneren Gestalten sind keine Personen: Soll denn der Wächter, der in der *Traumdeutung** ein Teil des psychischen Apparates ist, selbst einen psychischen Apparat haben? Hat der Wächter ein Unbewusstes? Hier liegt die Grenze des Anthropomorphismus: Diese menschlichen Formen, diese »Morphismen« sind Imagines in uns, und Imagines haben keinen psychischen Apparat und auch kein Unbewusstes. Die Imagines haben keinen Hintergrund und auch keine Transzendenz. Diese Fragen und dieser Einwand lassen sich ebenso auf die Mythen der Vorgeschichte beziehen; hatte denn der Vater der Vorgeschichte, der am Ursprung der menschlichen Entwicklung und der Ausbildung eines psychischen Apparats mit seinen Instanzen, seinen Verboten und seinem Unbewussten stehen soll, »hatte« dieser dem Ödipuskomplex vorausgehende Vater selbst einen »Ödipuskomplex«, ein Unbewusstes usw.? Die Frage stellen heißt sie beantworten; die Gestalten des Mythos sind genau wie diejenigen des inneren Schauplatzes anthropomorphisch, ohne Tiefe und natürlich ohne geschichtliche Konsistenz.

Der Biomorphismus

Diese scheinbaren äußeren Grundlagen, die man für die Psychoanalyse zusammenbringen kann: Anthropologie, Biologie oder Mechanizismus, sind also zugleich an den Grenzen des Psychoanalytischen und ebenso recht eigenartigerweise in Gestalt dessen repräsentiert, was man »Morphismen« nennen könnte. Der Anthropomorphismus ist letztlich eine falsche Anthropologie oder eine falsche verinnerlichte Anthropo-Soziologie: Wohl eine Anthropologie der Repräsentation, aber diese Formel ist nicht ausreichend, denn die Psychoanalyse kann nicht auf das Problem der Repräsentation reduziert werden, ohne dass man den Ausdruck »unbewusst« hinzufügt: eine Anthropologie unbewusster Repräsentation. Ebenso könnte man für das Leben von einer Art »Biomorphismus« sprechen (wenn man mir derlei Neologismen verzeiht). In ihrer Beschreibung des Seelenapparates[30], einer topisch-energetischen Beschreibung, greift die Psychoanalyse *scheinbar* biologische Begriffe auf: Erregung, die sogar quantifizierbar sein soll; Reflex; Organismus, ja interne Organisation, da das Ich nicht nur eine Struktur ist, sondern auch Substrukturen umfasst; Aufrechterhaltung einer Konstanz, deren bedeutendste die Homöostase des Ichs oder des komplexen Systems der Ich- und Idealinstanzen wäre. Für eine moderne Biologie sind dies wenn nicht falsche, so zumindest sehr rudimentäre Begriffe. Dieser Sack, diese Amöbe, die das Ich sein soll, die das Ich ist, hat nur entfernte Beziehungen mit den komplexen homöostatischen Mechanismen, die

30 Ich lege auf den Ausdruck Seelenapparat größeren Wert als auf den Ausdruck psychischer Apparat, weil er das besser bezeichnet, was im Folgenden entwickelt werden wird, dass nämlich das Psychoanalytische nicht das Psychische in der Gesamtheit und auch nicht das Psychologische ist.

den menschlichen Organismus regeln. Das innere Lebendige, das Ich, ist ein rudimentäres, ja falsches Lebendiges, das Bild eines Lebendigen; etwas, das sich konstant gegen das erhält, was die äußeren Angriffe, das heißt die aus der inneren Welt stammenden Angriffe, die Angriffe der Triebe, metaphorisiert.

Aber diese falsche, verinnerlichte Biologie hat ihre tiefe Daseinsberechtigung, denn in einem anfangs noch kaum lebensfähigen Organismus wie dem des Kleinkindes muss das Lebendige repräsentiert, vertreten, ergänzt werden. Es gibt eine letztlich banale Feststellung, jene nämlich, dass der Mensch für ein Ideal sein Leben opfern kann oder jedenfalls akzeptiert, dafür zu sterben. Psychoanalytischer ist es festzustellen, dass er, auch um zu leben und nicht nur um zu sterben, lieben muss, dass er einen Grund braucht, um zu leben, nämlich die Liebe, einen Lebenstrieb, den Freud Eros nennt. Lieben, um zu leben, den Anderen lieben, aber auch sich lieben, um etwas unabhängiger und abseits von den Wechselfällen der Liebe des Anderen zu leben. Sich selbst lieben ist letztlich nicht selbstverständlich: Es braucht dazu ein Selbst [»soi-même«], »ein Ich«, sagt Freud, und so wird 1915, nach einer relativen, sehr relativen Zeit des Verschwindens, der Begriff des Ich mit *Zur Einführung des Narzißmus* wiedergeboren. Wobei von nun zuvörderst diese Dimension hervorgehoben wird, dass das Ich nicht nur ein zentraler hemmender Organismus ist, was es bereits seit Langem gewesen war, sondern so etwas wie ein von Liebe erfülltes Protoplasmabläschen, dessen energetisches Niveau, wie schwer vorstellbar das auch sein mag, die Liebe ist; ein Liebesobjekt, das nur lieben kann, weil es selbst Liebesobjekt, Liebesobjekt des Individuums selbst, seiner erotischen Triebe ist.

Um sich zu lieben, um es zu lieben zu leben, um es zu lieben, sich lebend zu machen, muss man ein lebendiges Wesen oder ein Wesen nach dem Bilde von etwas Lebendigem sein. Dieser Satz, den ich vor langer Zeit zitiert habe, »Das Ich ist [...] nicht nur ein Oberflächenwesen, sondern selbst die Projektion einer Oberfläche«, führt passend den neuen Begriff vom Ich ein: Es ist nicht nur ein differenziertes Organ, an der Oberfläche des psychischen Apparats gelegen, es ist selbst die Projektion nach innen einer »Oberfläche«. Was ist aber diese in uns projizierte Oberfläche? Es ist ebenso die Oberfläche des Anderen, die körperliche Hülle des menschlichen Anderen, als auch unsere eigene körperliche

Hülle. Genau das hat Didier Anzieu mit großem Geschick und vielen klinischen Beispielen in seinen Schriften über *Das Haut-Ich*[31] entwickelt. Diese Oberfläche ist eine Haut, die Haut des Ichs, die von der Haut des Anderen herrührt. Es ist aber auch, wenn diese Haut fehlen sollte, irgendetwas, das als Ersatzhaut dienen kann; Anzieu zeigt zum Beispiel, dass selbst die Wörter als Haut genommen werden können.

Leben und Tod »in der Psychoanalyse«

Und da wir nun einmal beim »Lebendigen« im Menschen angelangt sind, gestatte ich mir eine Überlegung zum Titel eines meiner ersten Bücher, das in etwa der Ausgangspunkt für meinen Weg war, nämlich *Leben und Tod in der Psychoanalyse*.[32] Diese Wörter führen zu wenigstens drei Fragestellungen: Leben und Tod? Was wird aus unserem Alltagsverständnis von Leben und Tod in einer Psychoanalyse? Und dann die zweite Frage: Kann man in der Psychoanalyse leben und sterben, so wie man sagt, leben und sterben in der Religion? Ist das für die Analytiker nicht der Fall? Und dann schließlich: Verändern sich das Leben und der Tod in der Psychoanalyse nicht grundsätzlich, bezeichnen sie nicht etwas ganz anderes als das Leben und den Tod, sagen wir, im Alltag? Für das Leben haben wir es soeben herausgearbeitet: Das Leben in der Psychoanalyse ist nicht das reale Leben, weder das alltägliche Leben, noch das Leben des Biologen, sondern ein ideales, vereinfachtes Bild von etwas Lebendigem, ein Bild, das, wie Lacan betont hat, entfremdend sein kann, aber zum Glück nicht nur. Und der Tod? Was kann der Tod in der Psychoanalyse wohl meinen? Die beiden extremen Formulierungen Freuds dazu sind uns bekannt; einerseits das Fehlen einer unbewussten Vorstellung vom Tod, worauf nicht weiter einzugehen ist, außer um sie zu erklären, denn sie stimmt ganz genau mit

31 *Le moi-peau*. Paris (Bordas), 1985 [dt.: *Das Haut-Ich*, übersetzt von Meinhard Korte und Marie-Hélène Lebourdais-Weiss. Frankfurt/M. (Suhrkamp), 1996] und *Une peau pour les pensées*. Paris (Clancier-Guénaud), 1986.

32 *Vie et mort en psychanalyse*. Paris(Flammarion) 1970 [dt.: *Leben und Tod in der Psychoanalyse*, übersetzt von Peter Stehlin. Olten, Freiburg i.Br. (Walter), 1974; Basel, Frankfurt/M. (Nexus), 1985].

dem Fehlen einer Negation im Unbewussten überein. Man kann dies noch deutlicher machen, indem man zeigt, dass es ganz einfach deshalb keine unbewusste Idee vom Tod gibt, weil es *keine Idee im Unbewussten* gibt, sodass die jeder Idee eigene Negativität und im besonderen die Idee vom Tod dort keinen Platz finden kann. Und dann stößt man am anderen Ende auf das, was man »Todestrieb« nennt. Dieser »Tod« des »Todestriebs« ist recht speziell: Sein Vorbild ist weder der Tod als Leiden und Hinscheiden, wie wir ihn kennen, noch als Verwesung, und auch nichts, das an die Probleme rührt, die uns rund um unser »Sein-zum-Tode« umtreiben, sondern eine Art Tod *vor dem Leben*, ein sogenannter unbelebter Zustand der Materie, alles in allem so etwas wie die Totenstille »unendlicher Räume« oder der Mondoberfläche. In der kosmologischen Vision von *Jenseits des Lustprinzips* ist diese Auffassung energetisch betrachtet stark anfechtbar, da sie ja im Gegensatz zu dem, was alle Kosmologen mutmaßen, die energetische Einebnung vor dem Erscheinen der an das Leben gebundenen Differenzen setzt, während man doch eher annehmen sollte, dass das Universum dem Zustand einer energetischen Einebnung entgegenstrebt, sie aber nicht hinter sich hat. In dieser Freud'schen kosmologischen Sicht wäre der Tod unzweifelhaft der Tod des Mechanizismus, also das, was uns die Mechanik als tote Maschine präsentiert. Als weiteres Paradox soll dieser Tod am Ursprung einer ungebändigten und auch dionysischen Bewegung stehen, die ihn wieder einzuholen versucht, denn in *Jenseits des Lustprinzips* erscheint der Todestrieb als eine Art universelle Seele jedes Triebes, die das Triebziel par excellence anstrebt, nämlich auf Kosten größter Zerstörungen, ohne Umweg und Rücksicht, auf kürzestem Weg zu einem sogenannten nirwanahaften Zustand zurückzukehren.

Der Mechanico-Morphismus

Wir werden auf diesen Todestrieb und den Lebenstrieb zu einem späteren Zeitpunkt dieser »Grundlagen« zurückkommen; hier stellen wir uns einfach nur die Frage: Könnte es beim Menschen, so wie es einen Anthropomorphismus und Biomorphismus gibt, nicht auch eine Art Thanatomorphismus geben, der ebenso entstellt wäre wie die anderen?

Ich spreche trotzdem vorläufig lieber von so etwas wie einem »Mechanico-Morphismus«, um dadurch ein gewisses Funktionsniveau des Seelenapparates zu definieren, dessen große Entdeckung, der Primärvorgang, der Psychoanalyse zukommt; eine Entdeckung, die hauptsächlich am Traum, aber auch an einigen anderen Erscheinungsformen und insbesondere am Symptom gemacht wurde.

Was bedeutet Primärvorgang (»primär« zunächst einmal in Anführungsstriche gesetzt, allenfalls komme ich später darauf zurück)? Dass es ein Niveau gibt, auf dem die Gedanken sich wie Dinge, wie bewegliche Körper verhalten, die einander ihre Quantität an Bewegung zu hundert Prozent übertragen. Nicht anders funktioniert die Verschiebung im Traum: Wenn sie in vollem Gang ist, geht alles restlos von Bild A zu Bild B über; B ist dann vollkommen in A oder A in B übergegangen. Genauso ist der ganze Sinn ins Symptom übergegangen; die Konsistenz des Symptoms ist es, die an nichts appelliert, die *a priori* nichts anderes evoziert als das Symptom selbst: Genau deshalb konnte es vor der Analyse solange stumm und unaufgeklärt bleiben. In der Verdichtung, diesem anderen Mechanismus des Primärvorgangs, wird eine Vorstellung faszinierend, prägnant, indem die Energie, die ihr durch Verschiebung von zwei anderen zukommt (Verschiebung und Verdichtung sind komplementär: keine Verdichtung ohne Verschiebung), verschmilzt; hier ersetzt das zusammengesetzte Bild wirklich die beiden anderen, wobei sich ihre Wirkungen wie in der Mathematik addieren.

Es gibt also eine mechanizistische Stufe des psychischen Apparates, die man schon zu Beginn des *Entwurfs einer Psychologie* findet, wobei freilich ein doppelter »Irrtum« Freuds festzustellen ist: Weit davon entfernt, die glanzvollen Wege der physikalischen Mechanik einzuschlagen, ist solch ein Mechanizismus einerseits im Verhältnis zu ihr völlig überholt. Doch noch schwerer wiegt der andere Irrtum, diesen Mechanismus in einer allgemeinen Genese des menschlichen Lebendigen als primär einordnen zu wollen. Wir werden diesen »Mechanico-Morphismus« also einordnen, ihm seinen Platz geben müssen: Seine Position ist gewiss eine ursprüngliche, aber nicht am Ursprung des Menschen, auch nicht an seinem psychologischen Ursprung: Er steht in einer Wechselbeziehung mit einem ganz spezifischen Gründungsmoment: dem Ursprung des Triebes, insbesondere des Sexualtriebes, und genauer noch am Ursprung des sogenannten sexuellen Partialtriebes, der auf die sogenannten Partialobjekte gerichtet ist. Es ist nicht ohne Bedeutung, dass Freud gerade auf die Partialobjekte Bezug nimmt, um den Begriff des symbolischen Äquivalents zu beschreiben, dem Gleiten, das sich von einem Partialobjekt zum anderen vollziehen kann; diese Äquivalenzen sind ja gut bekannt: Kind, Fäzes, Phallus, Brust usw. Diesen Mechanico-Morphismus müssen wir auch topisch im Innersten des Unbewussten als dessen dunkle Seele einordnen. Und schließlich müssen wir uns fragen, was er reproduziert, was er verinnerlicht, auch da in dem Wissen, dass die Bewegung der Verinnerlichung nicht als solches bewahrt, sondern, oft bis zur Unkenntlichkeit, entstellt, was sie verinnerlicht hat.

Linguistico-Morphismus

Und hier tritt nun die Frage nach der Beziehung zwischen unseren beiden letzten »Morphismen« auf: Lässt sich diese Stufe des Primärvorgangs, der freien Energie, die man als »Mechanico-Morphismus« oder als falsche Mechanik bezeichnen kann, auch als »Linguistico-Morphismus« beschreiben und damit auch hier im Rückgriff auf so etwas wie eine falsche Linguistik? Wäre das Vorbild dafür nicht eine Art »Sprache« ohne Verankerung oder Halt, in der die Signifikanten untereinander auf allen Wegen: Kontiguität, Ähnlichkeit, Kontrast zirkulieren könnten?[33] Werden wir wie im Falle der Mechanik behaupten, es handle sich um eine falsche oder entsprachlichte Sprache? Eine mechanische Sprache zwar, aber von ganz besonderer Mechanik, einer makroskopischen Mechanik cartesianischer Art nämlich. Ich hatte diese Idee geäußert, als ich Lacans berühmten Spruch kritisierte, wonach »das Unbewusste strukturiert ist wie eine Sprache«, und hatte versucht, ihn folgendermaßen neu zu formulieren, was ihn offenkundig zerstört: »das Unbewusste ist ein wie-eine-Sprache, nicht-strukturiert«. Eben das verstehe ich unter dieser kopflosen Mechanik oder kopflosen Linguistik des Primärvorgangs.

33 Vgl. *Problématiques IV: L'inconscient et le ça*. Paris (PUF), 1981, S. 131ff. und J. Laplanche & S. Leclaire: »L'inconscient, une étude psychanalytique«. In: Ebd., S. 296–300.

Ich habe also den Terminus *Morphismen* verwendet, um dieses »wie-ein« [»comme-un«] anders auszudrücken: wie ein Körper, wie etwas Lebendiges, wie eine Sprache; *ein »wie-ein« das nicht mehr das ist, als was es ist*, wage ich zu sagen. Dies führt uns zu der Idee, dass es einen eigenen Bereich der Psychoanalyse gibt, wo sie nicht »wie« ist oder unendlich weit entfernt ist von dem, als was es ist. In diesem Bereich gibt es tiefgreifend veränderte Transpositionen aus den Nachbarbereichen, ohne dass der psychoanalytische Bereich deswegen aus diesen ihm heterogenen Feldern gebildet oder aus ihnen entstehen würde, noch dass man ihn irgendwie von einer Anthropo-Soziologie, von einer Biologie, von einer Mechanik oder von einer Linguistik ableiten (ihn also darauf reduzieren) könnte. Unsere These zu diesen Nachbarbereichen lautet, dass dieser eigene Bereich der Psychoanalyse, ausgehend von diesen Nachbarbereichen und in Auseinandersetzung mit ihnen, durch einen teilenden Schnitt entsteht, der, noch einmal, nicht unverändert lässt, was er zerschneidet: Dadurch ist er *begründend*. So wie die Geste, welche die psychoanalytische Situation erschafft, begründend, neubegründend ist.

6. Grundlage und historisch Ursprüngliches: Psychoanalyse und Psychologie

Das Ursprüngliche der Kur verweist notwendigerweise auf ein historisch Ursprüngliches

Durch diese Prolegomena, die auch ein »Kathartikon« sein wollen, gelangen wir nach und nach dazu, die Psychoanalyse zu begründen. Und zu behaupten, dass sie nicht auf das gegründet werden kann, von dem her und gegen das sie sich abhebt, heißt das dann, dass man sie direkt auf das gründen kann, was sie in ihrer Unmittelbarkeit zu sein vorgibt, nämlich auf ihre Praxis? Kann man einfach so aus dieser Praxis ein positives Wissen gewinnen, das alles in allem nur bei sich selbst und bei ihr selbst Anleihen machen würde? Sicher ist das in gewisser Weise Freuds Bestreben oder jedenfalls einer der Aspekte, unter denen er die Psychoanalyse *darstellt*; doch gibt es schließlich zwischen Darstellen und Begründen Unterschiede, wie er uns ebenfalls in Erinnerung zu rufen weiß. Zwischen einer Darstellung, die sich als Erklärung versteht, und einer Grundlage, die von den Ursprüngen ausgehen und vor uns den Gegenstand herstellen will, ist das Vorgehen natürlich verschieden. Jedenfalls geht Freud oft, vor allem in den didaktischen Texten, von der analytischen Situation oder den unmittelbaren Resultaten dieser Situation aus, um die Psychoanalyse darzustellen.

Die Psychoanalyse nur auf das zu gründen, was sie jenseits der Zufälligkeiten als ihre *grundlegende* Situation zu verstehen gibt, ist es nicht das, was ich wiederholt mit dem Bild des »Zubers« ausgedrückt habe; das heißt eine Situation, die sich selbst begründet, die sich ihr eigenes Feld und ihre eigene Einfriedung schafft, nämlich die Abgeschlossenheit der analytischen Sitzung und der analytischen Kur? Man muss freilich beim Zuber schon ein wenig genauer hinschauen, denn die Abgeschlossenheit ist relativ. Diese Abgeschlossenheit besteht nicht dem Alltagsleben im Allgemeinen gegenüber, sondern insoweit es von »Interessen« angetrieben wird. Doch zugleich ist diese Abgeschlossenheit eine *tangentiale*, sodass alles, was im alltäglichen Leben geschieht, darin sein Echo findet. Und vor allem ist diese analytische Situation offen für etwas Anderes, ist eine deutungsbezogene Öffnung, die sich nur als unbewusster Wunsch, aber auch, und das ist zentral, mit Bezug auf die Vergangenheit formulieren lässt. Der psychoanalytische Zuber ist zwangsläufig offen für die Dimension der *Vergangenheit*, und die psychoanalytische Deutung kann, selbst wenn sie danach strebt, durchgängig im *hic et nunc* zu bleiben, diesen Bezug nicht vergessen. Zu behaupten, dies sei eine mythische Vergangenheit und wir hätten ein »mythisches Kind« im Blick, ist sehr in Mode, aber zugleich ein Spiel mit den Worten. Selbstverständlich mythifizieren wir die Vergangenheit, aber eben auf der Suche nach einer Wahrheit, nach mehr Wahrheit über die Vergangenheit. Weder dem Patienten in der Analyse noch demjenigen, der uns über unser Wissen befragt, können wir einfach nur antworten, dass wir Mythen erschaffen: Wir haben darüber Rechenschaft zu geben, dass das menschliche Individuum mythenbildend (mitunter: mythifizierend) ist, dass es automythifizierend ist: Weder 1. diese mythenbildende oder theoretisierende Macht (und ich gebrauche diese Termini vorerst ohne Unterschied), noch 2. das, worauf sie sich bezieht (das heißt: Was gibt es zu theoretisieren, welcher Rückstand [»résidu«] bleibt beim Menschen zu theoretisieren?), noch 3. seine Ursprünge, seine ersten Schritte können unbeantwortet bleiben. Mit anderen Worten, wir teilen die Idee, wonach eine Grundlage der Psychoanalyse nur *in* einer gewissen Geschichte zu suchen ist, der Geschichte des Erscheinens des psychoanalytischen Subjektes, einem Erscheinen, das *im Verhältnis* zu einer weiter gefassten, selbst allerdings nicht-psychoanalytischen Geschichte, der Geschichte der Kindheit, angesiedelt werden muss.

Haben wir uns einmal für diese allgemeine Option entschieden, ist es uns unmöglich weiter voranzuschreiten, ohne ausführlicher als für die sogenannten Nachbarwissenschaften (die ich schließlich unter dem Ausdruck »Morphismen« vereint habe) das so komplexe – ja verdrehte, wir werden sehen, warum – Verhältnis von *Psychoanalyse und Psychologie*, insbesondere der *Psychologie des Kindes*, zu untersuchen.

Hier wagen wir uns auf ein vermintes Terrain vor, jenem der »genetischen Betrachtungsweise«, auf dem es von Missverständnissen über die Wörter und Dinge nur so wimmelt, auf dem sich die unbegründetsten, aber auch hartnäckigsten rückwirkenden Effekte abgelagert haben und auf dem sich schließlich eine Art Konsens über Thesen eingestellt hat, die am Ende unstrittig erscheinen, wie z. B. dass die Psychoanalyse *eine umfassende psychologische Theorie sei*, einheitlich und dazu fähig (und dazu aufgefordert) über die gesamte Entwicklung des Menschenkindes und letztlich des Menschen Rechenschaft zu geben. Manche Psychoanalytiker dürften dieser Forderung eher mit Vorsicht begegnen, andere dagegen lassen sich rückhaltlos auf dieses Verlangen nach einer allgemeinen Psychologie ein.

Geschichte, Entwicklung, Genese, Ursprüngliches

Ich habe von einem verminten Terrain gesprochen, deshalb weiß ich nicht, ob ich zu langsam oder zu schnell vorgehe; die Termini selbst sind verdächtig: Geschichte, Entwicklung, Genese, Ursprung, jedes dieser Wörter kann angenommen oder abgelehnt werden, jedes kann gut oder schlecht ausgelegt werden. Versuchen wir, ansatzweise zu bestimmen, was wir gebrauchen werden, wenn dies auch immer nur annäherungsweise geschieht und vielleicht teilweise der Laune des Augenblicks geschuldet ist. *Entwicklung* impliziert, ob man will oder nicht, dass etwas abläuft (auf Deutsch: *sich entwickelt**), dass bereits vorhandene Potentialitäten sich entfalten, und zwar in einer vorbestimmten Anordnung: Entwicklung impliziert eine Abfolge von Etappen bzw. Stadien. Sicher verdient es »Entwicklung«, bestmöglich aufgefasst zu werden: Es gibt keinen Grund, den Begriff abzulehnen, solange er Veränderungen, Neuorganisationen und Wiederaufnahmen nicht ausschließt; eine Entwicklung impliziert nicht notwendig Kontinuität, sie kann dialektisch sein. Entwicklung impliziert überdies nicht zwangsläufig, dass es sich um eine einfache, monadische Einheit handelt, nach dem Vorbild des Samens oder des Keims, der ganz alleine seine Potentialitäten entfalten würde. Genauer gesagt, kann man als Gegenstand der Entwicklung von Teilmengen ausgehen und sie in diese Einheit mit einschließen: Das häufigste Modell für solche Beschreibungen einer Entwicklung ist dasjenige, welches als Ausgangseinheit die Mutter oder die Umwelt einbezieht, um von einer Entwicklung der Kind-Mutter-Beziehung zu sprechen.

Es gibt also durchaus eine entwicklungsgeschichtliche Sichtweise und berechtigterweise auch eine Entwicklungspsychologie. Und es sollte vielmehr darum gehen, ihr ihren Platz zurückzugeben, der *nicht* psychoanalytisch *ist*. Ihr ihren Platz zurückerstatten heißt zugleich die Psychoanalyse anderswo ansiedeln, denn die Grundlage für die Psychoanalyse ist nicht in der Entwicklung zu finden. Das Erscheinen des Unbewussten ist ein Ereignis, das in kein Programm eingeschrieben ist, selbst wenn man den Organismus der Mutter in dieses Programm einschließt.

»Genetische Psychologie«? Es ist schwierig, einen großen Unterschied zwischen diesen Worten und »Entwicklungspsychologie« zu finden. Sicher dürfte »Genese« weiter reichen: Genese, Genesis [»la Genèse«] bedeutet im Deutschen *Entstehung**, Auftauchen, ja Schöpfung.[34] Da man sich zwischen wechselnden Bedeutungen entscheiden muss, werde

34 Die Bibel verpflichtet; obgleich man, wenn man kurz einen Blick auf das wirft, was Chouraqui unternimmt, um die Bibel neu zu übersetzen, feststellen muss, dass die »Genesis« verschwunden ist und fortan »Kopf« [Entête] der Titel dieses ersten Buches ist: ein gewagter Neologismus.

ich mich dafür entscheiden, die »genetische Psychologie« als Synonym für »Entwicklungspsychologie« zu nehmen; dieser Bereich gehört nicht direkt zur Psychoanalyse, selbst wenn die Psychoanalyse darin eingreift; aber es ist wichtig, diesem *Ein-greifen* [»inter-venir«] *sein ganzes Gewicht* zu geben; sie greift ein, wie man das plötzlich in einem Saal tut, um jemanden zu unterbrechen: Die Psychoanalyse greift in die Entwicklung ein, das Unbewusste greift ins Genetische ein. Weil ich meine Sprache nicht vollständig säubern kann, möchte ich das Wort »Genese« für den Ausdruck »Genese des Unbewussten« dennoch nicht verbannen, da dieser eben nicht jene Entwicklung des Unbewussten meint, gegen die ich gerade Stellung bezogen habe, sondern im Gegenteil sein plötzliches Aufkommen und Auftauchen.

»Geschichte«. Auch darüber ließe sich eine lange Debatte führen, ich will aber nur kurz darauf anspielen. Ich stelle mich nicht gegen die Aussage, wonach die Psychoanalyse auf einen geschichtlichen Standpunkt gegründet werden muss, dass sie also das, was sie aufdeckt, *in Bezug auf* eine zeitliche Abfolge einordnet. Wenn man behauptet, das Unbewusste tauche auf, kann man meiner Meinung nach nicht davor kneifen zu sagen, zu welchem Zeitpunkt ungefähr, zumindest bei einem bestimmten Individuum, und in welcher Gestalt man dieses Auftreten feststellen kann, und damit zugleich bekräftigen, dass es vor dieser Zeit nicht vorhanden war.

Ich werde mich nicht prinzipiell auf die »neue Geschichte«, wie man sie nennt, beziehen, diese moderne und mit ihren Erneuerungen fruchtbare Schule, deren am weitesten reichende Option die Absage an das Ereignishafte zu sein scheint. Man tut so, als habe man das Ereignishafte verbannt, aber ich denke eher, dass man ihm seinen Platz besser zugewiesen und es im Verhältnis zu seinen Möglichkeits- und Entstehungsbedingungen verortet hat: Die Geschichte der Mentalitäten oder auch das Archäologische (im Sinne Foucaults) finden darin eine ihrer Hauptbedeutungen. Insofern die Psychoanalyse ebenfalls (gewiss) eine geschichtliche Sichtweise einnimmt, muss sie sich die beiden folgenden, zueinander in Wechselwirkung stehenden Gesichtspunkte zu eigen machen: das Ereignishafte, das Trauma, die Ereignisse der Kindheit bleiben für uns ein unabdingbarer Bezugspunkt; es ist uns aber genauso wichtig, in allgemeingültigeren Situationen etwas hervorzuheben, das mutatis mutandis einem »Archäologischen« ähneln würde: nicht nur den Rahmen, in welchem ein solches Ereignis auftritt, nicht nur den Hintergrund, von dem sich die Ereignisse abheben, sondern auch das, was ein Ereignis überhaupt erst existieren lässt, was ihm seinen spezifisch psychoanalytischen Charakter verleiht.

Für dieses Nicht-Ereignishafte, welches das Ereignis begründet, würde man nur in einem lockeren Sprachgebrauch die Bezeichnung Struktur verwenden, denn sie ist definitiv (soll man es bedauern?) durch die strukturalistische Zwangsjacke geprägt.[35] Ich greife lieber den alten Freud'schen Terminus auf, und injiziere ihm eine gewisse persönliche Bedeutung, ich meine das *»Ursprüngliche«* [»l'originaire«], bekanntlich die [französische] Übersetzung für das Präfix *Ur-** bzw. das Adjektiv *ursprünglich**. Das Ursprüngliche ist etwas, das die Zeit transzendiert, zugleich aber an die Zeit gebunden bleibt. Ich werde die Idee einer ursprünglichen Situation ausführen, die meiner Ansicht nach ein Geschehen, ein Auftauchen erklären muss: das Auftauchen des Unbewussten genauso wie das des Triebes oder auch des Seelenapparates.

Ich habe also einige Wörter festgelegt, aber das reicht niemals aus, um die Missverständnisse zu beseitigen, ganz besonders im Hinblick auf die Ursprünge! Ich spiele auf die vielen Ablagerungen, Rückblicke des Erwachsenen auf das Kind, Anhäufungen von Behauptungen an, die durch mehrfache Wiederholung (will sagen: »psychoanalytische« Thesen) am Ende undurchschaubarer, undurchdringlicher, konsistenter werden als Tatsachen. Seien es die Thesen vom objektlosen Zustand oder vom primären Narzissmus oder auch die kleinianischen Thesen. Von diesen Verschiebungen [»glissements«], Fehlschlüssen, Überdeckungen oder Verwechslungen von Bereichen ist Freud nicht ausgenommen. Wie viele erhellende Ansichten werden durch diese Konfusion der Standpunkte verdunkelt. Wenn man aber zu Freuds Nachfolgerschaft übergeht, dann gehen alle Schranken und begrifflichen Unterscheidungen verloren und – auch und vor allem – das, was ich mit Bezug auf Freud die »Ordnungsrufe« genannt habe.

---

35 J. Laplanche: »Le structuralisme devant la psychanalyse«. In: *Psychanalyse à l'université*, 4. Jg., Nr. 15, 1979, S. 525–528 [dt.: »Der Strukturalismus vor der Psychoanalyse«. In: *Die allgemeine Verführungstheorie*. Tübingen (edition diskord), 1988, S. 35–44].

Formulieren wir nochmals unseren Ausgangspunkt, denn er ist vielschichtig: Wir behaupten, dass die Psychoanalyse in ihrer Grundlegung die Bezugnahme auf eine Geschichte nicht vermeiden kann, in diesem Sinne also historisch oder genetisch sein muss; und zwar im Sinne einer Genese des Ursprünglichen und nicht im engeren Sinne einer genetischen Psychologie. Mit anderen Worten, die Grundlage der Psychoanalyse hängt nicht in der Luft: Wir lehnen *die Einfachheit*, wie sie *durch die Idee des Mythos vermittelt wird*, jeden Verweis auf sogenannte »mythische« Zeiten, in der individuellen wie auch kollektiven Geschichte, ab. Zugleich muss sich die Grundlage der Psychoanalyse aber von einer Entwicklungspsychologie abgrenzen, was nur möglich ist, wenn die Besonderheit ihres Gegenstandes, nämlich das Unbewusste und die Sexualität, hervorgehoben wird.

Die Übernahme der Selbsterhaltung durch die Sexualität …

Was ist der tiefere Grund dafür, dass die Abgrenzung zwischen der Genese des Ursprünglichen und dem genetischen oder Entwicklungsaspekt nicht leicht ist? Es ist die Tatsache, dass die gesamte *Bewegung des Menschen selbst* darin besteht, das ganze psychische Leben durch größtenteils unbewusste sexuelle Motivationen neu zu bewohnen oder, wenn man so will, neu zu besetzen. Die Sexualität, sagen wir, übernimmt eine beim Menschen zum Teil nachlassende Selbsterhaltung. Ich möchte dies hier mit folgendem Bild veranschaulichen: Denken wir an den fortschreitenden Bau eines Gebäudes im Laufe von Jahrhunderten, ja von Jahrtausenden, ein Palast oder ein frühgeschichtlicher Tempel mit den aufeinanderfolgenden Umarbeitungen und Hinzufügungen, welche diese Entwicklung mit sich bringt. Jeder Herrscher, jede Generation von Priestern fügt dem alten Bauwerk eine neue Schicht hinzu, doch mit der (für mein Beispiel unerlässlichen) Besonderheit, dass zwischenzeitlich Technik und Materialien geändert wurden. Man ist vom Holz zum ungebrannten Ziegel, von diesem zum Stein, trocken oder gemauert usw. übergegangen.

Abstützung

Mauerwerk

Selbstverständlich brechen die Fundamente ein, wenn man mit Stein auf ungebrannten Ziegel baut. Muss man nun alles wieder neu aufbauen, oder ist es nicht auch möglich, nur den Unterbau zu erneuern? Den Unterbau erneuern bedeutet, nach vorausgehender Abstützung die Fundamente ausschachten, um sie fester auszuzementieren – heutzutage »spritzt« man Beton »hinein« –, ohne dass man etwas an den Überbauten geändert hat. Natürlich dient mir dieses Bild dazu, die »Übernahme« der Selbsterhaltung durch die Sexualität beim Menschen darzustellen. Eine Erneuerung des Unterbaus ist jedoch nicht ganz dasselbe wie die Übernahme, denn sie wird auf einmal durchgeführt oder jedenfalls in großen Zügen, während die Übernahme Stück für Stück und schrittweise vor sich geht: Die sexuelle Entwicklung des Kindes tritt nicht schlagartig und ein für alle Mal ein, um seine psychologische Entwicklung abzulösen und zu tragen. Überdies ist die Übernahme nicht nur ein zeitlicher Vorgang, sie gilt auch in der Gleichzeitigkeit: In jedem Augenblick, in jeder Situation dringen die unbewussten sexuellen Motivationen in eine schwächer werdende Selbsterhaltung ein bzw. werden in diese injiziert, verleihen ihr Kohärenz. Es gibt beim Menschen also eine wenn nicht natürliche, so doch spontane Tendenz zu dieser Erneuerung des Unterbaus, einem anderen Namen für das, was ich Pansexualismus nenne. *Der Pansexualismus ist ein Zustand und eine Bewegung der menschlichen Wirklichkeit, noch bevor er eine Freud zugeschriebene Abirrung wurde.* Der Panpsychoanalytismus wiederum ist nur die niedrige Form des Pansexualismus, wenn das Sexuelle genau in dieser Übernahmebewegung zu einer »Objektbeziehung« abgeschwächt und herabgesetzt wird, das heißt, wenn seine scharfe Unterscheidung vom Nicht-Sexuellen nicht aufrechterhalten wird.

… als reale Grundlage für die pansexualistische und panpsychoanalytische Illusion

Genau über diesen *präzisen* Umweg der Übernahme des Nicht-Sexuellen durch das Sexuelle beim Menschen möchte ich nun *die epistemische Übernahme der Psychologie durch die Psychoanalyse* angehen und kritisch unter die Lupe nehmen. Wenn ich einige epistemologische Irrtümer aufzuzeigen versuche, die zu einer Verwirrung zwischen den Bereichen führen, dann stelle ich dem die feierliche Warnung voraus, nicht zu vergessen, dass diese Irrtümer auf die Tatsache, welche zugleich ihre Grundlage bildet, verweisen, dass *das menschliche Subjekt selbst* (als unser Architekt) *uns irreführt, da es ja die Fundamente seines Gebäudes verändert hat.*

Freud hat in einem anderen Kontext (nicht so weit davon entfernt, man könnte zeigen, wie) über die Hysterie und die Verführungstheorie den Ausdruck πρώτον ψεύδος verwendet; dies bedeutet selbstverständlich erste Lüge, aber auch erster Irrtum oder, gewissermaßen, erste »objektive Lüge«; erste »Täuschung«, habe ich mitunter übersetzt: die Hysterikerin lügt nicht aus Lust am Lügen; es gibt eine Lüge in der hysterogenen Situation selbst. Indem ich diesen Ausdruck nun erweitere bzw. verschiebe, möchte ich behaupten, dass es ein πρώτον ψεύδος *in actu* beim Menschen gibt, das den psychoanalytischen Bereich begründet und andauernd epistemologische Auswirkungen zeitigt, die uns als Irrtümer erscheinen. Um diese Irrtümer bloßzulegen, muss man ihre Triebfeder erfassen. Es geht nicht darum, einfach zu Freud zurück zu kommen, da er selbst in dieser Täuschungsbewegung gefangen ist; wir werden das an einem Beispiel sehen. Dass alle diese Irrtümer »wohlbegründet« sind, das versuche ich zu zeigen, und zwar in einer Neigung des Menschen, einer wirklichen Bewegung: Die Bewegung der Erkenntnis sucht eine wirkliche Bewegung zu Ende zu führen, *auf die Spitze* zu treiben.

Falsche Überdeckungen der Psychoanalyse und der Psychologie

Illusionen gibt es viele, aber sie lassen sich alle in einem Wort zusammenfassen: die Psychoanalyse einer allgemeinen Psychologie gleichsetzen. Festzustellen, die Psychoanalyse meine zu allem etwas zu sagen zu haben und überall *eingreifen* (ich nehme diesen Ausdruck wieder auf) zu können, kommt unter diesem Vorwand dem Anspruch gleich, sie *sei* alles, und bedeutet, so zu *handeln*, dass sie, als allgemeines Wissen, diesen Anspruch zu verwirklichen versucht.

Diese Ansprüche der Psychoanalyse zu demontieren, erfordert bestimmte Ausführungen, so zuallererst die Darstellung, dass die Situation nicht ganz die selbe ist, je nachdem ob man vom Erwachsenen, vom Kind oder vom (epistemologischen und auch realen) Verhältnis zwischen Erwachsenem und Kind spricht. Mehrere anfechtbare, sich übrigens ergänzende Vorgehensweisen bieten sich an.

Die psychoanalytische Psychologie des Erwachsenen

Die erste besteht darin, die durch die psychoanalytische Methode erworbenen Resultate zu einer allgemeinen Psychologie des Erwachsenen erweitern zu wollen. Darin liegt eine allgemeine Tendenz der freudianischen Bewegung: Der Seelenapparat wird als allgemeiner psychischer Apparat dargestellt, und von diesem Apparat, vor allem von seinen sogenannten »Ich«-Anteilen oder den »bewusst-vorbewussten« Anteilen aus, wird eine allgemeine Erläuterung der menschlichen Verhaltensweisen und Handlungen angeboten. Hier erkennt man die hochoffiziellen Nachfolger Freuds in Gestalt der amerikanischen Schule (Hartmann) und ihre auf die Spitze getriebene Psychologisierung durch die Begegnung mit einem Psychologen, der überglücklich war, endlich eine Lehrmeinung zur Hand zu haben (Rapaport). Doch so manche andere Schule kommt zu demselben Ergebnis, wenn auch in anderer Gestalt: Die Kleinianer nehmen ohne Weiteres an, dass es keine andere Psychologie gibt als die Psychoanalyse; und der vielleicht am stärksten formalisierte, aber auch am stärksten verallgemeinernde Versuch wäre sicher derjenige von Bion. Ich behaupte, dass es sich dabei um eine Illusion handelt; doch ist sie im Falle des Erwachsenen recht gut begründet, denn beim Erwachsenen sind wir nicht in der Lage, einen psychologischen Bereich abzugrenzen, der nicht letzten Endes unablässig von unbewussten sexuellen Motivationen wiederbesetzt, wieder bewohnt wird. Die Verkümmerung einer nicht-psychoanalytischen Erwachsenenpsychologie ist also kein Zufall. Fragt sich nur noch, ob in dieser Verkümmerung und in dieser Erweiterung nicht auch die Psychoanalyse verkümmert, weil sie die Besonderheit ihres Ansatzes aus dem Blick verliert: Nämlich in dem, was wir als Zuber entwerfen, abgesondert zu sein, abgeleitet vom Feld der »Interessen«, mit dem sie Berührungspunkte hat, ohne mit ihm verschmolzen zu sein. Wenn es auch kaum eine Erwachsenenpsychologie gibt, die sich nicht mehr oder weniger auf die Psychoanalyse beruft, so bliebe doch zu beweisen, dass eine nicht-psychoanalytische Psychologie, welche mit der Psychoanalyse *in Verbindung gebracht* werden kann, nicht möglich ist. Nimmt man beispielsweise *Die Traumdeutung* zur Hand, so ist man überrascht vom Ehrgeiz, über das wirklich psychoanalytische Problem seiner Deutung hinaus eine allgemeine Psychologie des Traums ausarbeiten zu wollen. Im Übrigen trägt das letzte Kapitel nicht umsonst den Titel »Psychologie der Traumvorgänge«. Eine moderne, erneuerte Lektüre zeigt, wie sehr wirkliche psychologische Probleme in der Schwebe gelassen werden, die von einer exakteren, phänomenologischen Beschreibung dessen aus, was der »geträumte Traum«[36] wirklich ist, von Grund auf wieder aufzugreifen wären.

Reinjektion psychoanalytischer Begriffe in die Psychologie des Kindes

Mag sich der Panpsychoanalytismus im Falle des Erwachsenen noch durch die Tatsache entschuldigen lassen, dass letzterer vollständig durch das Sexuelle wiederbesetzt wird, so sind die Herangehensweisen

36 Eine neuerliche Auseinandersetzung mit der *Traumdeutung**, für die sich das Programm formulieren lässt.

an die Psychologie des Kindes grundsätzlicher unzulänglich, ob nun die Gegebenheiten der Erwachsenenpsychoanalyse auf eine Psychologie des Kindes rückprojiziert werden oder ob in dem der Kindheit eigenen Bereich das, was zur Psychoanalyse gehört, und das, was einer Psychologie oder einer Psycho-Physiologie zugänglich ist, zusammengeworfen werden. Wobei in diesem letztgenannten Durcheinander zwei verschiedene Aspekte zu unterscheiden sind, je nachdem ob es unter der Ägide von Begriffen geschieht, die aus der psychoanalytischen Situation hervorgegangen sind – man wird hier Melanie Klein erkannt haben–, oder am anderen Ende zu Gunsten verunstalteter Begriffe wie »Symbiose« oder »Interaktion«. Diese verschiedenen Herangehensweisen sind im Grunde gleich. Die der Analyse, der psychoanalytischen Situation oder Beobachtung, ja sogar der Psychoanalyse außerhalb-der-Kur, entlehnten Begriffe können ebenso vom Erwachsenen (Beispiel: die Begriffe Narzissmus, Autoerotismus oder auch die Stadien der Sexualität kommen direkt vom psychoanalytischen Ansatz beim Erwachsenen her) wie auch vom Kind und vom Erwachsenen herkommen (Beispiel: Melanie Klein mit ihren »Positionen«; Begriffe, die aus der analytischen Situation mit dem Erwachsenen oder mit dem Kind abgeleitet sind): Immer wird zurückprojiziert oder zurück-injiziert. Sicher kann das, worum es theoretisch und praktisch geht, in den beiden von uns unterschiedenen Fällen unterschiedlich erscheinen: je nachdem, ob die fälschlicherweise in die Kindheit reinjizierten Begriffe ihre psychoanalytische Härte wahren oder nicht. Wenn diese Begriffe ihre Strenge bewahren (sind sie dazu fähig?), hat man eine falsche psychoanalytische Psychologie des Kindes, die häufig das Verdienst hat, diese »falsche« Eigentümlichkeit unter dem Banner des *Mythos* oder des *mythischen Kindes* zur Schau zu tragen. Man findet diese Tendenz in der schon älteren, aber sehr lehrreichen Nummer der *Nouvelle Revue de Psychanalyse* über »Das Kind«[37] dargestellt. Im anderen Fall werden die Begriffe um den Preis einer Verunstaltung reinjiziert, die das so geschaffene Bild der Entwicklung plausibler machen soll. Doch in Wirklichkeit ist das eine so gefährlich wie das andere, denn was dabei gründlich verfehlt wird, ist die Verbindung von Psychoanalyse und Psychologie. Man hat

37 1979, Nr. 19.

es stets mit einem Mischmasch von beidem zu tun, das heißt es gibt stets *sowohl* eine Kluft zwischen dem psychoanalytischen Kind und dem beobachteten Kind *als auch* eine Verunstaltung der psychoanalytischen Begriffe, bei dem Versuch, sie dem beobachteten Säugling aufzudrücken. Letztlich laufen diese beiden Lösungen, von denen die eine nicht besser ist als die andere, darauf hinaus, sich gegenseitig zu verschlimmern.

Es gibt also, mehr noch beim Kind, eine grundlegende wissenschaftliche Illusion, die an das πρώτον πσεύδος gebunden ist. Die psychoanalytische Entdeckung, man kann es gar nicht oft genug sagen, ist das Unbewusste und die Sexualität in dem Sinne, den Freud ihr gibt. Was die Psychoanalyse in der Situation beschreiben kann (und zwar beim Erwachsenen wie beim Kind, denn auch mit dem Kind gibt es eine analytische Situation, Melanie Klein hat das hinreichend nachgewiesen), ist ein gewisser Zustand, sind Stadien, ist eine gewisse Genese, die sich spezifisch auf den im eigentliche Sinne psychoanalytischen Sektor beziehen. Daher rührt bei den Psychoanalytikern, zumindest für eine beträchtliche Anzahl unter ihnen, die Illusion zu glauben, diese Situationen seien zwar nicht als Stadien der infantilen Sexualität wiederzufinden (man müsste sie im Übrigen anschaulich machen, was nicht ganz einfach ist), aber doch als Entwicklung des allgemeinen Verhältnisses des Kindes zu seiner Welt. Wieder ist bei diesem Vorgehen der Pansexualismus selbst in Aktion. Doch jedes Mal, wenn der Pansexualismus in die Tat umgesetzt wird, jedes Mal, wenn die Sexualität so tut, als sei sie alles (hier: dass die Stadien der infantilen Sexualität das Ganze der Beziehung des Individuums zu seiner Umgebung sind), ist sie nichts mehr. Wenn die Psychoanalyse das Ganze der Psychologie des Kindes darstellt, löst sich die Sexualität vollständig darin auf, wie man das in allen Versuchen des Pansexualismus und insbesondere bei Jung gesehen hat.

Intoxikation der Psychologen durch den Panpsychoanalytismus

Seltsamerweise täuscht diese Re-Injektion die Psychologen selbst: Man braucht nur irgendein Werk über die Psychologie des Kindes aufzuschlagen, um zu sehen, wie den Thesen eines Piaget oder eines jeden anderen Psychologen, der direkte oder experimentelle Beobachtung betreibt, gleiches Recht zugestanden wird wie dem, was man, im Übrigen ohne Herabsetzung, in diesen Werken gemeinhin das psychoanalytisch inspirierte Modell nennt; dabei nimmt man in Kauf, in diesem Modell so verschiedene Ansichten wie die von Spitz, Mahler, Winnicott und Melanie Klein nebeneinander zu stellen, ganz zu schweigen von Freud, der doch ein wenig in Vergessenheit gerät. Dieses Recht, welches ohne irgendeine Begründung vermeintlich analytischen Thesen zur Entwicklung zugestanden wird, ist nur eine indirekte Huldigung an die Überzeugungs- und *Intoxikations*kraft, die vom Panpsychoanalytismus ausgeht, dessen verborgene Dynamik der spontane Pansexualismus beim Menschen ist.[38]

Herunterbrechen von Begriffen

Es herrscht also eine große Konfusion, in welcher sich sowohl die Psychoanalytiker (außer diejenigen, die sich in den »Mythos« flüchten) wie auch die Psychologen einig sind, wenn letztere es akzeptieren, auch Begriffe und Sequenzen zu verwenden, die von einer psychoanalytischen Ansicht über die Entwicklung der menschlichen Sexualität abgeleitet sind, als ob sie dasselbe meinten, wie wenn sie selbst von Etappen der Konstituierung des Objekts oder des Erwerbs logischer Relationen sprechen. In Übereinstimmung zwischen den Psychoanalytiker-Psychologen der Kindheit und den am stärksten experimentell ausgerichteten Psychologen erfolgt ein Herunterbrechen zwischen den Termini, die ich in den beiden folgenden Spalten schematisch wiedergebe:

38 Vgl. als ein Beispiel den theoretischen Teil eines jüngst erschienenen Werkes wie das von Annie Vinter: *L'imitation chez le nouveau-né*. Neuchâtel-Paris (Delachaux & Niestlé), 1985.

Objekt des sexuellen *Wunsches**	Objekt des Bedürfnisses und der Wahrnehmung: – Wahrnehmung als Anleitung fürs Leben – Wahrnehmung als Anleitung für die Bedürfnisse
(während Freud, wie wir sehen werden, das eine aus dem anderen ableitet)	
Objekthaftigkeit: Ein Sexualobjekt auf dem durch den *Wunsch** vorgezeichneten Weg wiederfinden.	Objektivität: Ein perzeptiv-motorisches Objekt (Piaget usw.) als unabhängig abgrenzen und setzen.
Die sogenannte *halluzinatorische* Wunsch*erfüllung* (deren Vorbild der Traum bleibt)	Einfügen einer angeblich halluzinatorischen Etappe für den Zugang zur äußeren Realität
Sexueller Narzissmus	Fehlen eines realen Objekts als Ziel, Ununterschiedenheit von Subjekt und Objekt, Symbiose usw.

Dieses Herunterbrechen zeigt sich nicht nur als Konfusion von Begriffen, sondern auch als Überlagerung von Phasen und Entwicklungen. Die gesamte Entwicklung wird unter die Vormundschaft einer Freud'schen Beschreibung gestellt, die für das Auftauchen der Sexualität galt. Doch korrelativ zu diesem Einfluss auf die Entwicklung wird der Freudianismus vollständig seiner Substanz entleert, da die gesamte Entwicklung desexualisiert wird.

7. Ein wesentliches Beispiel für Verwirrung: Der »objektlose« Zustand

Freud in der Frage des Narzissmus spalten

Ein zentrales Beispiel sind die durch die Begriffe Narzissmus und primärer Narzissmus herbeigeführten groben Verwechslungen. Hier wird es nötig sein, Freud selbst zu spalten. Warum nehmen wir uns dieses Recht heraus und maßen uns an, »unseren« Freud zu wählen bzw. den »guten« gegen den »schlechten«? Diese Vorgehensweise wäre vollkommen unannehmbar, *wenn wir nicht die Existenz und die Triebfeder* dieses oben aufgezeigten und erläuterten *Herunterbrechens nachweisen würden.* Die zu treffende Wahl ist nur der umgekehrte Vorgang zu der von uns ausführlich dargelegten Verwirrung.

Doch legitimiert sich diese »Spaltung« auch durch erratische, mahnende Passagen aus Grundlagentexten von der Art eines *»Ordnungsrufs«*, eines *»Reißen wir uns zusammen«*, die daran erinnern, dass die Psychoanalyse etwas anderes ist als das gerade Beschriebene, und dass die Sichtweise vielleicht umgedreht werden muss. So gibt uns Freud in genau dem Moment, in dem er diesen zumindest zwiespältigen und vielleicht verhängnisvollen Ausdruck vom »primären Narzissmus des Kindes« in die Welt setzt, klar zu verstehen, dass der einzig Narzissmus, um den es bei »His Majesty the baby« geht, der Narzissmus der Eltern ist, die auf dieses Kind ihre eigene Selbstliebe und eben ihre verflossenen »Projekte« projizieren. Eine deutende und spaltende Lektüre drängt sich also auf und geht durch die Freud'schen Texte hindurch, aber nicht unbedingt chronologisch voneinander abgegrenzt: Es gibt namentlich in dieser Frage des Narzissmus keinen Proto-Freud, der absolut rein wäre, und ebenso wenig einen sich selbst vollständig vergessenden, »verblödeten« Deutero-Freud. Ich gehe also nicht auf die Geschichte dieses Herunterbrechens ein und begnüge mich damit, zum Beispiel auf gewisse Texte zu verweisen, namentlich auf diejenigen aus dem *Vokabular* mit Pontalis (»Autoerotismus«, »Narzissmus«, »primärer und sekundärer Narzissmus«), die das Wesentliche an den Freud'schen Texten hervorheben. Und ebenso auf einen pointierteren Artikel von Bertrand Vichyn, »Naissance des concepts: auto-érotisme et narcissisme« [»Geburt der Begriffe: Autoerotismus und Narzissmus«].[39]

Zeitliche Abfolge des Erotischen

Was stellen wir bei Freud fest? *Eine Linie*, die sich wie folgt ziehen lässt und die anschließend komplexer werden wird: *Autoerotismus – Narzissmus – Objektwahl.* Es ist eine chronologische Linie, die Linie einer Abfolge; man muss gar nicht um die Sache herumreden, indem man

39 In: *Psychanalyse à l'Université*, 9. Jg., Nr. 36, 1984, S. 655–678.

so tut, als handle es sich um eine falsche Zeit oder um eine mythische Genese: Ganz eindeutig folgen diese drei Positionen aufeinander. Man sieht es sofort, der Narzissmus steht in dieser Linie nicht am Anfang; mehr noch, wie etwa ein Dieb zwischen zwei Gendarmen ist der Narzissmus richtiggehend »eingekeilt«, weil er nämlich Erotisches von beiden Seiten hat: Er hat etwas vom Autoerotismus davor und von der Objektwahl danach, und wir wissen, dass dies für Freud nichts anderes sein kann als die Wahl des Liebesobjekts. Sicher werden Sie einwenden, dass man zwischen dem Auto*erotismus* davor und der *Liebe* danach diesen Wechsel in den Wörtern rechtfertigen müsste ... doch dies zu klären, ist genau die Aufgabe des Narzissmus.

Der Autoerotismus, der selbst nicht erster ist

Rufen wir uns in Erinnerung, welche vier Aspekte das erste Wort, den *Autoerotismus* oder das autoerotische »Stadium« – da man sich wohl so auszudrücken hat – charakterisieren: Es ist *Befriedigung an Ort und Stelle*, an diesem oder jenem Teil des Körpers, genau an der Stelle, an der die Erregung stattfindet: das, was Freud Organlust nennt. Es ist eine zerstückelte, *nicht-vereinheitlichte Befriedigung*, die nicht auf andere Organe und erst recht nicht auf die Gesamtheit des Körpers verweist, sondern die sich da erschöpft, wo sie entsteht; es ist das Bild eines Polypen der Lüste. Zum anderen ist, wie vom Präfix *auto* angezeigt, der Autoerotismus *ohne äußeres Objekt*, ob Person oder gar Partialobjekt. Und zu guter Letzt kann die autoerotische Aktivität nicht definiert werden ohne Verweis auf die *Phantasie*, ja auf das Objekt der Phantasie, was nicht ganz dasselbe ist. Geben wir als Beweis dafür die Tatsache an, dass bei jedem sogenannten autoerotischen Verhalten eines Analysierten der Psychoanalytiker es nicht versäumt, die darunter liegende Phantasie zu suchen und zu finden: Es gibt keine Masturbation ohne Phantasie, und was den Analytiker an der Masturbation interessiert, das ist die Phantasie. Doch ist dies nicht nur beim Erwachsenen der Fall: Diese Dimension der Phantasievorstellung, also des Gedächtnisses, wird von Anfang an, schon beim oralen Prototyp des Autoerotismus, postuliert: »Es ist ferner deutlich, daß die Handlung des lutschenden

Kindes durch das Suchen nach einer – bereits erlebten und nun erinnerten – Lust bestimmt wird.«[40]

Wir haben weiter oben unterstrichen, dass sich der Narzissmus »wohlumgeben« in einer Abfolge wiederfand, was zwangsläufig bedeutet, dass er nicht als erstes, sondern als zweites kommt: Autoerotismus – Narzissmus – Objektwahl. Wäre demnach der Autoerotismus konkret in der Entwicklung des Individuums das allererste Stadium? In einer berühmten Passage behauptet Freud, dass dies nicht der Fall ist:

> »Als die anfänglichste Sexualbefriedigung noch mit der Nahrungsaufnahme verbunden war, hatte der Sexualtrieb ein Sexualobjekt außerhalb des eigenen Körpers in der Mutterbrust. Er verlor es nur später […]. Der Geschlechtstrieb *wird dann* in der Regel *autoerotisch* und erst nach Überwindung der Latenzzeit stellt sich das ursprüngliche Verhältnis wieder her. […] Die Objektfindung ist eigentlich eine Wiederfindung.«[41]

Ich habe diese für die sogenannte Theorie der »Anlehnung« zentrale Passage ausgiebig kommentiert,[42] aber heute wollen wir über diesen Begriff der Anlehnung hinausgehen, und wir werden darlegen, warum. Für uns ist hier wichtig, dass der Autoerotismus also nicht wirklich das Erste ist, dass er auf etwas anderes folgt in der Zeit, auch wenn er das erste unabhängige Stadium der Sexualität ist; er ist nicht der Anfang der Beziehung zur Welt, sondern er bezeichnet das, was wir die »Auto«-Zeit genannt haben, die eine Kehrtwende in der Beziehung zur Welt unterstellt.

Der Narzissmus: Sexuelle Zeit der Vereinheitlichung

Gehen wir jetzt vom Autoerotismus zum *Narzissmus* weiter. Wie lässt sich der Narzissmus im Verhältnis zu dieser ersten Zeit einer Kehrtwende charakterisieren? Da, wo Freud in seinen Texten am explizitesten ist, wird er definiert als Vereinheitlichung des (seinem Wesen

40 *Drei Abhandlungen zur Sexualtheorie*. In: GW V, S. 82.

41 Ebd., S. 123; Hervorhebungen durch J. L.

42 Zum Beispiel in *Vie et mort en psychanalyse*. Paris (Flammarion), 1970 (erste Auflage) und 1977 (Coll. »Champs«), S. 29ff. [dt.: *Leben und Tod in der Psychoanalyse*, S. 33ff.].

nach verstreuten) Autoerotismus auf ein einziges Objekt, aber auf ein Objekt, das selbst »auto« ist, ein Objekt, das stets intern, »reflexiv« ist, und genau deshalb wird es auf den Namen dieses Helden des Spiegels getauft, Narziss. Dieses reflektive Objekt ist in einer Reihe aufeinanderfolgender Einschachtelungen zugleich der eigene Körper oder auch ein gewisses vereinheitlichtes Bild des eigenen Körpers oder auch das »Ich«. Der Haupttext, der allzu oft schweigend übergangene oder in seiner Radikalität vernachlässigte Inauguraltext Freuds klingt so:

> »Wie verhält sich der Narzißmus, von dem wir jetzt handeln, zum Autoerotismus, den wir als einen Frühzustand der Libido [es ist klar zu sehen: Frühzustand der Libido heißt nicht Frühzustand des Individuums] beschrieben haben? […] Es ist eine notwendige Annahme, daß eine dem Ich vergleichbare Einheit nicht von Anfang an im Individuum vorhanden ist; das Ich muß entwickelt werden. Die autoerotischen Triebe sind aber uranfänglich; es muß also irgend etwas zum Autoerotismus hinzukommen, eine neue psychische Aktion, um den Narzissmus zu gestalten [zwei wesentliche Kommentare: Für Freud handelt es sich um eine ausdrücklich zeitliche und nicht mythische Sequenz. Die Entstehung des Narzissmus ist der Entstehung des Ichs absolut korrelativ.].«[43]

In dieser Abfolge (Autoerotismus, Narzissmus, Objektwahl), die wir auf das Wesentliche zurückzuführen versuchen, geht es also nicht um das ganze Individuum, sondern um sein Sexualleben, um das Sexualobjekt und um den Sexualtrieb. Dieses Sexualleben hebt sich vom Grund eines Lebens oder einer nicht-sexuellen Beziehung ab, die ihm vorangeht, das Leben der Bedürfnisse, von dem es sich trennen wird.

Chronologie des Autoerotismus und des Narzissmus

Die Begriffe Anlehnung und »Auto«-Zeit bedeuten, dass das Sexualleben nicht von Beginn an da ist, oder, deutlicher gesagt: Sein Beginn darf nicht mit dem Beginn des Beziehungslebens zusammengeworfen werden. Und außerdem gibt es (zumindest in dieser Freud'schen

43 »Zur Einführung des Narzißmus«. In: GW X, S. 141f.; in eckigen Klammern: Kommentare von J. L.

Linie) keinen anderen primären oder ursprünglichen Narzissmus und auch keinen primäreren Autoerotismus als diesen da. Wir sind also der Auffassung, dass sich das Sexualleben, wie eine Aufpfropfung oder wie eine Emergenz (die Frage wird offengelassen), auf das Beziehungsleben (das in dieser Epoche von 1910–1915 durch die Ausdrücke Selbsterhaltungstrieb oder Bedürfnis charakterisiert wird) legt. Hier wird sich eine wesentliche Frage stellen, die der »Skalierung« oder des Stadismus. Wie soll man sich diese Sequenz: Autoerotismus, Narzissmus, Homosexualität (die Freud eine Zeitlang hier eingeschoben hat) und heterosexuelle Objektwahl, vorstellen? Und wie ist sie zu verbinden, ja wie soll man sie in den chronologischen Übersichtstafeln mit dieser Unmenge weiterer Abfolgen in Übereinstimmung bringen, nach denen die Analytiker gieren: die Aufeinanderfolge der Stadien oral, anal, genital und dann all die von Ferenczi für die »Entwicklung des Wirklichkeitssinns« beschriebenen Stadien, nicht zu vergessen die Verbindung der Klein'schen »Positionen« bis hin zu »Autismus, Symbiose, Separation, Individuation usw.«? Oder auch: Könnte es zu der stufenweise und in Reifungsvorgängen sich vollziehenden Entwicklung der Beziehung des Subjekts zur objektiven Welt (wie seit Piaget beschrieben und verfeinert) einen Sexualstadismus geben, der in einer einfachen chronologischen Phasenverschiebung anzuordnen wäre? Wenn wir behaupten, die Abfolge Autoerotismus, Narzissmus, Objektwahl pfropfe sich auf das Beziehungsleben auf, heißt das dann, dass man sie beispielsweise mit zwei oder mit sechs Monaten beginnen lassen müsste? Auf keinen Fall. Sobald man sich von der Idee befreit hat, dass diese Freud'schen Etappen Stadien des Individuums sind, gibt es keinen Grund mehr, diesbezüglich ohne weitere Differenzierungen immer wieder eine neue Skalierung aufzustellen.

Autoerotismus und Narzissmus definieren keine grundlegenden Modi einer Beziehung zur Welt im Allgemeinen, sondern Modi des sexuellen Funktionierens und der Lust. Sowie sie sich vom Grund einer allgemeinen Beziehung zur Welt abheben, die sich währenddessen immer weiterentwickelt, können sie nur als mehr oder weniger *punktuelle* und sich mehr oder weniger *wiederholende Momente* begriffen werden, mit im Übrigen wesentlichen Unterschieden in ihrem jeweiligen zeitlichen Status. Die zweiphasige Abfolge – ans Bedürfnis gebundene sexuelle

Befriedigung, dann Rückführung auf sich im Autoerotismus – erneuert sich unzählige Male. Doch ist die Vorstellung keineswegs zwingend, dass diese Mikrosequenzen sich jedes Mal mechanisch in einem dritten Stadium fortsetzen, das der Triade Anlehnung, Autoerotismus, Narzissmus die Krone aufsetzen würde. Der primäre Narzissmus eignet sich durch die ihm wesenseigene Vereinheitlichung, ja sogar Verfestigung besser für eine Entwicklung mittels strukturierender Momente, und es ist wichtig, dass eine der Hauptetappen, mit der sich sein Auftauchen erfassen lässt, durch Lacan im Spiegelstadium als ein Moment des Wandels beschrieben wurde. Nicht dass das Spiegelstadium das Alpha und Omega des Narzissmus wäre, aber es bleibt prototypisch für diese entscheidenden Momente einer Ausfällung, Verfestigung oder Kristallisation (wie man das, und nicht etwa zufällig, von der »Liebe« sagt). Es wäre nichtsdestoweniger widersinnig, von dem Moment an, da man den Narzissmus in die sexuelle Abfolge eingeordnet hat, von einer rein narzisstischen Phase zu sprechen. Im Übrigen zeigt uns Freud genau dieses an der dritten von unseren Etappen, der Etappe der Objektwahl: Narzisstische Objektwahl und Objektwahl durch Anlehnung sind in ständiger Koexistenz und Verflechtung.

Objektwahl und Zugang zur Objektivität: Freud'sche Wurzeln einer Verwirrung

»Objektwahl«, selbstverständlich verstehen wir darunter Wahl des Sexualobjekts. Wie kann im psychoanalytischen Denken diese Form der Abfolge in eine Abfolge umkippen, die den Zugang zur *Objektivität* skandiert? Wie kann das zunächst einmal bei Freud umkippen? Das ist bereits umgekippt, »unlängst und einst«;[44] es gibt nicht den einen Moment, in dem die Dinge vollkommen klar waren, und einen anderen, in dem dies durcheinandergerät: Es war bereits umgekippt, bevor es ausgesprochen wurde. Die Theorie entwickelt sich nicht linear im Sinne dieses Herunterbrechens, das ich kritisiert habe. Das Herunterbrechen

44 Im Original »jadis et naguère«, was auch der Titel einer Gedichtsammlung Paul Verlaines ist (A. d. Ü.).

des Sexuellen auf die Selbsterhaltung ist, so muss man sagen, bereits vor der Formulierung des Narzissmus im Wortlaut da. Konkret in drei Texten: im *Narzißmus* von 1914, in den *Zwei Prinzipien des psychischen Geschehens* von 1911 und schließlich in *Triebe und Triebschicksale* von 1915. Gegen den Text über die *Zwei Prinzipien*[45] müssen wir einfach in genau dem Maße »einen Groll hegen« [»garder une dent«] (vielleicht habe ich ihn deshalb übersetzt, um meinen Biss besser zu üben? [»exercer ma dent«]), indem es der Gründungstext einer psychoanalytischen Psychologie des Kindes ist, die wir als verwirrend anprangern.

Herunterbrechen der Sexualentwicklung auf die Selbsterhaltung

Die ersten vier Seiten dieses Textes legen uns ausdrücklich eine Entwicklung der Ich- oder Selbsterhaltungstriebe vor; die Sexualtriebe werden erst im dritten Abschnitt herangezogen, um mitzuteilen, dass es sich mit ihnen recht anders verhält. Perfekt, alles läuft gut – die Unterscheidung ist also erwiesen? Nein, alles läuft im Gegenteil schlecht, denn auf diesen ersten vier Seiten wird die Entwicklung der Selbsterhaltungstriebe in einer Abfolge beschrieben, die der sexuellen Abfolge nachgeahmt ist, beginnend mit einem auf sich selbst hin geschlossenen, von vornherein selbst-genügsamen und monadischen Urzustand (wo doch »auto« im sexuellen Bereich das Resultat eines Prozesses und kein absoluter Ursprung war). Ein Zustand, aus dem man alsdann durch ich weiß nicht welche Verrenkung (wie sie jedem Idealismus eigen ist) herauskommen muss: Wie kann ein Idealismus, wenn er geschlossen ist, sich zur Welt hin öffnen? Jeder Idealismus verrenkt sich, um wiederzufinden, was er verloren hat. Was ich als einen Idealismus oder einen biologischen Solipsismus stigmatisiere, erreicht auf diesen ersten Seiten der *Zwei Prinzipien* seinen Höhepunkt. Die Selbsterhaltungstriebe, das psycho-biologische Individuum, der Säugling hätten den Weg des Objekts zu erlernen, um von da aus in einer wahrhaften Deduktion einer äußerst unwahrscheinlichen rationalen Psychologie die aufeinanderfolgenden psychischen Funktionen aneinanderzureihen:

45 In: GW VIII, S. 229–238.

Bewusstsein, Aufmerksamkeit, Gedächtnis, Urteil usw. Letztlich wäre dieser Text unter der Flagge der »Symbiose« einzuordnen, wenn man diese berühmten Fußnote berücksichtigt,[46] welche die mütterliche Pflege (nicht: die Mutter) ins anfängliche Ei hineinnimmt. So ist, noch bevor der Narzissmus wirklich »eingeführt« ist *(Zur Einführung des Narzißmus)*, sein zukünftiges Herunterbrechen bereits vorgezeichnet, ja vollbracht!

Herunterbrechen der Funktionsweise der Selbsterhaltung auf das Modell des Sexualtriebs

Triebe und Triebschicksale ist der andere exemplarische Text, bei dem das Herunterbrechen ebenfalls vollzogen wird, aber auf eine zu der vorhergehenden symmetrische Weise: von der Selbsterhaltung auf die Sexualität und nicht mehr von der Sexualität auf die Selbsterhaltung.[47] Hier nun ist in der Tat das Ausgangsmodell ausdrücklich die Sexualität, die Selbsterhaltung ist weitgehend beiseite gelassen worden, da es ja um das Schicksal der Sexualtriebe geht. Doch trotz dieses vielversprechenden Anfangs haben wir gezeigt, dass es notwendig ist, »ein Messer durchzuziehen«,[48] und nach welchen Linien man die Beschreibung des dargestellten Triebes spalten sollte. Ohne darauf zurückkommen zu wollen, was wir an anderer Stelle entwickelt haben, möchten wir nur eine wesentliche und zwiespältige Behauptung, eine wahrhaftige Kompromissbildung, herausheben: »die autoerotisch niemals zu befriedigenden Bedürfnisse der Ichtriebe.«[49] In der Tat, bravo! Das biopsychologische Individuum mit seinen Selbsterhaltungstrieben (oder »Ich«-Trieben) ist von vornherein offen für eine Objekt-Intentionalität. Aber auch, welch erstaunliche Verwirrung im Ausdruck: Dass die Selbsterhaltungstriebe, die eben nicht erotisch sind, sich auf »autoerotische« Weise nicht befriedigen lassen, wäre dies eine Binsenweisheit oder ein Widersinn? Wäre dies nicht eher eine fälschliche Verwendung, eine Umlenkung des Sinns des Autoerotismus, der bereits Gefahr läuft,

46 Ebd., S. 232, Anm. 1.

47 In: GW X, S. 211–232.

48 *Problématiques III: La sublimation*. Paris (PUF), 1980, S. 38ff.

49 GW X, S. 227, Anm. 1.

seine sexuelle Konnotation zu verlieren, um nur noch eine allgemeine Geschlossenheit auf sich selbst zu bedeuten, das Fehlen eines äußeren Objekts, sei es sexuell oder nicht-sexuell. Ein weiterer Fall dieses Herunterbrechens, das wir auseinanderfalten wollen.

Freuds Anschluss an die Objektlosigkeit

Um schematisch mit diesem Freud'schen Herunterbrechen zu einem Abschluss zu kommen, erinnern wir uns, dass im weiteren Fortgang der primäre oder ursprüngliche Narzissmus als erstes Stadium des Menschseins gesetzt und nicht einmal mehr vom Autoerotismus unterschieden werden wird: Die Sequenz Autoerotismus – Narzissmus wird aus seinen Ausarbeitungen verschwinden; der Autoerotismus wird als der Befriedigungsmodus der narzisstischen Phase definiert werden. Der primäre Narzissmus wird dadurch seinen Charakter einer Spiegelbeziehung zu einem inneren Objekt verlieren und quasi gleichbedeutend mit einem »objektlosen« Zustand werden. In der gleichen Neuverteilung des Spiels wird der »Narzissmus des Ichs« seinen Platz wechseln: In *Zur Einführung des Narzißmus* entsprach er dem primären Narzissmus, da es einer gründenden Aktion des Ichs bedurfte, damit es Narzissmus gibt; ohne Ich kein Narzissmus. Nun wird aber in den späteren Texten, so in *Das Ich und das Es*, der Narzissmus des Ichs gegenüber einem objektlosen primären Narzissmus für »sekundär« erklärt.

Die von mir kritisierte Verwirrung, dieses Herunterbrechen der Genese der Sexualität auf die Entwicklung der perzeptiv-motorischen Beziehung zur Welt oder zur Umwelt, wird auch nach Freud seine verheerenden Wirkungen entfalten. Wenn ein Subjekt mit all diesen durcheinandergeworfenen Trieben, könnte man sagen, zunächst geschlossen ist, um sich anschließend zu öffnen, wie sollte es das können? Man erzählt uns von der »Frustration«, durch die das Menschenkind zu leben lernt, doch bei Freud ist die *Versagung** eben nicht Frustration – oder nicht nur –, sie ist ein Akt der Verweigerung vonseiten eines menschlichen, erwachsenen Anderen, ein »sich verweigern« [»se refuser à«] oder, wie wir das derzeit zu übersetzen versuchen, ein »refusement«.

Verwirrung um die »primitive Halluzination«

Was man außerdem infrage stellen muss, obwohl so oft davon die Rede ist, dass man es schließlich als unbestreitbare Tatsache angesehen hat, ist der Begriff der *primitiven Halluzination* und die von ihm ausgehende Verwirrung. Bekanntlich hat dieser Begriff seinen Ursprung, im *Entwurf einer Psychologie*, in dem, was Freud damals »Befriedigungserlebnis« nennt und was gerade voraussetzt, dass es die ursprüngliche Öffnung zur Welt um einer Befriedigung willen gibt. Dann würde, sagt man uns, bei fehlender Befriedigung das Objekt halluziniert. Wenn man sich in der Halluzination ernähren kann, warum sollte man sich davon verabschieden? Warum sollte ein wenig Versagung dank der Halluzination geduldet werden und viel Versagung zu einem Verzicht darauf führen? In der Tat lässt sich hier, vor allem bei Freuds Nachfolgern, dasselbe Herunterbrechen zeigen. Was da von Freud beschrieben wurde, ist eine Art Auftauchen, Genese der Sexualität. Was im *Entwurf* »halluziniert« wird, sind *Begleitzeichen* der Befriedigung und nicht das Objekt der Befriedigung. Wir haben auf dieser metonymischen Verschiebung des Objekts beim Auftauchen des Sexualtriebs von den Selbsterhaltungsfunktionen aus insistiert. Im prototypischen Beispiel, diesem beinahe fiktiven Modell des Stillens, gibt es kein Zusammenfallen, sondern wirklich eine Verschiebung von der Milch zur Brust. Die »Halluzination« ist folglich kein eingebildetes Reales, das sich an die Stelle des Realen setzt, ein Nahrungsmittel, das sich an die Stelle eines anderen Nahrungsmittels setzt. Man könnte es auch an dem Beispiel zeigen, das gleichwohl am weitesten in die Richtung einer Ersatzbefriedigung zu gehen scheint, ich meine die Hungerträume, so wie sie von Freud in der *Traumdeutung* untersucht werden. Die sogenannte primitive Halluzination nährt nicht, sie setzt sich nicht an die Stelle des Realen, sie ist die Geburt der Phantasie, der Start der sexuellen Linie. Die primitive Halluzination (wenn es denn »Halluzination« gibt) wird also niemals durch die Wirklichkeit für nichtig erklärt werden, das kann sie auch gar nicht. (Wir werden auf dieses Schema zurückkommen, denn so wie es ist, ist es noch unbefriedigend: Es bildet einen Teil der sogenannten Konstruktion der »Anlehnung«, die nur ein Moment ist, um zu etwas anderem zu gelangen. Die Anlehnung als solche gibt noch eine endogen geprägte Bewegung vor; im Schema des Befriedigungserlebnisses und der Anlehnung ist gewiss der menschliche Andere zuvor da, aber seine Rolle beschränkt sich darauf, sich nicht einzumischen.)

Symbiose

Ein weiteres Schicksal dieses Herunterbrechens haben wir bereits bei der Einschließung der Mutter ins anfängliche Ei erwähnt. Der Weg ist hier ganz in Richtung auf das hin vorgezeichnet, was man Dyade oder Adualismus, oder auch Symbiose nennt. Nehmen wir dieses letzte Wort auf: Auf den ersten Blick so einleuchtend, gehen von ihm alle möglichen Konfusionen aus. Die Symbiose ist ein biologischer, vielleicht objektiver Begriff, aus dem man aber die Idee einer subjektiven Symbiose gewinnen will. Auf der biologischen Ebene handelt es sich nach dem *Robert*[50] um eine »dauerhafte und wechselseitig profitable Verbindung von zwei lebenden Organismen«; und als Beispiel gibt dieses Wörterbuch die Flechte an. Doch selbst biologisch, selbst auf der Ebene der Selbsterhaltung ist die Wechselseitigkeit, welche die Mutter-Kind-Verbindung für beide Teile nützlich machen würde, zweifelhaft. Es gibt grundlegende Asymmetrien. So könnte man, um gewissermaßen ein anderes biologisches Modell einer Verbindung aufzunehmen, ebenso gut sagen, das Kind sei der Parasit der Mutter. Und umgekehrt (dieses Mal, indem man »Parasit« im modernen, von der Kommunikation herkommenden Sinne nimmt: »les bruits parasites« oder Störgeräusche), die Mutter »parasitiere« das Kind.

Gegen den Solipsismus des psychoanalytischen Babys – Zwei im Grunde schlecht begründete Reaktionen:

Ich habe die Quelle für all diese Bewegungen eines *theoretischen* Herunterbrechens der Sexualität auf die Selbsterhaltung zeigen wollen,

50 Der *Robert*, in seiner einbändigen Ausgabe *Le Petit Robert* genannt, ist das in seinen Definitionen allgemein anerkannte Wörterbuch der französischen Sprache (A.d.Ü.).

und zwar in der *realen* Beziehung von Vikarianz, von Erneuerung des Unterbaus: mit Sicherheit ein komplexer Vorgang, den man sich stückweise fortschreitend vorstellen muss. Setzt man diese Bewegung um in eine globale Wiederaufnahme der Belange der Selbsterhaltung durch die Liebe und postuliert überdies, dass diese Wiederaufnahme von vornherein und gleichsam seit ewigen Zeiten existiert, leugnet man Tatsachen und stellt sich vor die unmögliche Aufgabe (von der schlimmsten Karikatur einer solipsistischen Philosophie übernommen), das Subjekt aus seiner Monade heraustreten, die Welt aus dem Hut des Zauberkünstlers entspringen zu lassen.

Balint

Eine der heftigsten Reaktionen gegen diese Theorie des primären Narzissmus war zweifellos die von *Balint* in einem Artikel von 1937, *Frühe Entwicklungsstadien des Ichs. Primäre Objektliebe*.[51] In seinem kritischen Teil wischt er in der Tat den objektlosen primären Narzissmus definitiv vom Tisch. Doch ansonsten entgeht Balint insofern nicht der generellen Bewegung, als er an die Stelle dieses primären Narzissmus den Ausdruck einer primären (Objekt-)Liebe setzt, was somit von Beginn an eine Hegemonie des Sexuellen einführt. Liebe oder Erotik? Auf jeden Fall bringt es eher Nachteile als Vorteile, hier, das heißt von Beginn an, den Ausdruck Liebe einzuführen, denn wie jede psychoanalytische Untersuchung zeigt, ist die Liebe nicht nur Beziehung zum Anderen in der Bindung, sondern Betrachtung des Anderen in seiner Ganzheit in einem Akt des ganzen Subjekts; wie Freud formuliert, kann man nicht sagen, dass ein Trieb liebt. Durch die Rückprojektion der Liebe auf die erste Subjekt-Umwelt-Beziehung beschwört Balint erneut die Gefahr herauf, dass wir die Tatsache vernachlässigen, dass Eros eine separate und autonome Genese hat, deren Hauptetappe die narzisstische Totalisierung ist. Dies alles soll unsere Begeisterung für diesen Artikel ob der Klarheit der Kritik betonen, und unsere Zurück-

51 In: *Die Urformen der Liebe und die Technik der Psychoanalyse*, übersetzt von Käte Hügel und Martha Spengler. Frankfurt/M., Berlin, Wien (Ullstein), 1981, S. 93–115.

haltung gegenüber der Einführung des Begriffs »primäre Liebe«, der uns erneut in das Herunterbrechen zurückfallen lässt, das ich auszutreiben versuche.

Die Kleinianer

Wie verhält es sich damit bei den Kleinianern? Diese schlüpfen in das Freud'sche Denken, bis sie es dann von innen her auseinanderfliegen lassen; sie injizieren Schritt für Schritt ihre Problematik in Freuds Terminologie, sodass über sehr lange Zeit der Ausdruck primärer Narzissmus beibehalten wird. Von ihnen wird in diesem Rahmen eine Art Beziehung zum Objekt beschrieben, was in einem glücklichen Widerspruch zu der Annahme eines absoluten Narzissmus steht. In den *Developments in Psychoanalysis* bricht sich die kleinianische Auffassung vom Narzissmus mit einer zumindest impliziten, manchmal expliziten Kritik an der Annahme einer monadischen Geschlossenheit Bahn. Hier eine aus einem Artikel von Paula Heimann entnommene Formulierung: »[I]m narzisstischen Zustand wird das äußere Objekt gehasst und zurückgewiesen, so dass man das innere Objekt, das mit dem Selbst verschmolzen ist, liebt und daraus Lust zieht.«[52] Der narzisstische Zustand impliziert hier die Besetzung eines Objekts, einer inneren Sache in sich, verschmolzen mit dem Ich. Zudem ist dieser narzisstische Zustand voll und ganz vereinbar mit der von vornherein bestehenden Öffnung hin zur Welt und zum äußeren Objekt, und wäre es nur, um es zu hassen und es zurückzuweisen. In der kleinianischen Bewegung erscheint der Narzissmus mehr und mehr als an das verinnerlichte innere Objekt gebunden. So auch für Joan Rivière in der Einleitung zu eben diesem Band: »Unserer Ansicht nach überlappt sich zu weiten Teilen dank der wichtigen introjektiven Vorgänge, die in diesem Stadium stattfinden, die narzisstische oder autoerotische Phase mit der Objektbeziehung

52 »Certain Functions of Introjection and Projection in Early Infancy«. In: *Developments in Psychoanalysis*. London (Hogarth), 1952; (Karnac), 2002, S. 153f. [In der von Laplanche zitierten französischen Übersetzung wird *self* durch *moi*, »Ich«, wiedergegeben (A.d.Ü.).].

und existiert gemeinsam mit ihr.«[53] Dieselben Stellungnahmen gegen den monadischen Zustand sollten in dem Artikel von Melanie Klein zu finden sein: *On Observing the Behaviour of Young Infants*.[54] Bringen wir diesen Punkt zu einem Abschluss: Die Kleinianer schlagen eine Sichtweise ein, die sich von der Fabel eines ursprünglichen narzisstischen Zustandes des menschlichen Seins zu Gunsten der einzig haltbaren Auffassung des Narzissmus löst: als gebunden an eine Introjektion eines totalen Objekts. Andererseits jedoch droht ein wenig wie bei Balint erneut das Herunterbrechen, eben weil die ganze Entwicklung unter das ausdrückliche und alleinige Zeichen der Liebe-Hass-Dyade gesetzt wird, ohne dass ein Wort über die Selbsterhaltung gesagt wird.

8. Der Psychologie des Kindes den ihr gebührenden Platz schaffen

Eine gesunde Ansicht vom spezifischen Charakter der Psychoanalyse, des Verhältnisses des psychoanalytischen Feldes zum psychologischen Feld und der ersten Entwicklung des Menschen leidet schwer an der fehlenden Unterscheidung zwischen dem Bereich der Sexualität und dem der ersten psycho-physiologischen Anpassungen – das, was Freud Selbsterhaltung nannte, bevor er es selbst in seinem Denken aufgab.

---

53 »General Introduction«. In: Ebd., S. 13.

54 In: Ebd., S. 237–270 [dt. »Zur Beobachtung des Säuglingsverhaltens«, übersetzt von Elisabeth Vorspohl. In: *Gesammelte Schriften*, herausgegeben von Ruth Cycon. Stuttgart (frommann-holzboog), 2000, Band III, S. 157–199]. Der relativ späte (1951) und wenig bekannte Text über die Ursprünge der Übertragung ([»Les origines du transfert«.] In: *Revue française de Psychanalyse*, 47. Jg., Nr. 3, 1984, S. 814–824 [»The Origins of Transference«. In: *International Journal of Psychoanalysis*, 33. Jg., 1952, S. 433–438; »Die Ursprünge der Übertragung«, übersetzt von Elisabeth Vorspohl. In: *Gesammelte Schriften*, Band III, S. 81–95]) nimmt definitiv Stellung gegen »die Hypothese eines vor-objekthaften Zustandes«. Unser Einwand gegen Melanie Klein bleibt dennoch unangetastet: Das Fehlen einer Unterscheidung zwischen der Selbsterhaltungsbeziehung und dem Paar von Liebe und Hass hindert M. Klein daran, ihre Stellungnahmen sowohl gegenüber der Metapsychologie als auch gegenüber der Biologie zu begründen.

Ist das psychoanalytische Kind ein mythisches Kind? Diskussion mit André Green

Gegenüber dieser uns von Freud hinterlassenen Aporie, gegenüber dieser Überlappung, diesem von ihm in seiner Theorie vollzogenen Rückfall ist die radikalste Reaktion zweifellos die der Loslösung der psychoanalytischen Linie von aller Psychologie, wie etwa bei Balint oder in gewisser Weise bei den Kleinianern, ja eventuell sogar die Rückwendung auf »das mythische Kind« oder »das psychoanalytische Kind«. Das ist die gedankliche Linie einiger Artikel aus der Nr. 19 der *Nouvelle Revue de Psychanalyse* über »Das Kind« [»L'enfant«].[55] Der Artikel von André Green, *L'enfant modèle*[56], weist klar in diese Richtung eines Rückzugs auf »das psychoanalytische Kind«, sowohl dasjenige der analytischen Situation als auch der Theorie:

> »Es läuft notwendigerweise auf die Diskussion hinaus, deren Grundzüge durch Anna Freud bestimmt wurden: Ist das ›wirkliche‹ Kind dasjenige, das von der Psychoanalyse konstruiert oder rekonstruiert wird? Wir antworten unzweideutig: Nein. Doch tun wir das, um umgekehrt zu behaupten, dass es gar nicht die Rolle der Psychoanalyse ist, das wirkliche Kind zu rekonstruieren. Sondern vielmehr das mythische Kind, die mythische Kindheit eines wirklichen Kindes, das wiederum Gegenstand der Psychologie des Kindes wäre [wir werden gleich den Gegensatz zwischen Mythos–Psychoanalyse und Wirklichkeit–Psychologie auftauchen sehen]. Ich werde also das wahre Kind der Psychoanalyse – in dem Sinne, in dem Freud von historischer Wahrheit spricht – dem wirklichen Kind der Psychologie gegenüberstellen. Über sie hinaus könnte das Kind der materiellen Wahrheit nur das Kind aus der Verbindung des wirklichen Kindes der Psychologie und des wahren Kindes der Psychoanalyse sein.«[57]

Gewiss muss diese Bewegung insofern als gesund oder heilsam qualifiziert werden, als sie das Feld der Psychoanalyse treffend durch eine Unterscheidung gegenüber einem anderen Feld, dem der Psychologie, verortet. Doch unserer Ansicht nach scheitert Green an der Aufgabe,

55 Frühjahr 1979.
56 Das Modellkind, auch der Musterknabe (A.d.Ü.).
57 Ebd., S. 45.

diese Unterscheidung an ihrem richtigen Platz anzusiedeln. Er schafft das nur, indem er *die Psychologie gewaltsam* auf eine dem alleinigen »Wirklichen« gewidmete Scheinwissenschaft *reduziert*, ohne irgendein Recht auf Hypothese, ohne die Möglichkeit einer Berufung, zum Beispiel auf die Hypothese der Vorstellung, dem zentralen Begriff der Psychoanalyse nach Green. Wenn wir ein Stück Weges parallel mit ihm gehen, dann wimmelt es unter unseren Füßen nur so an Fragen. Zuallererst scheint mir die Auffassung des mythischen Kindes oder des Kindes in der Vorstellung die Dinge nicht weit genug voranzutreiben, dafür wäre es nämlich nötig, zum einen anzuerkennen, dass – und wie – das menschliche Subjekt, das Kind, sich selbst mythisiert, und zum anderen die Unterscheidung zwischen dieser Vorstellung von sich selbst [»auto-représentation«] und der wissenschaftlichen Hypothese aufrechtzuerhalten. Allgemeiner betrachtet scheint uns Green bei der Abgrenzung des eigentlichen Bereichs der Psychoanalyse zwischen zwei Kriterien zu schwanken: Mal ist es das *Unbewusste*, und damit sind wir völlig einverstanden (obwohl man es nicht versäumen darf, es als im eigentlichen Sinne sexuell zu charakterisieren); und mal wäre es das Eigentliche der Analyse, sich im Feld der Vorstellung zu bewegen; und hier ist mein Einwand, dass man der Psychologie nicht das Recht auf eine heuristische Sequenz verweigern kann, die das Vorrecht vieler anderer Wissenschaften ist: Imaginäres, Hypothese, Verifizierung. Diese Reduktion der Psychologie auf eine Wirklichkeit ohne Wahrheit, auf eine Art undenkbaren Empirismus, wäre im Grunde der zu zahlende Preis (den man den anderen zahlen ließe, nämlich die Psychologie!), um die Autonomie des psychoanalytischen Feldes zu festigen. Diese Reduktion wird unübersehbar an einer anderen Stelle, welche vorgibt, die Psychoanalyse und Psychologie nach Kriterien nicht des Gegenstandes, sondern der Methode zu differenzieren:

> »Man muss wählen zwischen dem Sinnlichen einerseits, dem Vorstellbaren und dem Deduzierbaren andererseits, auch wenn diese Unterscheidung schon begrifflich in dem Maße überholt ist, in dem das ›reine‹ Sinnliche bereits nicht mehr existiert. Sagen wir, dass man wählen muss zwischen den durch die Objektivierung auferlegten Begrenzungen und dem unvermeidlichen ›Supplement‹, das die heuristische Basishypothese mit sich bringt. Die erste Vorgehensweise, die auf Strenge abhebt, ist letztlich

> stumm in ihrem Wunsch, nichts zu folgern; auf jeden Fall muss sie, wenn sie kohärent mit sich selbst ist, darauf verzichten, etwas von der psychischen Vorstellung zu erfassen. Die zweite Haltung, die die Vorstellung zum Gegenstand nehmen wird, wird es hellsichtig akzeptieren, konjektural zu sein, wie das per definitionem die Vorstellung ist. Denn der spezifische Charakter der Vorstellung ist eben, dass sie nicht den beschränkenden Anforderungen des Wirklichen unterworfen ist, sondern dass sie die Wesenseigenschaft besitzt, durch das bloße Spiel der Psyche das Mögliche geschehen zu lassen.«[58]

Die Psychologie entleeren: Eine Rückkehr des Panpsychoanalytismus

Die Unterscheidung zwischen der psychologischen und der psychoanalytischen Vorgehensweise müsste sich also in diesen dreifachen Gegensatz einordnen lassen: auf psychologischer Seite das Sinnliche, die Objektivierung und das Nicht-Folgern; auf psychoanalytischer Seite das Imaginierbare und das Deduzierbare, die heuristischen Basishypothesen und die psychische Vorstellung als ihr Objekt. Welcher Psychologe, von welcher Schule auch immer, würde die erste Option akzeptieren: Nicht-Folgern, Objektivierung, reines Sinnliches? Welcher Kinderpsychologe würde auf die Hypothese, auf das Imaginäre und auf die Deduktion, ja auf den Gebrauch des Ausdrucks Vorstellung als einer hypothetischen Konstruktion verzichten? Da die erste Option somit von all dem entleert ist, was eine wissenschaftliche Vorgehensweise ausmachen kann, gibt es folglich keine Wissenschaft mehr im Sinne von Wahrheit außer der Psychoanalyse, die sich die Exklusivität der gesamten zweiten Option anmaßen würde, die heuristischen Hypothesen und die Deduktion darin inbegriffen. Sodass trotz dieser Absicht, zwei Bereiche zu unterscheiden, die wir mit Green teilen, der andere Bereich, der Bereich der »Psychologie«, auf einen Schatten reduziert wird, oder auf eine reine Empirie, was auf dasselbe hinausläuft. Käme es damit nicht zu einer *Wiederkehr des* Panpsychoanalytismus?

---

58 Ebd., S. 41.

So sehr drohen also unablässig die Freud'schen Nachwirkungen. Die Psychoanalyse wird von Green als konjektural bezeichnet, aber der Ausdruck erweist sich als zweideutig. Wenn man damit sagen will, dass ihr Gegenstand (hier die »Vorstellung«) konstruiert, supponiert, nicht direkt zugänglich ist, gilt das dann nicht für *jede* Wissenschaft? Warum soll man der Psychologie die Konjektur in diesem Sinne verweigern? Doch wenn man behauptet, dass die Vorstellung »nicht den beschränkenden Anforderungen des Wirklichen unterworfen ist, sondern dass sie die Wesenseigenschaft besitzt, durch das bloße Spiel der Psyche das Mögliche geschehen zu lassen«, lässt man sich damit auf eine andere Entwicklung ein, *was* das auto-symbolisierende Vermögen des Menschen *betrifft*. Bleibt also anzuerkennen, dass die Psychoanalyse *wie jedes Wissen* durch Hypothesen, Konjekturen oder Vorstellungen voranschreitet; dass es aber das Kennzeichen der Psychoanalyse ist, sich als Gegenstand das menschliche Subjekt vorzunehmen, *insofern* es selbst auto-hypothetisch, auto-konjektural, auto-repräsentierend oder autotheoretisierend ist. Offensichtlich gibt es ein Unterscheidungs- und Abstammungsproblem zwischen diesen beiden Ebenen der Theoretisierung, die man schlicht und einfach nicht vermischen darf.

Die Psychologie des Säuglings: Minimaler, aber realer Fundus für die Psychoanalyse

Glücklicherweise, werden wir sagen – und obgleich die Psychoanalyse versucht, sie zu annektieren, sie zu infiltrieren, sie auf das Minimum zu reduzieren –, entwickelt sich eine Beobachtung, eine Kenntnis von den Anfängen des menschlichen Bewusstseins. »Glücklicherweise«, denn die Bewegung der Aufgliederung, die hier unseren Gegenstand bildet, die Bewegung, die durch die Genese der Sexualität umrissen und durch die psychoanalytische Kenntnis erneuert wird, ist nur möglich auf einem minimalen Fundus. Nun weichen aber im Lichte einer detaillierten Kenntnis, die nichtsdestotrotz weder auf Gedankenspiele noch auf das Formulieren von Hypothesen bzw. Konjekturen verzichtet, die ersten Annäherungen der Psychoanalytiker ebenso wie die mehr oder weniger begründeten Rationalisierungen eines Piaget einer genaueren

Kenntnis dieser ersten Bezüge zur Welt, zur belebten oder unbelebten, partialen oder totalen Umgebung, kurz zur Entwicklung und zur Vervollkommnung dieser sensitiv- oder perzeptiv-motorischen Verbindungen, dieser »Ausstattung« des Säuglings, selbst wenn es – und das ist nach wie vor unsere Meinung – eine sehr lückenhafte Ausstattung ist. Die Psychologie des Säuglings entwickelt sich ohne die widersprüchliche Hypothese des primären Narzissmus, selbst wenn sie sich von Zeit zu Zeit noch verpflichtet glaubt, den Hut vor dem zu ziehen, was sie für die Psychoanalyse hält.

Das Programm von Lagache

Für diese Beschreibung des Menschenkindes entwarf bereits Lagache den Plan, indem er die von ihm als »verwegen« bezeichneten Behauptungen einer angeblichen Undifferenziertheit anprangerte:

> »Die Annahme einer primären Differenziertheit ist der Annahme einer Undifferenziertheit vorzuziehen, die gebräuchlicher ist. Die Undifferenziertheit [die des Säuglings gegenüber der Umgebung] ist nur relativ im Vergleich zu späteren Stadien; sie ist nicht absolut, wie das einige verwegene Formulierungen implizieren wie das Fehlen von Bewusstsein, das Fehlen von Subjekt, von Objekt und folglich von Objektbeziehungen. Die primäre Differenziertheit wird durch die Existenz von Apparaten bewiesen, die dem Subjekt ein Minimum an Autonomie sichern: Apparate der Wahrnehmung, der Motorik, des Gedächtnisses, Schwellen für die Abfuhr der Bedürfnisse und der Affekte; diese Apparate dienen der Befriedigung der Triebe und sind auch die primären Garanten für die Abstimmung mit der Umgebung; sie existieren bereits vor dem Konflikt und können daran als unabhängige Faktoren teilnehmen … [und hier nun eine der Basisüberlegungen Lagaches zu diesem angeblichen Fehlen von Bewusstsein beim Säugling oder dieser Undifferenziertheit:] Man leugnet das Offensichtliche, wenn man behauptet, das Neugeborene habe keine bewussten Erfahrungen, während es zwischen Schlaf und Wachen alterniert [wenn alles nur ein narzisstischer Zustand wäre, dessen Prototyp eben der Schlaf ist, was würde dann dieses Alternieren bedeuten?]. Diese bewussten Erfahrungen sind vor allem Erfahrungen körperlicher Zustände und Aktionen, sie beruhen also in der Hauptsache auf intero- und propriozeptiven Empfindungen. Das Kind ist dennoch nicht in deren

Subjektivität eingeschlossen. Es ist schwierig, die Beziehung des Neugeborenen zur Brust anders denn als die Beziehung eines Subjekts zu einem Objekt zu begreifen: ohne als kognitive Struktur zu existieren, funktioniert und aktualisiert sich das Subjekt nach und nach in den Bedürfnissen, die es erwecken und antreiben, in den der Orientierung und dann dem Konsumieren dienenden Handlungen, die es beruhigen und einschlafen lassen; ebenso erfüllen die Brust und die Milch ihre Funktion als Objekt, lange bevor es setzendes Bewusstsein vom Objekt gibt.«[59]

Natürlich spürt man, wie Lagache von dem geprägt ist, *was* an der Phänomenologie *das Positivste ist*, selbst wenn er nicht deren Jargon verwendet: Das Fehlen eines »setzenden« Bewusstseins vom Objekt und vom Subjekt bedeutet deshalb nicht das Fehlen einer Subjekt-Objekt-Beziehung, das heißt eines nicht-setzenden Bewusstseins.

Damit wir uns richtig verstehen: Wir schwanken scheinbar zwischen zwei dem Anschein nach unausweichlichen und einander ausschließenden Totalitarismen: dem Totalitarismus des psychoanalytischen, sogenannten mythischen (man kennt unser Misstrauen gegenüber diesem Ausdruck) Kindes und dem Totalitarismus des beobachtbaren psychologischen Kindes als Gegenstand wissenschaftlicher Konstruktionen. Das Problem zwischen diesen beiden Ansprüchen auf die Hegemonie ist natürlich, dass in Wirklichkeit beide verschränkt sind oder vielmehr sich überdecken, genauso wie Selbsterhaltung und Sexualität. Sodass in diesem Sinne beide, das »mythische« Kind der Psychoanalyse und das Kind der Psychologie, Abstraktionen sind. Aber es lässt sich auch nicht leugnen, dass der Zugang zum einen nicht ganz der Zugang zum anderen ist.

Beobachtung und Schlussfolgerung in Psychologie und Psychoanalyse

Man sagt uns gern: Das psychologische Kind wird durch die experimentelle Situation erreicht, eine Situation, deren Künstlichkeit bekannt

59 »La psychanalyse et la structure de la personnalité« (1961). In: *Œuvres IV: Agressivité, structure de la personnalité et autres travaux*. Paris (PUF), 1982, S. 200f.; in eckigen Klammern: Kommentare von J.L.

ist. Zugang zum psychoanalytischen Kind erhält man nur in der analytischen Situation, selbst wenn es die Situation der Kinderanalyse ist. Doch zwischen beiden, gemeinsamer Bereich oder *no man's land*, gibt es die Beobachtung, die entweder auf die großen Apparate und adaptiven Verbindungen oder eben auf die Geburt des »Psychoanalytischen« in der spontanen Beziehung hin ausgerichtet sein kann. Nichts anderes unternimmt Melanie Klein in ihrem bereits zitierten Artikel: *On Observing the Behaviour of Young Infants.*

Verleugnen wir also nicht die psychoanalytische Beobachtung. Es gibt auch die von Freud zum Fort-Da-Spiel: Dies ist keine psychoanalytische Situation *wie* die des »kleinen Hans«. Wir dürfen den Unterschied zwischen einer psychoanalytischen Beobachtung[60] und einer psychologischen Beobachtung nicht in der Tatsache suchen, dass die eine, die psychoanalytische, indirekt erfolgt und die andere nicht. Beide sind indirekt, denn es gibt keine Beobachtung, die diesen Namen verdient, welche auf bloß indirekt überprüfbare Hypothesen verzichtet. Aber wir wiederholen, dass die psychoanalytische Beobachtung doppelt indirekt ist: 1. wie jeder Versuch zu wissen und zu erkennen, 2. weil ihr Gegenstand selbst »indirekt« ist. Um das spürbar zu machen, kann man nichts Besseres tun, als den Begriff der Zeit und das, was deren spezifischen Charakter in der Psychoanalyse ausmacht, einzuführen: das, was man Nachträglichkeit nennt. Die Nachträglichkeit ist ein zweizeitiges Funktionieren, bei welchem keine der beiden Zeiten für sich alleine erkennbar ist. Die Entwicklung, die Rückgänge, die Wandlungen einer Wahrnehmungsentwicklung können Schritt für Schritt erfolgen, selbst wenn es zu Brüchen, Funktionswechseln, Wiederaufnahmen usw. kommt. Doch wenn es in der Tat stets *zwei Traumen* braucht, *um ein Trauma zu bilden*, zwei unterschiedene Zeiten, um eine Verdrängung zu bilden, dann heißt das, dass man niemals in einer Beobachtung, auch nicht in einer analytischen, mit dem Finger auf die Urverdrängung oder eben das Trauma zeigen kann. Die analytische Beobachtung ist nicht aufgrund irgendeines metaphysischen Malheurs, sondern eben wegen dieser Zweizeitigkeit ihres Gegenstandes dazu verurteilt, stets und per definitionem

60 Zu beachten ist, dass frz. »observation« (Beobachtung) auch die Bezeichnung für die »Krankengeschichte« ist (A. d. Ü.).

entweder zu früh oder zu spät stattzufinden. Die analytischen Prozesse lassen sich von ihrer Natur her nur eingrenzen und einrahmen. Eine der Personen, die das meinem Verständnis nach am Besten leistet, ist Silvia Bleichmar in ihrer Arbeit *Aux origines du sujet psychique dans la clinique psychanalytique de l'enfant [An den Ursprüngen des psychischen Subjekts in der psychoanalytischen Klinik des Kindes]*,[61] die eben durch die Klinik grundlegende theoretische Hypothesen einzurahmen versucht:

> »Die mythischen Zeiten sind keine Konstruktionen, sondern *reale* Bewegungen zur Strukturierung des psychischen Subjekts; und selbst wenn wir es nicht schaffen, sie in ihrer Subjektivität zu erfassen, sind wir in der Lage, sie einzugrenzen, so wie man ein Element in Mendelejews periodischer Tafel der Elemente eingrenzt [...]. Auch wenn man es weder berühren noch sehen kann, kann man sein spezifisches Gewicht, seine Dichte, seine Wirkung und seine Kombination kennen.«[62]

61 Paris (PUF), 1985.
62 Ebd., S. 9.

II. Grundlagen: Auf dem Weg zur Allgemeinen Verführungstheorie

Wir haben uns über einen ganzen ersten Teil hinweg mit einer epistemologischen Freilegung des Terrains beschäftigt, mit einer Minenräumung, wie wir formulierten, wobei einige Minen übrigens von Freud gelegt worden waren, und ich habe darzulegen versucht, dass man zu einem bestimmten Zeitpunkt, wenn jeder Kommentar ausgeschöpft ist, einen gewissen Freud gegen einen anderen wählen kann, so wie man in der Wirklichkeit den Irrweg darstellen kann, auf den Freud selbst durch seinen Gegenstand getrieben wird.

Wir kommen jetzt also zu diesen »neuen Grundlagen«, zu diesem Grundlegenden, das man auch das Ursprüngliche nennen kann: Man wird verstanden haben, dass es sich für uns nicht um eine abstrakte Kategorie, um ein philosophisches Transzendentales und auch nicht um ein »Mythisches« außerhalb der Zeit handelt. Es ist nicht einmal eine »mythische Zeit«, denn in Wirklichkeit versetzt sich der Mythos gern in eine Zeit der Fiktion, während wir uns im Verhältnis zur realen Zeit einordnen. Für uns wie übrigens auch für Freud ist das Ursprüngliche das, was zu Beginn da ist, konkret, am Ursprung des Menschen, sagen wir also: des Säuglings. Doch zum anderen ist das Ursprüngliche in dieser Ausgangssituation das, was unausweichlich ist, was außerhalb der Zufälligkeiten liegt, so allgemein sie auch sein mögen. Offensichtlich muss man hier den Unterschied zwischen der Kategorie der Universalität und der Kategorie des Allgemeinen berücksichtigen. Mit dem Ursprünglichen sind wir im Universellen, so wie auch Sokrates sterblich ist, weil alle Menschen ihrem Wesen nach sterblich sind.

1. Die Ursituation: Erwachsener – Kind

Die *Ursituation* [»situation originaire«] ist die Konfrontation des Neugeborenen, des Kindes im etymologischen Sinne des Ausdrucks,[63] das noch nicht spricht, mit der Erwachsenenwelt. Damit fällt auf eine gewisse Weise das, was man den Ödipuskomplex nennt, selbst in eine gewisse Zufälligkeit zurück. Hier können uns die Anthropologie und ihre Relativierung der ödipalen Strukturen und gleichermaßen die Zukunftsforschung zu Hilfe kommen, denn was wird schließlich in einigen Jahrzehnten, in einigen Jahrhunderten – nicht von einer Triangulation, aber vom klassischen ödipalen Dreieck bleiben? Wer würde auf das Fortbestehen des Ödipuskomplexes wetten, auf den Freud sich gründet? Aber wer kann deswegen behaupten, der Mensch werde nicht weiterhin ein Mensch sein?

Zum Grundlegenden zurückkehren, würde das einer Rückkehr zur Mutter-Kind-Beziehung als dem Universelleren entsprechen? Sie wissen, dass sich die Bewegung der gesamten Psychoanalyse dadurch auszeichnet, von der ödipalen Beziehung auf die Mutter-Kind-Beziehung zurückgegangen zu sein. Und sicher ist diese Beziehung mehr im Biologischen, vor allem aber mehr im Triebhaften verankert, in dem Sinne, wie ich diesen Terminus verstehe, den ich im Weiteren entwickeln werde, als der Ödipuskomplex. Doch wie schnell entwickelt sich diese Mutter-Kind-Beziehung (ganz zu schweigen von der »Zukunftsforschung«, die wir einfach wie durch eine Art Blick aus dem Augenwinkel am Rande unseres Feldes halten) – mit diesen künstlichen Kindern, die man uns immer mehr fabriziert –, nun ja, um diesen quasi unumgänglichen Prototyp der Psychoanalytiker, die »Brust«, zu befragen, rufen wir uns in Erinnerung, dass immer weniger Kinder wirklichen Kontakt mit ihr haben.

Margaret Mead, kommentiert durch Merleau-Ponty

Ich werde hier eine Klammer aufmachen in Bezug auf eine Lektüre, die mit der Ausarbeitung dieses Bandes zu tun hat: Bei der Arbeit am Be-

63 Im Original steht »enfant«, ein Wort, das von lateinisch »infans«, »nicht sprechend«, herkommt (A.d.Ü.).

griff der Ursituation und dem, was daraus hervorgehen wird, nämlich der Verführung, bin ich wieder auf Margaret Mead gestoßen, kommentiert und auf das Wesentliche zusammengefasst durch Merleau-Ponty. Es handelt sich um das Buch mit dem Titel *Male and Female*[64] und um jenes schon recht alte *Bulletin de Psychologie*, das Merleau-Pontys Vorlesungen an der Sorbonne versammelt, aus der Zeit, in der er zum Inhaber des Lehrstuhls für Kinderpsychologie ernannt wurde.[65] Dieser Schritt-für-Schritt-Charakter im Vorgehen und das Interesse Merleau-Pontys an Dingen, die von vielen Psychoanalytikern als des Interesses unwürdig erachtet werden, hat etwas Anrührendes. Ich werde Ihnen nur einige Zeilen zitieren, in denen Merleau-Ponty die tiefgründigen Überlegungen von Margaret Mead weitertreibt:

> »Für M.[argaret] Mead: Die von Freud beschriebene ödipale Situation ist nur eine besondere Lösung eines Problems, das universell zu sein scheint. Universell [der Terminus universell, den ich gerade erwähnte, findet sich da wieder] ist ein gewisses, allen Gesellschaften durch die Existenz von Eltern und Kindern gestelltes Problem. *Die universelle Tatsache* ist die, dass es *Kinder* gibt, die anfangs *schwach und klein und dennoch eng mit dem Erwachsenenleben verbunden sind* [Zitat von Margaret Mead]: ›es gibt ein vorzeitiges Aufblühen sexueller Gefühle bei dem zu der Zeit noch fortpflanzungsunfähigen Kind‹. Das Kind ist auf die sexuellen Fragen hin polarisiert, auch wenn es unfähig ist, die Aktivitäten auszuüben, die einen Erwachsenen charakterisieren.«[66]

Der zitierte Text wird selbstverständlich dem »Kulturalismus« zuzuordnen sein (belegt mit einer gängigen pejorativen Nuance; man weiß nicht so recht, warum), das heißt der Untersuchung von Variationen

---

64 *Male and Female. A Study of the Sexes in a Changing World*. New York, 1949; frz.: *L'un et l'autre sexe*. Paris (Denoël-Gonthier), 1966 [dt.: *Mann und Weib. Das Verhältnis der Geschlechter in einer sich wandelnden Welt*, übersetzt von Arnim Holler. Stuttgart, Koblenz, 1954; Hamburg (Rowohlt), 1958].

65 November 1964, 18. Jg., Nr. 236, S. 3–6 [Dieser Text wurde unter dem Titel *Merleau-Ponty à la Sorbonne. Résumé de cours 1949–1952*. Paris (Cynara), 1988 und unter dem Titel *Psychologie et pédagogie de l'enfant. Cours de Sorbonne 1949–1952*. Lagrasse (Verdier), 2001, S. 489–495 wiederveröffentlicht; in der – gekürzten – deutschen Ausgabe, die 1994 unter dem Titel *Keime der Vernunft. Vorlesungen an der Sorbonne 1949–1952*, übersetzt von Antje Kapust. München (Fink) erschienen ist, ist dieser Abschnitt nicht enthalten. (A. d. Ü.)].

66 Ebd., S. 120 [S. 489f.]; in eckigen Klammern: Kommentare von J. L.

psychoanalytischer Parameter – sämtlicher psychoanalytischer Parameter – in Abhängigkeit von kulturellen Unterschieden. Sodass die sakrosankte Universalität des Ödipuskomplexes zu einer Lösung unter anderen für das durch die (diesmal universelle) Situation gestellte Problem der Kind-Erwachsenen-Beziehung, des Eintritts des Kindes in eine Erwachsenenwelt wird. Ebenso sind, um etwas von diesem Schwung von Margaret Mead mitzunehmen, die prägenitalen Sexualitäten oder auch, was den Gegenstand des Buches und sogar seinen Titel bildet, das berühmte Paar Männlichkeit–Weiblichkeit beträchtlichen kulturellen Variationen unterworfen. Darin ist Freud übrigens mit Margaret Mead völlig einverstanden (wenn ich das so sagen darf), denn er behauptet, dass das Paar Männlichkeit–Weiblichkeit nur ein komplexes, spätes und zufälliges Resultat ist, bei welchem der soziologische Faktor eine Hauptrolle spielt. Wie Sie sehen, kann ein Kulturalismus mit einem Essentialismus gepaart, vervollständigt werden, also dadurch, dass er irgendwo auf das Wesentliche geht. Doch werden wir bald sehen, dass Margaret Mead trotz dieses Vorstoßes das Wesentliche dieser Kinder-Erwachsenen-Beziehung noch verfehlt – ohne dass damit der Nutzen ihrer Beobachtungen infrage gestellt wird. Wer wird uns eine Margaret Mead der Zeit, der Zukunftsforschung geben, und nicht nur, was sie war, eine Anthropologin des Raumes, das heißt der gleichzeitig auf der Oberfläche unserer Erde angetroffenen Kulturen?

Unsere andere Klammer wird dazu dienen, die Lehre zu unterstreichen, die uns in diesen Texten ein Merleau-Ponty gibt; ein Philosoph, der auf die Beobachtung hört! Auf die Beobachtung und auf das konkreteste Experimentieren mit dem Kind, und der gleichermaßen auf die anthropologische Beobachtung hört, was mehr als einem unter unseren Psychoanalytikern als Lehre dienen könnte. Auch Freud erteilt sie uns, diese Lehre, er, der den Bezug auf die Beobachtung, insbesondere die anthropologische, niemals fürchtet; die Psychoanalyse, die sich ihres Ansatzes sicher ist, muss sich, im Einklang mit dieser Vorgehensweise großer Denker, von ihrem ängstlichen Vorbehalt gegenüber der nicht-psychoanalytischen Beobachtung freimachen, und wenn sie sie verwenden, sie kritisieren will, worauf weder Freud noch Merleau-Ponty verzichten, darf sie diese in einem ersten Schritt nicht ohne Weiteres zurückweisen.

2. Die Protagonisten der Ursituation

Das Kind als Protagonist

Kommen wir auf unsere Ursituation zurück, die Kind-Erwachsenen-Situation, jenseits sowohl des Ödipuskomplexes als auch der Kind-Mutter-Beziehung. *Das Kind* zuallererst. Die auf den vorangehenden Seiten vorgeschlagene Katharsis, die insbesondere diesem falschen psychoanalytischen Säugling, dem »narzisstischen« Säugling galt, diese Katharsis lässt dem seinen Platz, was zugleich dem gesunden Menschenverstand, der alltäglichen Beobachtung entspricht und immer mehr der Gegenstand einer seit einigen Jahren in vollem Aufschwung befindlichen Psychologie ist, ob man sie nun Ethologie, Experimentalpsychologie, Psychologie der Beobachtung nennen mag, wie auch immer. Unser Ziel ist es nicht, diese Gegebenheiten zu resümieren, sondern einfach nur darzulegen, dass ihnen ihr Platz gesichert, vorbehalten ist, wenn man nur der Psychoanalyse den ihr eigenen Platz zuweist. Es gibt keinen Grund, irgendein Resultat der Beobachtung, welches auch immer, vorab zurückzuweisen; man schämt sich ein wenig, das sagen zu müssen! Einige von diesen Gegebenheiten der alltäglichen Beobachtung wurden von Freud bereits vor ihrer Verfeinerung durch die wissenschaftliche Beobachtung klar und deutlich benannt. Ich fasse rasch die Punkte zusammen, die mir für unser Anliegen wesentlich erscheinen.

Ein bio-psychisches Individuum …

Als allererstes: Spricht man vom Kind, so spricht man von vornherein von einem *bio-psychischen Individuum*; und die Vorstellung von einem Säugling als einem bloßen Organismus, einer bloßen Maschine, worauf sich ich weiß nicht was aufpfropfen würde, eine Seele, eine Psyche, wäre abwegig. Die kleinste Beobachtung eines Neugeborenen zeigt Verhaltensweisen, die einen Sinn haben, und überdies kommunikative Verhaltensweisen. Und warum sollte es schließlich auch anders sein, da selbst die Tierpsychologie sich eindeutig über das alte Problem von Seele und Körper hinwegsetzt, welches viele

Dinge komplizieren würde. Die einzige Frage, die man sich stellen muss, um von bio-psychischen oder somato-psychischen Individuen sprechen zu können, ist diese: Von welchem Moment an gibt es Kommunikation? Eine Frage, die rasch komplexer wird, denn man muss sodann die Kommunikationsarten unterscheiden und hierarchisieren.

Zur Welt hin geöffnet …

Mein zweiter, in meinem ersten Teil sehr umfassend untersuchter Punkt ist der, dass das Problem für den kleinen Menschen, *sich auf die Welt hin zu öffnen, ein Scheinproblem ist*, und dass die einzige Problematik eher die sein wird, sich zu schließen, ein Selbst oder ein Ich zu schließen, was auch immer im Übrigen die Peripherie, der Umkreis dieses Ichs sein mag; und wir wissen, dass diese Peripherie gleichsam in unterschiedlichen Durchmessern besteht, in variabler Geometrie, sodass wir die Formulierung von Winnicott über sein berühmtes *»first not-me possession«*, diesen angeblichen Erwerb eines ersten Besitzes durch das Kind, der nicht Ich ist, umzukehren pflegen und behaupten, dass das Problem weit mehr das des Erwerbs eines *»first me possession«* ist, der erste Erwerb von etwas einem selbst Vorbehaltenen.

Auch dazu gibt uns Freud erste Hinweise, insbesondere im *Entwurf einer Psychologie*, worin nicht die Frage der Öffnung, sondern gerade eben die der Schließung gestellt wird. Erinnern wir daran, dass es im *Entwurf einer Psychologie zuviel* Wahrnehmungsrealität gibt; alles ist Realität, und um in dieser Realität das, was nicht Realität ist, unterscheiden zu können, müsste man angeblich ein »Realitätszeichen« finden, ein zusätzliches Zeichen, mit dem die »reale« Welt ausgestattet wäre im Gegensatz zur Welt der Phantasie, des Nicht-Wirklichen und des Imaginären. Ganz offensichtlich ist die Frage eine naive Frage, auf deren Widerspruch schon Aristoteles hingewiesen hat: Wenn es ein Zeichen für die Realität braucht, was wird dann das Zeichen für dieses Zeichen abgeben? Wenn die Realität gekennzeichnet werden muss, woran wird man dann dieses Kennzeichen erkennen? Eine unendliche Verweisung. Freud gibt sich daher nicht mit dieser Idee eines Realitätszeichens zufrieden. Vielmehr kann die subjektive Welt letztlich allein durch eine Hemmung vom Ganzen der Wahrnehmungsrealität abgehoben werden; indem man eine gewisse Art von Vorgängen hemmt, die ihren Ursprung innerhalb des Systems haben, einzig indem man sie in ihrer Intensität vermindert – eine rein quantitative und nicht qualitative Vorrichtung –, wird diese Unterscheidung gekennzeichnet.

Ein weiteres Zeugnis, immer noch bei Freud, finden wir in dem jüngst veröffentlichten Text *Übersicht der Übertragungsneurosen*. Wir haben bereits erwähnt, dass Freud darin ausdrücklich die Symptomatologie der Angsthysterie – mit ihren sogenannten hypnoiden, oneiroiden Zuständen, in denen die Unterscheidung von Traum und Realität nicht mehr gekennzeichnet ist – auf eine Regression zurückführt, die einer Epoche gilt, in der die Unterscheidung vorbewusst/unbewusst noch nicht existierte; einer Zeit vor der Sprache und vor der Zensur, denn tatsächlich führen erst Sprache und Zensur die Unterscheidung zwischen dem System Vorbewusst–Bewusst und dem System Unbewusst herbei. Doch sobald man eine Zeit vor der Unterscheidung vorbewusst/unbewusst annimmt, muss man sich auch fragen, von welcher Natur diese Zeit ist, und da bieten sich zwei scheinbar simple Lösungen an: Entweder ist diese Zeit ganz unbewusst oder sie ist ganz bewusst bzw. vorbewusst. Dass das, was am Ursprung ist, unbewusst sei, dass der Säugling in etwas leben würde, was das Unbewusste wäre oder später das Unbewusste sein wird, was später durch die berühmte Einfriedung des »Naturschutzparks« abgegrenzt, eingegrenzt sein wird, was später in das Ghetto des Unbewussten eingeschlossen sein wird, das alles sind natürlich einige der offenkundig Freud'schen Formulierungen, selbst wenn man sie zurückweist, wie ich das tue. Diese Idee ist daran gebunden, dass in diesem Text tatsächlich die Sprache das Bewusstsein mit sich bringt, und dass es vor der Sprache Unbewusstheit geben würde. Dies ist indessen ganz und gar bestreitbar, selbst in der Freud'schen Perspektive, und mit viel größerer Berechtigung kann man annehmen, dass am Anfang etwas von der Ordnung eines Bewusstseins, eine Gegenwart in der Welt oder *eine* Art Bewusstsein–Vorbewusstsein, stehen würde. Es sei daran erinnert, dass Freud einem solchen primären Wahrnehmungsbewusstsein, welches im Unterschied zum sekundären Bewusstsein nicht verbal ist, von vornherein den gebührenden Platz zugestanden hat.[67]

Kehren wir zum Säugling zurück: Diese Interpretation, welche die Vorstellung einer primären Unbewusstheit zurückweist, stimmt mit der einfachsten und unvoreingenommensten Beobachtung vollkommen überein. Sie passt gut zu dem so wichtigen Argument von Lagache, wenn er daran erinnert, dass wir von Geburt an einen Wechsel von Präsenz und Nicht-Präsenz beobachten, und wie sollte es Nicht-Präsenz geben, das heißt Schlaf, wenn es nicht tatsächlich Präsenz gäbe? Wenn es also einen Prototyp – im Freud'schen Sinne des *Vorbilds** – eines »ersten Ich-Besitzes« (um unsere Umkehrung des Winnicott'schen Ausdrucks aufzugreifen) gibt, dann wäre dies der Schlaf und vielleicht der Traum.

Ausgestattet mit regulativen Vorrichtungen …

Was ist ein Säugling noch? Das sind Vorrichtungen, wie die Physiologie und die Ethologie sie immer besser beschreiben, Vorrichtungen, deren Basisverständnis bis zum Beweis des Gegenteils die Homöostase bleibt, das heißt die Aufrechterhaltung von Gleichgewichtszuständen oder die Rückkehr zu diesen. Eine Homöostase, an der man zwei Niveaus unterscheiden kann: ein unmittelbar physiologisches Niveau und das psychophysiologische oder instinkthafte Niveau. Das erste Niveau entspricht der Aufrechterhaltung – beim Säugling und beim Menschen – der biologischen Konstanten, unter denen wir als die einfachsten Beispiele die Konstanz des Blutspiegels von Substanzen kennen, Kohlendioxid, Glucose, all die durch die wohlbekannten Feedbackmechanismen geregelten Konstanzen. Allerdings muss daran erinnert werden, dass diese physiologischen Konstanzen beim Säugling unvollkommen sind, sie werden sich erst nach und nach vollständig stabilisieren; bekanntlich kann ein Säugling an einem Hitzschlag sterben, und bekanntlich kann er austrocknen, ohne dass man es bemerkt, wenn man nicht sehr aufmerksam ist. Und weiter dann erkennt man auf dem zweiten Niveau Vorrichtungen, die uns mehr interessieren, auch wenn sie mit

67 Vgl. oben, S. 69ff.

den vorherigen in Verbindung stehen, die psychophysiologischen oder instinkthaften Vorrichtungen, denn es gibt tatsächlich angepasste Verhaltensweisen beim Säugling, selbst wenn nicht alles nur Anpassung ist, prä-konsumatorische oder konsumatorische Vorrichtungen, die zum Stillen führen als Beispiel, und deren Untersuchung immer verfeinerter werden. Auf dieser Anpassungsebene kommt man nicht umhin, die Existenz perzeptiv-motorischer Schemata festzustellen, mithilfe derer wir die Entwicklung von dem verfolgen können, was man wohl Aufmerksamkeit, Gewohnheit, Memorisierung usw. nennen muss. All diese Kenntnisse, die sich bestätigen, widersprechen sowohl dem »geschlossenen« Säugling (ich wollte »Amöbe« sagen …, aber selbst die Amöbe ist nicht geschlossen) als auch dem »Tabula-rasa«-Säugling ohne Vektoren zur Orientierung; denn wenn dieser Säugling Homöostasen hat, so hat er auch »Werte«, und es ist sehr suggestiv, das, was angestrebt wird, um Gleichgewichte wiederherzustellen, wie ein Lagache als vitale Werte zu beschreiben.

Aber dennoch fehlangepasst

Ein Säugling, der weder geschlossen noch eine Tabula rasa, aber dennoch zutiefst fehlangepasst ist. Man gebraucht zu Recht weiterhin den Ausdruck »Frühreife«, den wir wie folgt definieren könnten: Konfrontation mit Aufgaben von zu hohem Niveau, gemessen am Grad psychophysiologischer Reife. Doch im Fall des Menschenjungen muss man insofern genau zwei Arten von Vorzeitigkeit unterscheiden, als man gewillt ist, die Ebene der Selbsterhaltung von der des Sexuellen zu unterscheiden. Die Frühreife im Bereich der Anpassung ist an das Problem des Überlebens gebunden; die Frühreife im Bereich des Sexuellen ist die Konfrontation mit einer Sexualität, der gegenüber das Kind nicht die adäquate Reaktion besitzt, um diesen aus der Feder von Margaret Mead stammenden Ausdruck aufzugreifen. Freud nennt das den »präsexuellen« Zustand; wir werden im weiteren Verlauf hinreichend darüber sprechen. Doch möchte ich auf die Frühreife im Bereich des Überlebens zurückkommen. Der Mensch ist nicht der Einzige, welcher der Hilfe durch Erwachsene bedarf, um fortzubestehen; man darf darin nicht das Alpha und Omega aller Erklärungen der Menschwerdung sehen; es gibt andere Säugetiere und auch manch andere Lebewesen, die dieser Hilfe und der Erziehung über eine mehr oder weniger lange Zeit hinweg bedürfen, bis hin zum kleinen Vogel, der in seinem Nest ernährt wird, denn nicht alle kleinen Vögel sind jenen Küken ähnlich, die, kaum aus dem Ei geschlüpft, zu picken beginnen. Dieses Bedürfnis nach Hilfe, dieses Fehlen von Hilfe erfasst Freud von Beginn an mit dem Begriff *Hilflosigkeit**. Das ist schwer zu übersetzen, aber ziemlich leicht zu verstehen; das zielt im Deutschen in gewisser Weise auf das Affektive, auf die Not [»détresse«] (so übersetzt man das gewöhnlich) und, warum nicht, auf die Verlassenheit.

Die *Hilflosigkeit**

Bei Freud ist das, man muss es schon sagen, viel weniger affektiv, als es das im Allgemeinen in der deutschen Sprache ist; es konnotiert einen höchst objektiven Zustand, und es ist schade, dass man kein französisches Äquivalent gefunden hat: Zustand ohne Hilfe, Zustand von *Unhilfe* [»désaide«], von Nichthilfe [»insecours«]? Kurzum, es ist der Zustand eines Wesens, das, wenn es sich selbst überlassen ist, unfähig ist, sich selbst zu helfen: Es bedarf also dessen, was Freud *fremde Hilfe** nennt. Dieses Angewiesensein auf fremde Hilfe finden wir bereits in den ersten Ausführungen des *Entwurfs einer Psychologie*. Wie ruft der erste psychische Apparat, wie ruft diese kleine menschliche Maschine »den Fremden« zu Hilfe? Dazu kommt es allein, weil die aus dem Inneren kommende Erregung sozusagen überbordet. Von sich aus ist es unfähig, die zur Wiederherstellung der Gleichgewichte führenden Mechanismen in Gang zu bringen: Fehlt es an Glucose im Blut, gibt es nur ein einziges Mittel, nämlich sich ein Stück Brot zu holen; nun kann sich aber der kleine Säugling die Milch nicht holen; und die einzige Art und Weise, wie er nach Hilfe ruft, ist gerade nicht ein Ruf, nicht eine Botschaft, sondern ein einfaches objektives Zeichen: das Überlaufen des Wasserkessels; das sind Schreie, Bewegungen, ein ungeordnetes Zappeln, das die Mutter sehr schnell als Ruf nach Hilfe zu erkennen lernt. So kritisierbar diese absolute Ablehnung jeder vorangepassten Kommunikation zwischen Mutter und Kind auch sein mag, so suggestiv bleiben doch gewisse Freud'sche Anmerkungen, insbesondere diese hier: Auf der Ebene der Selbsterhaltung oder Anpassung (wir gebrauchen die beiden Ausdrücke im gleichen Sinne) verläuft die Kommunikation in der Richtung Kind-Erwachsener, während sie im sexuellen Bereich in umgekehrter Richtung erfolgt, sodass sich das Kind von der Anpassung zur Sexualität entwickelt und Freud nicht vor der Behauptung zurückschreckt, die Mutter gehe (in ihrer Beziehung zum Kind) von der Sexualität über zur Affektion: »Die Liebe der Mutter zum Säugling, den sie nährt und pflegt, ist etwas weit tiefgreifenderes als ihre spätere Affektion für das heranwachsende Kind.«[68] Es gibt ein wahres Hin und Her zwischen dem Weg, den das Kind, und demjenigen, den die Mutter durchläuft.

Wir sagten gerade, die *Hilflosigkeit** müsse vom Aspekt der Panik, der Verzweiflung und der Verlassenheit befreit werden. Die Unfähigkeit, sich zu helfen, wirkt sich nicht nur bei der Suche nach positiven Werten für die Forterhaltung, nach Nahrung, Trinken usw. aus; sie kommt auch zum Zuge, wenn es Gefahren zu vermeiden gilt, bei dem also, was man Furchtreaktionen nennt. Freud hat das richtig erkannt, und es ist interessant zu sehen, dass dies durch Experimente aus jüngster Zeit bestätigt wird. Schauen Sie sich ein Kind an, schlagen die *Vorlesungen zur Einführung in die Psychoanalyse* vor: Es läuft auf einer kleinen Mauer am Rande eines Abgrunds entlang; es spielt mit Messern, es nähert sich dem Feuer, es hat keinen Begriff von der Gefahr, keine Vorrichtung für die Reaktion, keine Furcht. Das Kind ist ohne Furcht, weil ohne adaptive Vorrichtung, sodass es auch hier auf eine gewisse Weise *hilflos** ist, und dies, so könnte man sagen, in aller Unbekümmertheit; es braucht einfach fremde Hilfe und erkennt dies nicht einmal. Was zunächst alltägliche Beobachtung ist, kann nun durch Experimente zur Reaktion auf Gefahr wissenschaftlich erhärtet werden: So kann man das Verhalten des kleinen Kindes vor dem Abgrund mit demjenigen des Kükens einer Vogelart, die üblicherweise in den Löchern von Felswänden nistet, vergleichen. Man braucht nur eine vollkommen transparente Glasscheibe über ein Loch zu legen und dann das Subjekt daraufzusetzen: Das Baby wagt sich vor, als ob nichts wäre, während der Vogel sich weigert, über den Abgrund weiterzugehen. Ein

68 S. Freud: »Eine Kindheitserinnerung des Leonardo da Vinci«. In: GW VIII, S. 187f.

Beobachtungsexperiment ohne Aufwand, das in einem präzisen Punkt diese Unfähigkeit des Menschenjungen beweist, sich angesichts der Gefahr zu helfen oder sie überhaupt wahrzunehmen.

Die grosse Auseinandersetzung um die Realangst

Diese wesentliche Feststellung schreibt sich in den von Freud so bezeichneten »langen Streit« ein, in die große, seine ganze Theorie durchziehende Auseinandersetzung um die Priorität zwischen dem, was er *Realangst** und *Triebangst** nennt. Das heißt: Was entsteht beim Menschen als Erstes? Ist es eine »Realangst«, das heißt eine an eine reale Gefahr angepasste Furcht (die Realangst ist letztlich eine Furcht; bekanntlich umfasst *Angst** im Deutschen beides)? Oder ist es eine *Angst** in Reaktion auf die von innen kommende Triebattacke, das heißt eine »Triebangst«, eine Angst, die nicht einmal mehr eine »Reaktion auf« ist, die nicht *sekundär* ist gegenüber einer Gefahr, denn in der »Triebangst« gibt es keinen Abstand mehr zwischen Gefahr und Furcht, also der Wahrnehmung der Gefahr. Wenn es sich um den Trieb handelt, *ist* der Angriff der Gefahr *selbst* die Angst. Nun ist Freud unaufhörlich zwischen den beiden Auffassungen hin- und hergeschwankt, was er insbesondere in der *Übersicht der Übertragungsneurosen* in Erinnerung ruft. In diesem alten »Streit« gibt er sogar anfangs der »Triebangst« – ihrem Beliebtheitsgrad in der Psychoanalyse entsprechend – den Vorrang, die er hier mit einem anderen, ziemlich sinnverwandten Ausdruck als *Sehnsuchtangst** bezeichnet, was man mit »angoisse de désirance« übersetzen kann. Es wäre demnach unsere Tendenz, unsere (uns Psychoanalytikern eigene) Neigung, beim Menschen der Sehnsuchtangst den Vorrang vor der Realangst einzuräumen; dies weist ja genau in die Richtung dessen, woran wir gerade erinnert haben, an diese gewisse Schwäche des kleinen Kindes in Bezug auf die Gefahr: keine angeborene Kenntnis, keine instinktive Intuition für Gefahren zu haben.

Zitieren wir einige Passagen aus diesem Text:

> »An der infantilen Angst sehen wir nun, daß das Kind die Objektlibido im Falle der Unbefriedigung [das ist stets der Mechanismus des Überbordens

der Libido] in Realangst vor dem Fremden[69] verwandelt, aber auch, daß es überhaupt dazu neigt, sich vor allem Neuen zu ängstigen. Wir haben einen langen Streit darüber geführt, ob die Realangst oder die Sehnsuchtangst das Ursprünglichere ist, ob das Kind seine Libido in Realangst wandelt, weil es [sie] für zu groß, gefährlich erachtet, und so überhaupt zur Vorstellung der Gefahr kommt oder ob es vielmehr einer allgemeinen Ängstlichkeit nachgibt und aus dieser lernt, sich auch vor seiner unbefriedigten Libido zu fürchten. Unsere Neigung ging dahin, das erstere anzunehmen, die Sehnsuchtangst voranzustellen […].«[70]

Die psychoanalytische Waage neigt sich also unzweifelhaft zugunsten der Angst als innerem Vorgang: das dem Trieb ausgelieferte Ich. Und hier nun bringt Freud, ganz wie der Gallier der Geschichte, der sein Schwert in die Waagschale wirft, willkürlich alles in eine Richtung zum Kippen, indem er ein anderes Reales, eine andere »Realangst«, die der »Phylogenese«, hereinholt:

»Die phylogenetische Überlegung scheint nun diesen Streit zu Gunsten der Realangst zu schlichten und läßt uns annehmen, daß ein Anteil der Kinder die Ängstlichkeit des Beginns der Eiszeiten mitbringt und nun durch sie verleitet wird die unbefriedigte Libido wie eine äußere Gefahr zu behandeln.«[71]

Einmal mehr sucht Freud also Hilfe bei einer exogenen, *der Psychoanalyse äußerlichen Grundlage*: Hier ist es der Mensch der Eiszeit (der

---

69 Diese Theorie der Priorität der Triebangst ist sehr vollständig und wird in den *Vorlesungen zur Einführung in die Psychoanalyse* in Bezug auf die Angst des Säuglings im Dunklen und vor dem Fremden ausgeführt: Fälschlicherweise vertraut man dem unmittelbaren Schein, um an die manifeste Angst vor dem Fremden zu glauben; in Wirklichkeit ist es das Überborden der Angst vor dem Verlust der Mutter, welches sich schließlich auf den Fremden fixiert. Was wir durch den kleinianischen Standpunkt vervollständigen können mit: ... dem Fremden ..., der die schlechten Aspekte der Mutter übernimmt. In unseren eigenen Worten sagen wir: Das Ich des Kindes wird vom inneren Angriff seines Quellobjekts überschwemmt, der sich nicht mehr symbolisieren lässt. Die Realangst, die Angst vor dem Fremden, der da anstelle der erwarteten Mutter in den Raum tritt, ist nur eine Fixierung dieser Triebangst. Vgl. zu all dem *Problématiques I: L'angoisse*. Paris (PUF), 1980, S. 63–73 und »Une métapsychologie à l'épreuve de l'angoisse«. In: *Psychanalyse à l'université*, 4. Jg. Nr. 16, 1979, S. 707–722 [dt.: »Eine Metapsychologie – von der Angst auf die Probe gestellt«. In: *Die allgemeine Verführungstheorie*. Tübingen (edition diskord), 1988, S. 45–70].

70 *Übersicht der Übertragunsgneurosen*. Frankfurt/M. (S. Fischer), 1985, S. 38 (13) [GW Nachtragsband, S. 644]; in eckigen Klammern: Kommentare von J. L.

71 Ebd. [ebd., S. 645].

auf den Menschen des irdischen Paradieses folgt ...). Eine willkürliche Grundlage, die wir bereits beanstandet haben, die aber dennoch keine reine Rückkehr zum Instinkt ist: Der so erworbene Atavismus wäre in keiner Weise das Erlernen dieser oder jener präzisen Gefahr, was adäquate Reaktionen ermöglichen würde (wie die des kleinen Tieres), sondern im Gegenteil eine wahrhaft *pathologische* und *der Fehlanpassung dienende Erwerbung*: eine allgemeine Neigung zur Ängstlichkeit, bereit, »alles Neue« – das Erscheinen der »Sehnsucht« inbegriffen – als eine Gefahr aufzufassen und als solche zu behandeln.

Um den einen der Protagonisten der Ur- oder Grundsituation besser darzustellen, haben wir den exakten Sinn der *Hilflosigkeit** aufgreifen und dabei nebenher die Marionette Vorgeschichte austreiben müssen. Auch wenn das Kind nicht ohne gewisse adaptive Vorrichtungen und Fähigkeiten ist, die man allmählich richtig zu erkennen beginnt, bleibt grundsätzlich die *Hilflosigkeit** sein Los (ganz ohne Pathos ...); es muss notwendig der Andere einspringen, sowohl für die Befriedigung seiner Bedürfnisse als auch zur Abwendung der Gefahren, und dies bis hin zum Erlernen der Furcht, die bei ihm mangelhaft entwickelt ist; die Furcht wird erlernt und das im Wesentlichen nicht durch Erfahrung, sie wird beigebracht: Nicht, weil man ins Feuer gegriffen hat, hält man sich von ihm fern, sondern eben, weil man uns als erstes gesagt hat, nicht ins Feuer zu greifen.

Der Erwachsene als Protagonist

Kommen wir jetzt zu *dem anderen Protagonisten, dem Erwachsenen*. Bekanntlich spricht Ferenczi, um diese »Erwachsenenwelt« zu bezeichnen, von der »Sprache der Leidenschaft« und geht so, wie uns scheint, an der Hauptkoordinate, dem Unbewussten des Erwachsenen, vorbei. Freud vernachlässigt ebenfalls, bis auf seltene Ausnahmen, das Problem des Unbewussten des Erwachsenen oder allgemeiner des Anderen. Ausnahmen, die uns wie immer helfen, zwei davon jedoch besonders: »Das Tabu der Virginität«, bei welchem die Wahrnehmung des unbewussten Wunsches des Anderen, des Wunsches nach Kastration durch die Frau und durch die Mutter, die Basis des Tabus der Virginität bildet;

ein weiterer Text ist der *Leonardo*, worin sehr genau auf die Tatsache angespielt wird, dass die Mutter bei ihrem Kind mit allen ihren verdrängten Wünschen auftritt.

Die Dimension des Unbewussten

Ein Erwachsener also mit dieser Dimension des Unbewussten. Vergessen wir einen Augenblick jede Theorie über das Wesen des Unbewussten; nehmen wir die psychoanalytische Entdeckung diesseits ihrer Theoretisierungen, sei es die erste Topik mit der Verdrängung und dem System Ubw oder die zweite, komplexere Topik mit dem Es. Akzeptieren wir sogar vorläufig, und zwar allein zu dem Zweck, diese Situation einzurichten, eine antirealistische Auffassung des Unbewussten, eine von denen, die wir mehrfach ausführlich dargestellt haben, und wäre es nur, um sie infrage zu stellen, die eines Politzer, die der Phänomenologen oder, als modernerer Abkömmling, die von Schafer. Nehmen wir die psychoanalytische Entdeckung also da auf, wo man sie am besten beweisen oder vielmehr aufzeigen kann.

Auf welcher Stufe kann man die Psychoanalyse am ehesten »aufzeigen«, ohne Theorie? Ist es der Traum, der »Königsweg«? Beim Wiederlesen der *Vorlesungen zur Einführung in die Psychoanalyse* stellt man überrascht fest, dass die »Vorlesungen« nicht mit dem Traum, sondern mit den *Fehlleistungen** beginnen, was man durch »opérations manquées« übersetzen muss, wobei »opérations« die Fehlhandlungen [»actes *manqués*«], aber auch andere Handlungen [»actes«] umfasst, namentlich die sprachlichen Fehlleistungen, Versprecher oder Verschreiber. Freud beginnt also mit dieser beweiskräftigsten, wesentlichsten Fehlleistung, dem Lapsus, um uns daran zu erinnern, dass zum einen die *Leistung** selbst, bevor sie fehlgeht, etwas mitteilen will; aber auch und vor allem hat das Fehlgehen, das Missratene einen Sinn, und es transportiert stets Verdrängtes. Dieses Verdrängte kann in verschiedenen Tiefen liegen, wobei Freud drei Stufen unterscheidet, je nach Art und Weise, wie das Subjekt auf die Deutung des Psychoanalytikers reagiert: eine Stufe, auf der das Subjekt sogleich den Sinn akzeptiert, den man ihm vorschlägt, auch wenn es ihn für unangebracht hält; den Fall, bei dem man eine Arbeit leisten muss, damit dieser Sinn akzeptiert wird, und schließlich den Fall, bei dem der vom Psychoanalytiker gefundene Sinn vom Subjekt bedingungslos zurückgewiesen wird. Stufen, die den Tiefen der Verdrängung entsprechen; das Wesentliche aber ist, dass ein Sinn aufgedeckt wird, der demjenigen, der ihn mitteilt, in dem Moment, in dem er ihn mitteilt, nicht gegenwärtig ist. Der Mensch wird also als ein zu Lapsus und Fehlleistungen fähiges Wesen dargestellt. Und es wäre interessant, sich zu fragen, ob das Tier zu Fehlleistungen (im Freud'schen Sinne, versteht sich) fähig ist: Man weiß, man stellt sich vor, dass es des Traumes fähig ist, man nimmt Reaktionen wahr, die als Reaktionen auf einen Traum erscheinen können, und es wäre gleichermaßen interessant zu beobachten, von welchem Zeitpunkt an ein Kind eine Fehlleistung zeigen kann. Die Fehlleistung bezeugt also, dass es »Unbewusstheit«[72] gibt, es gibt Botschaften, die das Subjekt zurückweist oder nicht als solche (an)erkennen kann.[73]

Das *Ursprüngliche* ist also ein Kind, dessen vorhandene, aber unvollkommen, schwach ausgebildeten adaptiven Verhaltensweisen ganz und gar bereit sind, sich ablenken zu lassen, und ein ablenkender Erwachsener, ablenkend in Bezug auf jede die Sexualität betreffende Norm (Freud beweist das in aller Breite in den *Drei Abhandlungen zur Sexualtheorie*), und ich werde sogar behaupten, ablenkend in Bezug auf sich selbst, in seiner eigenen Spaltung. Zu ergänzen ist die Nuance, dass, weil das Kind im Erwachsenen gegenwärtig bleibt, dieser Erwachsene in Gegenwart des Kindes besonders ablenkend sein wird; er wird zur Fehlleistung, ja zum Symptom neigen in dieser Beziehung zu diesem anderen Er-Selbst, diesem Anderen, der er selbst gewesen ist; die Gegenwart des Kindes ruft das Infantile in ihm hervor. Die Urbeziehung entsteht folglich gleichzeitig auf zwei Ebenen: eine vitale, offene, reziproke Beziehung, die man zu Recht als interaktiv bezeichnen kann, und eine Beziehung, in der das Sexuelle einbezogen ist, in der die Interaktion keine Geltung mehr hat, weil die Waagschalen ungleich sind; beim Menschen sind Aktion und

72 Oder, wie ein Roy Schafer in seinem terminologischen Kreuzzug gegen jeden Substantialismus sagen würde, »unbewusst«, rein adverbial begriffen und verwendet.

73 Es ist uns wichtig, zunächst einmal die Situation zu beschreiben, ohne vorweg über die Theorie des Unbewussten zu urteilen, weil wir hoffen, die Theorie des Unbewussten am Ende der Beschreibung wiederfinden zu können, aber dieses Mal in einem stärker topischen und realistischen Sinne. Vgl. weiter unten: »Postskriptum: Die Natur des Unbewussten«.

Reaktion nicht immer gleich, wie die Physik es vorgibt; hier gibt es einen Verführer und einen Verführten, einen Ablenker und einen Abgelenkten, von den natürlichen Wegen abgebracht: »la Traviata«, »die Abgelenkte«, »die vom Weg Abgebrachte«, »die Verführte«.

3. Von der eingeschränkten zur Allgemeinen Verführungstheorie

Wir sind im Zentrum dieser »neuen Grundlagen für die Psychoanalyse« angekommen, *der Verführung als dem wesentlichen generierenden Faktum* in der Psychoanalyse, generierend auf verschiedenen Stufen: auf der ersten Stufe, der Stufe der Kindheit, aber generierend gleichermaßen in der psychoanalytischen Praxis. Wir werden diese besser definieren müssen, aber hierfür ist ein wenig Geschichte des Freud'schen Denkens notwendig, eine schematische und sehr großformatige Geschichte, da unser Ziel die gegenwärtige Grundlegung der Psychoanalyse ist.

Die Verführung ist im Denken Freuds und im zeitgenössischen Denken stets die Verbindung zwischen einer *Faktizität*, Tatsachen, einer Wirklichkeit, und andererseits einer gewissen, an diese Tatsachen gebundenen *Theoretisierung*, wobei im Übrigen beide in ihren Fortschritten wie in ihren Ausblendungen sehr inniglich miteinander verflochten sind. Wir schlagen eine Tabelle vor, um das verständlich zu machen.

Freud einordnen

Die mittlere Spalte ist auf gewisse Weise der gesamte Freud, und es ist offensichtlich etwas gewagt, dieses ganze Denken unter das Kapitel der Verdrängung einzuordnen; dennoch hindern die Zwänge der Verdrängung nicht das Existieren und noch weniger das Voranschreiten. Wenn ich bei dieser Gelegenheit eine trotz allem negative Einschätzung abgebe, dann um Folgendes zu präzisieren: Bei der Annäherung an jeden großen Autor (nicht nur Freud), dessen Denken, ja Herkunft man verfolgt, gibt es in jedem von uns zwei sich abwechselnde Tenden-

21. September 1897 | 1964–1967

Faktizität Infantile Verführung	Frühzeitige Verführung	Urverführung
Theorie		
Eingeschränkte Verführungstheorie:	*Verdrängung der Theorie mitsamt Zersplitterung:*	*Allgemeine Verführungstheorie:*
Zeitlicher Aspekt	– Wird isoliert gehalten (die Nachträglichkeit)	– Zeitlicher Aspekt
Topischer Aspekt	– entwickelt sich separat (die Topiken)	– Topischer Aspekt
Sprachlicher, übersetzerischer Aspekt	– Verschwindet	– Sprachlicher Aspekt (Metabole)
	– Herunterbrechen und Vermischung der Ebenen (Selbsterhaltung und Sexualität)	
	– Ersatzbildungen: Biologismus des Triebes Phylogenese der Phantasien	
Theorie der Kur (vollkommene Beherrschung des Unbewussten durch das Bewusste)	– Theorie der Kur (die Übertragung als Illusion)	– Theorie der Kur (Transzendenz der Übertragung)

zen. Entweder man weist diesem Autor seinen Platz zu und nur diesen Platz, womit ihm auf eine gewisse Weise Gerechtigkeit getan wird, aber gleichermaßen Unrecht, da man ihn ein wenig auf das festlegt, was er gesagt hat; die andere Tendenz ist die, ihn von den fortschrittlichsten Elementen seines Denkens oder von denen her, die man dafür hält, weiter zu entfalten. Diese zweite Einstellung ist im Allgemeinen meine eigene: Die meiste Zeit nehme ich Freud, wenn ich ihn kommentiere, von seiner besten Seite, um zu versuchen, mich durch ihn inspirieren zu lassen. Eben deshalb halte ich es jedoch umgekehrt für gerechtfertigt, ja für unverzichtbar, ihn von Zeit zu Zeit in einer Bewegung zu fixieren, die seine ist und die er wirklich so gewollt hat, denn schließlich hat er ja selbst die Aufgabe der Verführungstheorie für sich beansprucht.

Diese von uns aufgestellte Tabelle erlaubt den Verzicht auf einen vollständigen Kommentar, da der mittlere, von uns als »Verdrängung der Theorie« betitelte Teil weitgehend den Stoff unseres ersten Teils »Kathartikon« ausmacht. Wir werden zunächst, ohne die Arbeit eines Historikers betreiben zu wollen, auf den ersten Flügel des Triptychons eingehen, das heißt auf das, was wir eingeschränkte Theorie der Verführung nennen, um anschließend der Bewegung zu folgen, die von der infantilen Verführung zur frühzeitigen Verführung und zur Urverführung führt, das heißt der Herkunftslinie der Faktizität, und schließlich den rechten Teil entwickeln, der mir der gegenwärtige Beitrag zu sein scheint.

Die infantile Verführung: Szenen einer vorzeitigen sexuellen Erfahrung

Die Freud'sche Theorie der eingeschränkten Verführung: Stärke und Schwäche der Theorie der eingeschränkten Verführung. Diese Stärke wie auch diese Schwäche beruhen auf einer engen Verwobenheit zwischen der Faktizität der Verführung und den Komplexitäten der Theorie: Wenn von diesem Gewebe einige Maschen aufgehen, kann alles in Auflösung geraten. Die in dieser Epoche festgehaltene »Faktizität« bezeichne ich als »infantile Verführung«, die sich in »Szenen« konkretisiert, die dank der analytischen Methode wiedergefunden, rekonstruiert, wieder erinnert werden können. Doch bekanntlich lässt es sich

Freud weder in dieser Periode noch selbst später nehmen, die intra-analytische Wiedererinnerung mit aus der Umgebung bezogenen Informationen in Übereinstimmung zu bringen und mitunter eine wahrhaftig objektive Untersuchung durchzuführen. All die Freud'schen Schriften aus dieser Zeit sind gespickt mit Beispielen von diesen Erlebnissen sogenannter »vorzeitiger sexueller Erfahrung«,[74] in denen ein mehr oder weniger junges Kind passiv mit einem Hereinbrechen der Erwachsenensexualität konfrontiert ist. Das Kind, um das es bei dieser Verführung geht, die wir als »infantil« definieren, ist stets in einem Zustand sogenannter Unreife, Unfähigkeit, einem Ungenügen gegenüber dem, was ihm widerfährt. Freud lässt in einigen seiner Texte diese Erinnerungen bis ins zweite Lebensjahr zurückreichen,[75] doch geht es dabei nicht um reine Chronologie, sondern vor allem um zeitliche Verschiebung. Eine solche zeitliche Verschiebung ist das eigentliche Terrain des Traumas. Man kann ansatzweise den Vergleich mit der traumatischen Neurose des Erwachsenen herstellen, bei dem das Wesentliche des Traumas mit dem zufälligen Charakter des Unfalls zusammenhängt, also mit der Tatsache, dass das Subjekt nicht darauf vorbereitet ist: Nun, die mangelnde Vorbereitung des Kindes ist grundsätzlich synonym mit seiner *Hilflosigkeit** oder auch, wie sich Freud hier ausdrückt, mit einem gewissen infantilen Zustand der psychischen Funktionen wie auch des Sexualsystems. Was eintritt, der Unfall, das Ereignis, erscheint genau wie bei der erwachsenen traumatischen Neurose als willkürlich. Die Unreife oder auch, um Freud zu zitieren, »die dem Kindesalter anhaftende sexuelle Impotenz«,[76] wird ganz naturgemäß eine Beurteilung mit Blick auf eine Art Entwicklungsskala erfordern, die durch Schwellen getrennte Etappen beinhaltet: Stufen somatischer Reaktion, Stufen affektiver Reaktion und Stufen psychischen, intellektuellen oder phantasmatischen Verstehens, all das bildet eine Einheit. Das Kind kann das, was ihm widerfährt, in seiner psycho-somato-affektiven Ganzheit adäquat integrieren – oder es kann dies nicht. Als Vorbild für diese Schwellen, als Hauptschwelle, fungiert die pubertäre Schwelle, also eine

---

74 »Zur Ätiologie der Hysterie«. In: GW I, S. 439.

75 Ebd., S. 449.

76 Ebd., S. 452.

späte Etappe im Verhältnis zu dem, was in der Psychoanalyse später beschrieben werden wird, die aber dennoch andere Schwellen und offenkundig den späteren Grundbegriff Phase vorzeichnet. Folglich ist das »Präsexuelle«, um das es geht, ein »Prä-«, ein ebenso absolutes wie relatives »Vor«: das, was »vor« einem gewissen möglichen Verstehenstypus kommt; und es gibt mehrere mögliche »Präsexuelle«, die den verschiedenen Etappen der kindlichen Entwicklung entsprechen.

Immer der Erwachsene und pervers

Das zweite wesentliche Element dieser Szenen ist, dass der unerlässliche Partner der Verführung der *Erwachsene* ist. Es ist wichtig zu sehen, wie Freud die Fälle behandelt, in denen als scheinbare Ausnahme von dieser Regel die wieder erinnerte sexuelle Szene zwischen zwei Kindern oder zwei Heranwachsenden auftritt. Regelmäßig will Freud hinter diesen Szenen zwischen Kindern zu archaischeren Szenen gelangen, bei denen eines der beiden Kinder (und mitunter auch beide) der »Infektion« (genau dieses Wort gebraucht er) durch den Erwachsenen ausgesetzt war[77]: »Wo sich das Verhältnis zwischen zwei Kindern abspielt, bleibt der Charakter der Sexualszenen doch der nämliche abstoßende, da ja jedes Kinderverhältnis eine vorausgegangene Verführung des einen Kindes durch einen Erwachsenen *postuliert.*«[78]

Der Erwachsene ist freilich nicht irgendein Erwachsener: Es ist ein *perverser* Erwachsener. Dies im eigentliche Sinne, in dem doppelten, später von den *Drei Abhandlungen zur Sexualtheorie* untermauerten Sinne, das heißt abweichend in Bezug auf das Objekt wie auch in Bezug auf das Ziel. Abweichend in Bezug auf das Objekt, eben weil er pädophil, ja inzestuös ist, und abweichend in Bezug auf das Ziel, denn: »Von Personen, die kein Bedenken tragen, ihre sexuellen Bedürfnisse an Kindern zu befriedigen, kann man nicht erwarten, daß sie an Nuancen in der Weise dieser Befriedigung Anstoß nehmen [...].«[79] Die ganze

77 Ebd., S. 445. Zuweilen verwendet er auch den Ausdruck *Übertragung**.
78 Ebd.; Hervorhebung durch J. L.
79 Ebd.

Passage, der dieses Zitat entnommen ist, beschreibt auf eine Art, die auch ein Nabokov nicht ablehnen würde, den »grotesken«, »abstoßenden«, »ungehörigen« und »tragischen« Charakter dieser sexuellen Beziehungen innerhalb eines »ungleichen Paar[es]«. Bis zur vollständigen Abkehr von seiner Theorie (September 1897) wird Freud sich von dem perversen Charakter des von ihm schematisch »Vater der Hysterischen« Genannten nicht abbringen lassen. Die inkriminierten Szenen werden offen als pathologisch beschrieben, und dieser *pathologische* Charakter der Szenen wird durchaus etwas mit den Sackgassen zu tun haben, in welche Freuds Denken geraten wird. Mit anderen Worten, vergessen wir nicht, dass die *Drei Abhandlungen*, auf die wir uns bezogen haben, zu dieser Zeit noch nicht in Sicht sind; erst die *Drei Abhandlungen* rücken den Begriff der Perversion an seinen Platz, indem sie nachweisen, dass *die Gesamtheit der Sexualität* sich, wenn nicht unter dem Titel der klinischen Perversion, so doch zumindest unter dem Zeichen des Fehlens eines vorgegebenen Ziels und Objekts entwickelt, das heißt auf einer Irrfahrt, die erst am Ende zur sogenannten genitalen Sexualität finden wird. Unsicherheit und Austauschbarkeit der Ziele, Fremdheit und Unerreichbarkeit des »verlorenen« Objekts, das ist das eigentliche Thema der *Drei Abhandlungen*, doch unglücklicherweise (die Geschichte des Denkens ist so gestrickt) kommt dem »Vater der Hysterischen« diese Sichtweise, die ihn in die Allgemeinheit der menschlichen Entwicklung eingereiht hätte, nicht zugute.

Verkettung der Szenen

»Ein oder mehrere Erlebnisse«, erklärt Freud, doch verknüpfen praktisch alle seine klinischen Beispiele *mehrere* Erlebnisse, mehrere Szenen, die perspektivisch miteinander zu tun haben, in der Zeit aufeinanderfolgen, vor allem aber einander symbolisieren. In dieser Inter-Symbolisierung der Szenen lässt sich mit Sicherheit auf den ersten Blick ein im Allgemeinen analoger Aspekt herausheben: Die Szenarien können sich ähneln, einander aufrufen; aber es ist wichtig zu sehen, dass über diese allgemeine Analogie hinaus zwischen den Szenen ein komplexerer Metabolismus skizziert wird, Element für Element, exakt von der Art, wie Freud ihn beispielsweise zwischen dem Traum und seinen latenten Gedanken, möglicherweise auch zwischen dem Traum und einer am Vortag erlebten Szene herausstellen wird. Das im *Entwurf einer Psychologie* anhand des Falls Emma konkret skizzierte Schema ist von derselben Art wie die für den Traum vorgelegten Schemata. Selbstverständlich sind wie für den Traum allgemeine Analogien möglich, doch wesentlich sind äußerst komplexe Punkt-für-Punkt-Beziehungen, bestehend aus Kontiguität, Ähnlichkeit und Differenz, die sich miteinander verknüpfen.

Hinter einer Szene zeichnet sich also eine weitere ab, die eine dritte erahnen lässt und den »Forschertrieb« stimuliert, der Freud beseelt. Da wird er nun weiter von Szene zu Szene verwiesen bis hin zu einer unwahrscheinlichen ersten Szene, einer wahren Urszene; und genau diese Unwahrscheinlichkeit oder dieses Fehlen der einen Szene, die endlich den Schlüssel zu allem Weiteren liefern würde, wird im Moment der Krise von 1897 das entscheidende Argument bilden. Begnügen wir uns fürs Erste damit, die sichtliche Aporie der unbegrenzten Verweisung von einer Szene zur anderen in einer Symbolisierungsbeziehung ohne Ende festzuhalten: ἀνάγκη στηναι.[80]

Die wesentliche Passivität des Kindes

Das letzte Merkmal dieser Faktizität der infantilen Verführung ist das wesentlichste, denn es definiert die Verführung selbst: Es ist das *Passivitäts*verhältnis, die Passivität des Kindes gegenüber dem Erwachsenen. Der Erwachsene ist es, der in den von Freud beschriebenen Szenen die Initiative ergreift; er unternimmt die Vorstöße in Worten oder Gesten: Die Verführung wird als Aggression, Einbruch, Eindringen, Gewalt beschrieben. Doch muss diese umfassende Behauptung von der erwachsenen Aktivität und infantilen Passivität auf mehrerlei Weise und gerade in Abhängigkeit von der zeitlichen Verkettung der Szenen nuanciert

80 Es handelt sich um den Leitsatz von Aristoteles »Einhalt ist geboten«, der auf die Notwendigkeit hinweist, zu einer ersten Ursache zu gelangen, hinter welcher kein weiteres, unendliches Zurückgehen mehr erforderlich ist. Keine Erkenntnis ist ohne eine Festlegung der Grenzen möglich (A.d.Ü.).

werden. Die erste wichtige Nuance (sie gehen alle in dieselbe Richtung) besteht darin, dass Freud der Hysterie, bei der die Passivität des Kindes auf Anhieb in den Erinnerungen klar zu erkennen sei, die Ätiologie der Zwangsneurose gegenüberstellt, bei welcher es sich »nicht mehr um sexuelle Passivität [handelt], sondern um mit Lust ausgeführte Aggressionen und mit Lust empfundene Teilnahme an sexuellen Akten, also um sexuelle Aktivität«.[81] Wenn man da stehen bliebe, wäre die Theorie der Verführung nur für die Hysterie gültig, im Widerspruch mit der Zwangsneurose, die sich auf Szenen mit Aktivität aufseiten des Kindes gründen würde. In Wirklichkeit löst sich der Gegensatz sehr schnell auf; es handelt sich für Freud nur um eine Scheinsymmetrie: Infantile Passivität und infantile Aktivität verteilen sich nicht zu gleichen Teilen zwischen den beiden großen Neurosen, denn die in der Kindheit des Zwangsneurotikers wiedergefundene Aktivität *hebt sich stets* vor dem Hintergrund einer älteren und passiven Erfahrung *ab*. Wenn man von der durch den Zwangsneurotiker in den Vordergrund gerückten aktiven Szene (so muss man es wohl sagen) weiter zurückgeht, findet man die begründende passive Szene wieder: »Ich habe übrigens in all meinen Fällen von Zwangsneurose einen *Untergrund von hysterischen Symptomen* gefunden, die sich auf eine der Lusthandlung vorhergehende Szene sexueller Passivität zurückführen ließen.«[82]

Gehen wir noch weiter in dieser Verkettung der Szenen, denn dass im weiteren zeitlichen Fortschreiten die Aktivität die Passivität überflügelt, bleibt nicht allein dem Zwangsneurotiker vorbehalten. An mehr als einer Erinnerung, in der das Subjekt vorgibt, passiv verführt worden zu sein, lässt sich zeigen, dass es von seiner Seite eine Provokation gab. Wer verführt wen? Das ist nicht so offensichtlich, und die Frage läuft Gefahr, in den Mäandern gegenseitiger oder gar sich spiegelnder Interaktionen verloren zu gehen. Und ist es letztlich nicht das Hauptargument, welches gegen die Verführungstheorie angeführt werden wird, dass es sich dabei um vom Kind geschmiedete Phantasien handelt mit dem Ziel, seine eigenen ödipalen Wünsche, also seine eigenen aktiven Triebe zu verbergen? Im Freud'schen Denken jedoch, zumindest zu jener Zeit, klärt sich

81 »Weitere Bemerkungen über die Abwehr-Neuropsychosen«. In: GW I, S. 385f.
82 Ebd., S. 386.

alles anders auf: Zwar werden die aktiven Wiederholungen der Szenen tatsächlich erkannt, aber sie sind stets sekundär im Verhältnis zu einer Erfahrung, in welcher das Zufällige, das Unerwartete, also wiederum der traumatisierende Aspekt und die Passivität dominieren. Um unseren Vergleich mit der traumatischen Neurose des Erwachsenen wiederaufzunehmen: Genauso wie das von einer Unfallneurose betroffene Subjekt anschließend in seinen Träumen das Trauma wiederholt, genauso wird das Kind, in der Auffassung der Verführung ‚veranlasst, die Szenen aktiv zu wiederholen, sogar zu den konkreten Orten der ersten Kränkung zurückzukehren, wie man das im Fall Emma aus dem *Entwurf einer Psychologie*[83] sieht. Je mehr man in der Zeit vorankommt, desto aktiver ist das Subjekt und desto mehr kehrt es zu denselben, physischen oder psychischen, Orten zurück, um das Trauma wieder zu erleben, wieder zu bearbeiten.

Diese Beschreibung der Szenen infantiler Verführung läuft bereits, wie man sieht, auf das hinaus, was man Verführungstheorie nennt und was ich als *eingeschränkte Theorie* charakterisiere. Sie wird sich in drei Registern entwickeln: dem zeitlichen, topischen und »übersetzerischen«, die ich hier nur kurz in Erinnerung rufe. Sie ergänzen sich gegenseitig.

Die Theorie: Zeitlicher Aspekt, die Nachträglichkeit

Der *zeitliche Aspekt* der Theorie der Verführung ist – zumindest hoffen wir das – eine Errungenschaft der Psychoanalyse geblieben: Das ist die sogenannte Theorie der Nachträglichkeit, des zweizeitigen Traumas. Diese Theorie postuliert, dass sich nichts ins menschliche Unbewusste einschreibt, was nicht zumindest zu zwei voneinander in der Zeit durch ein Moment des Wandels getrennten Erlebnissen Bezug hat, wodurch das Subjekt anders als beim ersten Erlebnis oder vielmehr anders auf die Erinnerung des ersten Erlebnisses reagieren kann, als es auf das Er-

83 In: GW Nachtragsband, S. 445–448; vgl. insbesondere auch J. Laplanche: *Vie et mort en psychanalyse*. Paris (Flammarion; coll. »Champs«), 1977, S. 64ff. [dt.: *Leben und Tod in der Psychoanalyse*, übersetzt von Peter Stehlin. Olten, Freiburg (Walter), 1974; Frankfurt/M. (Nexus), 1985, S. 61ff.].

lebnis selbst reagiert hat. Die erste Zeit wird von Freud *Schreck** oder Schreckneurose genannt, sie konfrontiert das unvorbereitete Subjekt mit dieser hochbedeutsamen sexuellen Aktion, deren Bedeutung aber nicht assimiliert werden kann. Im Wartestand belassen ist die Erinnerung an sich selbst weder pathogen noch traumatisierend. Sie wird es erst durch ihre Wiederbelebung anlässlich einer zweiten Szene, die mit der ersten in assoziative Resonanz tritt. Doch aufgrund neuer Reaktionsmöglichkeiten des Subjekts wird nun die Erinnerung selbst und nicht etwa die neue Szene als Quelle traumatisierender Energie, als auto-traumatisierende Quelle fungieren. Somit zeigt diese zweizeitige Theorie, dass jedes Trauma nur eine pathogene Wirkung [»action«] hat, weil es *auto-traumatisch* wird.

Topischer Aspekt

Diese auto-traumatische Zeit findet ihren Ausgang nicht in einer Erledigung oder einer normalen Verarbeitung, sondern in einer »pathologischen Abwehr« (»Verdrängung« genannt, was zu jener Zeit für Freud dasselbe ist), und dies aus Gründen, die mit dem *zweiten, topischen Aspekt* des Vorgangs zusammenhängen. Die Topik ist hier das Terrain für eine wahrhaftige Strategie, im kriegerischen Sinne des Ausdrucks, mit Angriffen und Gegenangriffen. Das Individuum wird angesichts dieser Abfolge von Erlebnissen von zwei Arten von Not, Verzweiflung oder Entwaffnung heimgesucht: Während der ersten Attacke, der vom Erwachsenen kommenden externen Attacke, der ersten sexuellen Szene, hat es nicht die Mittel zu einer adäquaten Abwehr, hat es keine Waffen, keine Schlagfertigkeit, und kann bestenfalls den Feind an Ort und Stelle blockieren, die Erinnerung einkapseln, sie aber nicht verdrängen. Dagegen hat es in der zweiten Zeit durchaus die Mittel, dem zu trotzen, das heißt zu verstehen, was geschieht, aber es findet sich in einen wahren strategischen Krieg verwickelt, auf seiner unbewaffneten Front, das heißt von innen angegriffen, attackiert von einer Erinnerung, nicht von einem Erlebnis. Offensichtlich muss man zwischen beiden Zeiten das Erscheinen des *Ichs* ansetzen – was Freud erst auf bloß summarische, aber eindeutig erkennbare Weise tut; denn dieses Schwenken zur inneren Schranke lässt sich erst von dem Moment an erfassen, in dem sich das Subjekt als Totalität, das Individuum als Totalität durch sein entstehendes Ich vertreten findet: Als inneren Reizschutz gibt es nur den des Ichs.

Man erfasst, wie genial diese Theorie ist, welche sich über sämtliche Mischungsverhältnisse, die man in der Folge zwischen exogenen und endogenen Faktoren zu beschreiben suchen wird, hinwegsetzt. Hier ist alles exogen und endogen zugleich, denn die gesamte Wirkung entstammt der Zeit der endogenen Reaktivierung einer Erinnerung, die im Übrigen offensichtlich vom realen äußeren Ereignis herrührt. Aber dieser topische Aspekt, *die einzige radikale metapsychologische Lösung für die endlosen metaphysischen Fragen über das Äußere und das Innere*, wird in Wirklichkeit nur durch eine Entwicklung der Theorie des Ichs und seiner Peripherien begründet werden können, die hier nur in Andeutungen vorhanden ist.

Sprachlicher, übersetzerischer Aspekt

Schließlich entwickelt sich neben diesen zeitlichen und topischen Gesichtspunkten die Verführungstheorie auf einer Ebene, die wir sorgsam von der linguistischen unterscheiden: der sprachlichen und übersetzerischen Ebene. Dies ist sicherlich nur eines der Momente des Freud'schen Denkens, es ist sogar eines der von ihm nicht veröffentlichten Momente, da es sich im Wesentlichen um den Brief an Fließ vom 6. Dezember 1896 handelt, der die Abfolge der Szenen ordnet und ihre Beziehungen untereinander einer Umschrift und einer Übersetzung gleichsetzt, der die Verdrängung an die Schranke setzt, die zwei psychische Epochen trennt, und diese Verdrängung mit einem partiellen Ausfall von Übersetzung gleichsetzt. Etliche Punkte sind in diesem Brief 52[84] noch in Andeutungen belassen, insbesondere die Beschaffenheit einer ersten Niederschrift eines »Wahrnehmungszeichens« im Menschenkind.[85]

---

84 Nach der neuen Zählung der vollständigen Veröffentlichung der Briefe von Freud an Fließ ist es der Brief Nr. 112 (A. d. Ü.).

85 Vgl. weiter unten, S. 163f.

Stärke und Öffnungen der Theorie

Insgesamt weist diese Freud'sche Theorie aus der Zeit vor dem September 1897, die »eingeschränkte Verführungstheorie«, sowohl eine große Stärke als auch Schwachstellen auf. Ihre Stärke besteht in der engen Verflechtung zwischen der Theorie und den Gegebenheiten der analytischen Erfahrung: Es ist eine eng mit der Erfahrung verwobene Theorie. Sie besteht darin, dass die drei Faktoren der analytischen Rationalität bereits eine entschiedene und fortan unüberschreitbare Rolle spielen: die Zeitlichkeit der Nachträglichkeit, die Topik des Subjekts und die übersetzerischen oder interpretativen Verbindungen zwischen den Szenarien oder den Szenen. Sie besteht im Erklärungsvermögen des Modells, das sich zumindest auf das Feld der Psychopathologie weitgehend umsetzen und ausdehnen lässt. Sie besteht im Entwicklungsvermögen des Modells, was wir im Vorübergehen als »Andeutungen« für zukünftige Entwicklungen bezeichnet haben: Andeutungen des Ichs, Andeutungen der übersetzerischen Theorie.

Schwachstellen: Beschränkung auf das Psychopathologische

Schwachstellen dagegen sind dort, wo eine »eingeschränkte« Theorie Gefahr läuft, sich selbst in einer restriktiven Auffassung zu blockieren. Es lassen sich mehrere solche Stellen entdecken, welche für einen Bruch prädestiniert sind und die denn auch im Moment der alles zerreißenden Revision vom 21. September 1897 zu einem solchen führen. Zunächst einmal wird auf der Seite der Szenen das Wesen des *Verführungsphänomens* nicht hinterfragt: Die Auffassung beschränkt sich auf die Ebene der manifestesten Psychopathologie, das heißt auf die perversen Beziehungen im klinischen Sinne des Wortes zwischen einem Erwachsenen und einem Kind. Folglich wird sich Freud, zu Recht könnte man sagen, mit dieser klinischen Auffassung von der perversen Beziehung im Sinne der psychopathologischen Perversion zu einer statistisch ansetzenden Fragestellung veranlasst sehen: Wir stoßen im klinischen Alltag auf eine Vielzahl von Hysterikerinnen; für das Entstehen einer Hysterikerin braucht es einen perversen Vater; andererseits jedoch reicht ein perverser Vater für das Entstehen einer Hysterikerin nicht aus, es braucht dazu noch weitere Faktoren; man müsste folglich für die statistische Entstehung *einer* Hysterie auf zwei, drei, *n* perverse Väter stoßen können. Dieser recht einfach gestrickten Infragestellung wird man nicht entgehen können, wenn man sich auf den psychopathologischen Aspekt der faktischen Verführung und der väterlichen »Perversion« beschränkt.

Apophantische Illusion

Ebenso und weitergehend wird, immer noch in Bezug auf die tatsächliche Verführung, die Art der hier zur Diskussion stehenden Faktizität oder genauer der in der analytischen Untersuchung angestrebte Modus der Realität schlecht erfasst: Wenn die analytische Untersuchung eine Szene durch eine andere deutet, wenn die Szenen einander übersetzen und wenn es keinen anderen Sinn zu erkunden gibt als denjenigen, den eine erste Szene freilegen würde, die selbst ganz im Sinne der Mysterien apophantisch wäre, dann wird man offensichtlich niemals bei dieser verborgenen, vollständig offenbarenden Szene ankommen, die ihren ganzen Sinn in sich selbst verschlossen hält, ohne mehr auf anderes zu verweisen; sodass die Suche nach der ersten Szene, die den ganzen Sinn der Sequenz liefert, nur unendlich und enttäuschend sein kann. Zur Diskussion steht also die Frage, wonach in der analytischen Untersuchung geforscht wird.[86]

Fehlende Ahnung vom Urverdrängten

Auf der Seite der Theorie diesmal und nicht mehr bloß der Faktizität findet man dasselbe scheinbar starre Festhalten; das aufgestellte Modell,

86 Diese Frage der unendlichen Verweisung der analytischen Kur wird weder durch eine »realistische« Position noch durch die Untersuchung der Phantasievorstellung entschieden. In beiden Fällen ist der Analysand angesichts einer sich konklusiv verstehenden Offenbarung (»deshalb ist Ihre Tochter stumm« [= geflügeltes Wort aus Molières *Le médecin malgré lui*, Akt II, Szene IV, in dem eine lange, pseudowissenschaftliche Erklärung des Arztes mit diesem Satz endet; A.d.Ü.]) im Recht zu sagen, sich zu sagen: »Und nun?«

so kohärent es sein mag, verfolgt das Ziel, die Psychopathologie und allein sie zu erklären. Pathologische Abwehr, Verdrängung und Unbewusstes gehören derselben Einheit an, einer Einheit, deren Auflösung sich umgekehrt die Kur zum Ziel setzen würde, wobei das Unbewusste als psychopathologisch und durch die Psychoanalyse reduzierbar begriffen wird. Die Idee eines »normalen« Unbewussten, eines, ungeachtet dessen, was man ihm abringen kann, irreduziblen Unbewussten, das Postulat einer Urverdrängung, die durch die Verführungstheorie selbst erklärt werden könnte, all das ist noch außer Reichweite. So musste die verrückte Hoffnung auf »volle Erfolge«, auf die Aufdeckung des »Geheimnis[ses] der Jugenderlebnisse« oder noch darauf, »daß das Unbewußte [...] den Widerstand des Bewußten überwindet«[87], auf eine Enttäuschung hinauslaufen: Aber diese führt kurzerhand dazu, dass die Theorie auseinanderfällt, obgleich das Verhältnis der Theorie und der Tatsachen durch ihre gemeinsame Vertiefung radikal hätte erneuert werden können. Denn schließlich wurde nur ein partieller und beschränkter Aspekt der Faktizität herangezogen, um eine ihrerseits zu sehr eingeschränkte Theorie zurückzuweisen, wo doch die Diskussion von 1897 auf eine dialektische Umgestaltung, auf eine zweifache Verallgemeinerung, wie man sie in der Geschichte der Wissenschaften beobachtet, hinauslaufen kann.

Die Periode der Verdrängung

Ich gehe nun weiter zu dem, was ich die »Allgemeine Verführungstheorie« nenne, einem Programm, das ich unserer derzeitigen Periode zuordne, wenn man es sehr genau nimmt, nach 1964–1967. Aber ich kann die dazwischen liegende Periode nicht ganz stillschweigend übergehen, da es eine Periode von 70 Jahren ist, die quasi die gesamte Erfindung der Psychoanalyse abdeckt. Ich charakterisiere diese Periode als eine *Periode der Verdrängung*, insoweit sich dieser Ausdruck Verdrängung auf ein Denken, nämlich das Freud'sche, anwenden lässt. Eine solche Charakterisierung kann einen zumindest deskriptiven Wert haben, wenn es sich um das Denken *eines einzelnen Menschen* handelt, der nun wahrlich der Schöpfer des analytischen Denkens ist. Ich würde nicht behaupten,

87 Brief an Fließ vom 21. September 1897.

dass es bei den anderen Autoren, Schülern oder Erben, Verdrängung gäbe, aber eine Art Schweigen, Vergessen oder Zensur, ausgelöst durch die Optionen des Meisters – außer bei Ferenczi, auf den wir werden zurückkommen müssen. Wenn man Grinsteins *Index of Psychoanalytic Writings* heranzieht, der sehr genau diese Periode bis ins Jahr 1969 abdeckt, wird man unter dem Stichwort »Verführung« auf insgesamt vier Artikel von ganz und gar unbekannten Autoren verwiesen, die zudem in nicht-psychoanalytischen Zeitschriften veröffentlicht wurden. Einer von ihnen, den wieder auszugraben interessant sein könnte, trägt den Titel »Freuds ›Verführungstheorie‹: eine Rekonstruktion« und ist in einem zumindest spezialisierten Periodikum erschienen: der *Zeitschrift für die Geschichte der Verhaltenswissenschaften*.[88] Die anderen können, nach ihren Titeln beurteilt, als von rein psychopathologischem Interesse angesehen werden, da sie sehr spezielle Fragen aufwerfen, wie die Verführung von Kindern durch Dienstboten oder den Einfluss der Verführung auf die Kriminalität.[89]

Zerfall der Theorie

Bei Freud selbst erleidet die Verführungstheorie im Anschluss an 1897 einen wahrhaften Zusammenbruch, der damit beginnt, dass sie zerstückelt, auseinander genommen, unleserlich gemacht wird, bevor anschließend die übrig gebliebenen Elemente verdrängt und danach auf sekundäre Weise bis zur Unkenntlichkeit bearbeitet werden. Das Schema dafür legen wir im Mittelteil unserer Tabelle [S. 136] vor. Jedes Element der Verführungstheorie erleidet also ein unterschiedliches Schicksal, entwickelt sich unabhängig, indem es sich unter Umständen einen anderen Kontext sucht. So ist der als »zeitlich« bezeichnete Aspekt der Theorie, der Aspekt der Nachträglichkeit, auch weiterhin

88 A. Schusdek: »Freud's ›seduction theory‹: a reconstruction«. In: *J. Hist. Behav. Sci.*, 2, 1966, S. 159–166.

89 M. Kossak: »Sexuelle Verführung der Kinder durch Dienstboten«. In: *Sexualprobleme*, Januar 1913, B. E. Schwarz & B. A. Ruggieri: »Morbid parent-child passions in delinquency«. In: *Social Therapy*, 3, 1975, S. 180 und »Sadism, seduction and sexual deviation«. In: *Medical Times*, 87. Jg., 1959, S. 216–224.

eine bedeutende, eine Leitlinie des psychoanalytischen Denkens, wobei allerdings diese wesentliche Dimension erst einmal selbst wieder durch und im Anschluss an Jacques Lacan ausgegraben werden musste. Das *Nachträgliche**, wenn man Freud auch ohne Lacan lesen will, bleibt eine wichtige Freud'sche Kategorie, insbesondere in einem Text wie dem über den *Wolfsmann*, in dem sie sogar zentral ist. Aber hier mit dem Einwand Jungs und der bei ihm vorfindlichen Versuchung, sich zu fragen, ob die Nachträglichkeit nicht schlicht und einfach auf eine rückwärts gerichtete Aktivität reduzierbar sei. Das Retroaktive, was Jung *Zurückphantasieren** nennt, besteht ganz einfach darin, sich eine Vergangenheit nach Maß der Gegenwart zurechtzulegen, unter Umständen, um sich zu verstecken und eine offene Auseinandersetzung mit den gegenwärtigen Schwierigkeiten zu vermeiden, wohingegen Freud entschieden die Spannung zwischen der ältesten Szene und dem jüngsten Szenario aufrechterhält. Freilich zieht sich Freud gegenüber Jungs Einwand, wonach die älteste Szene nur imaginär und später rekonstruiert sei, nur schlecht aus der Affäre; er kann sich dem nur entziehen, indem er eine noch ältere Realität postuliert, die uns dieses Mal über die Grenzen der individuellen Existenz hinausführt. Diese Bewegung Freuds haben Pontalis und ich ausführlich in dem Text über die *Urphantasien*[90], einem Text aus dem Jahre 1964, beschrieben, der das neuerliche Auftauchen der Theorie und des Begriffs der Verführung selbst in der Analyse kennzeichnet. Doch indem Freud das Nachträgliche auf die Theorie der Urphantasien und diese auf wirklich erlebte Szenen in der Phylogenese zurückgehen ließ, führte er zwangsläufig einen grundsätzlichen Fehler in den so innovativen Begriff der Nachträglichkeit ein.[91]

Was nun die topischen Aspekte der Theorie betrifft, wenn man diesen Ausdruck im weitesten Sinne versteht und die Vorstellungen des »Inneren« und des »Äußeren« in den psychischen Konflikt einführt, so werden die Dinge auch da gefährlich abdriften. Die Vorstellung einer inneren Attacke, die mit dem inneren Fremdkörper verbunden war, wird

---

90 *Fantasme originaire, fantasme des origines, origines du fantasme*. Paris (Hachette), 1985 (durchgesehene Ausgabe) [dt.: *Urphantasie. Phantasien über den Ursprung, Ursprünge der Phantasie*, übersetzt von Max Looser. Frankfurt/M. (S. Fischer), 1992.].

91 Vgl. unsere Kritik weiter oben: »Das Phylogenetische«, S. 55–64.

nicht wieder infrage gestellt, aber *die Phantasie wird nun den Platz dieser letzten psychischen Realität einnehmen*. Doch reduziert auf sich selbst löst die Phantasie sich allzu leicht im Dunst des Imaginären auf. Auch hier ist es für Freud unumgänglich, wieder nach dem Boden einer »objektiveren« Realität zu suchen: Unvermeidlich muss die Phantasie selbst ihren Ursprung im Trieb und der Trieb wiederum im Biologischen finden. Welches auch die sogenannten »Repräsentanz«-Beziehungen sein mögen, die für Freud die Vermittlung sicherstellen, die Bewegung geht stets in die folgende Richtung: somatische Erregungen → Trieb → Phantasie. Selbst das sogenannte Modell der Anlehnung (als Emergenz aufgefasst) geht letztlich in diese Richtung: Der aus dem »Inneren« stammende Drang wird mit einer Bewegung des Somatischen zum Psychischen hin gleichgesetzt, mitsamt den Kritiken, die diese Gegenüberstellung auf sich ziehen muss. Während sich in der Vollblüte der Verführungstheorie (Brief vom 2. Mai 1897) die Kausalreihe ganz anders herstellen ließ und vom Tiefsten, den Erinnerungen der Szenen, bis zum Gegenwärtigsten, den *Impulsen** (wahrhaftigen Vorläufern der *Triebe** im Freud'schen Denken), führte. Ein direkter und ein indirekter Weg werden vorgeschlagen, wobei der zweite durch die Vermittlung der Phantasien führt.

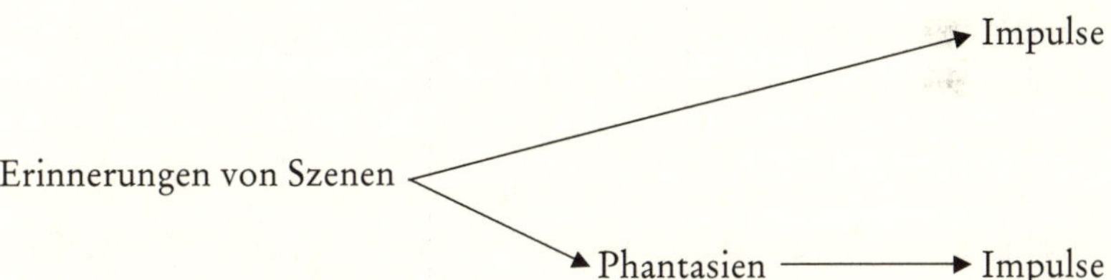

Der dritte Aspekt der Theorie, das sprachliche und übersetzerische Modell, jenes aus dem Brief 52 [112], wird fast vollständig verschwinden. Ferenczi wird für sein Überleben oder vielmehr seine neue Blüte sorgen, denn offensichtlich dürfte jener Artikel von Ferenczi, auf den wir des Öfteren angespielt haben, *Sprachverwirrung zwischen dem Erwachsenen und dem Kind*, sich insofern nicht explizit in eine Chronologie der Freud'schen Schriften einfügen, als Ferenczi mit Sicherheit keine Kenntnis von diesem Vorläufer, dem Brief 52 [112] an Fließ, hatte, der sich im Jahre 1933 gut versteckt tief unten in einem Koffer befand und den alle Welt für verloren hielt. Wir sehen in diesem Artikel eine

Art Vorrede zur Allgemeinen Verführungstheorie und wir räumen ihm daher, auch unter Inkaufnahme eines gewissen Anachronismus, seinen Platz ein in dem, was wir »das Nach-1964« nennen.

Fortschritt in der Faktizität: Die frühzeitige Verführung

Auch wenn die Verführung als Theorie bei Freud dieses Schicksal einer Verdrängung und Zergliederung erfährt, das man eingehender beschreiben könnte, gehen wir jetzt zur Linie der »Faktizität« zurück, um zu unterstreichen, dass dagegen hier, und auch bei Freud selbst, die Tatsachenanalyse beträchtliche Fortschritte macht. Eine bedeutende Vertiefung setzt mit der Einführung dieser zweiten Ebene ein, die ich *frühzeitige Verführung* nenne. Der perverse Vater, die Hauptperson der infantilen Verführung, macht, im Wesentlichen in der *präödipalen* Beziehung, *der Mutter* Platz. Die Verführung wird hierbei durch die körperliche Pflege des Kindes in Gang gebracht. Dieses Thema taucht bei Freud über diese ganze Periode hinweg immer wieder auf: Jedes Mal, wenn er auf seine Einschätzung der Verführung zurückkommt, geschieht dies, um anzufügen, dass die frühzeitige mütterliche Verführung letztlich deren Schwerpunkt und in diesem Sinne deren Wahrheit ist. Auf diese Weise legt er dar, dass nicht nur die Idee der Verführung nicht völlig aufgegeben wurde, sondern dass sie noch eindringlicher ihren Weg geht, der vom Anekdotischen unserer Szenen »à la Nabokov« hin zum Wesentlichen führt. Zitieren wir eine der kanonischen Passagen aus dem Spätwerk, aus der *Neuen Folge der Vorlesungen*: »Hier aber berührt die Phantasie den Boden der Wirklichkeit, denn es war wirklich die Mutter, die bei den Verrichtungen der Körperpflege Lustempfindungen am Genitale hervorrufen, vielleicht sogar zuerst erwecken mußte.«[92] Es handelt sich da um einen entscheidenden Schritt auf einem Weg, der uns nicht nur in der Zeit zurückschreiten lässt, denn es geht um die allerersten Monate, sondern auch in der Kategorie der Wirklichkeit [»réalité«], in der man die Fakten der Verführung ansiedeln muss. Denn es geht hier nicht mehr exakt um

92 *Neue Folge der Vorlesungen zur Einführung in die Psychoanalyse*. GW XV, S. 129.

*Realität**, ein Ausdruck, der die Wirklichkeit in ihren ereignishaftesten Aspekten bezeichnet, sondern um *Wirklichkeit**, eine Kategorie, die uns über die Zufälligkeit und ihre Wechselfälle hinausführt. Dies wird noch durch das Wort *»mußte*«* bestätigt: Die Mutter *konnte nicht anders als* erwecken, dieses Erwecken durch die Mutter ist unvermeidbar, es ist Teil der Situation selbst und hängt nicht von dieser oder jener Zufälligkeit ab. Hingegen begeht Freud bei der Bewertung dieser zweiten Stufe der Verführung eine Unterlassungssünde. Er versäumt es zu analysieren, was diese Universalität und diese Unvermeidbarkeit ausmacht, die sie als eine grundlegende menschliche Gegebenheit charakterisieren würden. Er versäumt es, die frühzeitige Verführung auf die Sexualität im Allgemeinen auszuweiten, indem er ihre Wirkung auf das Erwecken von Empfindungen »am Genitale« beschränkt, ohne zu beachten, dass genauso auch die Erogenität des ganzen Körpers und insbesondere die anale und orale Erogenität geweckt werden. Er versäumt es, das Unbewusste der Mutter ins Spiel zu bringen, was er übrigens in seinem gesamten Werk nur äußerst selten tut.[93] Schließlich und vor allem versäumt er es, diese frühzeitige Verführung wieder in das theoretische Gefüge einzuordnen, das ihr ihren vollen Wert verleihen würde, das aber eben in der Tat untergegangen ist. Denn es ist künstlich, wie wir es aus Bequemlichkeit getan haben, die Linie der Faktizität und die der Theorie zu unterscheiden: *Eine Allgemeine Verführungstheorie* kann sich nur entwickeln, wenn man die Wirklichkeit dessen präzise bestimmt, was wir dieses Mal *Urverführung* nennen werden; und so konnte umgekehrt Freud auf dem Boden einer Theorie, die einen Biologismus des Triebes und eine Anthropo-Phylogenese der Phantasien kombinierte, seine Neubewertung der faktischen Verführung nicht zu einem guten Abschluss bringen.

Keine Rückkehr zur infantilen Verführung

Hin zur Allgemeinen Verführungstheorie

Wir sind hier nun in der gegenwärtigen Periode angelangt, der Periode nach 1964–1967; aber nicht um jene, die Freuds Vorgeschichte

93 Vgl. weiter oben, S. 132f.

erforschen und dabei den Akzent auf sein altes Interesse an psychopathologischen, ja rechtsmedizinischen Fallgeschichten von sexuellem Missbrauch an Kindern legen, als Nachzügler mitzunehmen. Ein Text wie der von Jeffrey M. Masson, *Was hat man dir, du armes Kind, getan? Sigmund Freuds Unterdrückung der Verführungstheorie* (auf Englisch: *The Suppression of the Seduction Theory*), ist insofern bemerkenswert und im Widerspruch zu seinem Titel, als er von der Freud'schen Verführungs*theorie* nicht den leisesten Schimmer verrät. Beinahe sämtliche Schriften, die sich heute auf die »Verführungstheorie« beziehen, berufen sich bestenfalls auf diese vage Idee, dass in einer bestimmten Epoche der Verführung eine große Bedeutung zuerkannt wurde … in der Ätiologie der Neurosen. Augenscheinlich haben diese Autoren keinerlei Begriff von dem doch so elaborierten Funktionieren dieser Theorie.[94] Ein Kapitel über »Freud an der Pariser Morgue« im Buch von Masson rückt in den Vordergrund, welche Aufmerksamkeit Freud sexuellen Übergriffen auf Kinder entgegenbrachte; sicher ist diese Forschung nicht ohne historisches Interesse, sie führt uns aber, wenn man nicht weiter denkt, zur infantilen Verführung zurück: Zu behaupten, Freud sei aus Kleinmütigkeit nicht weit genug gegangen, und vor allem so zu tun, als müssten wir wieder von dem Punkt aus starten, an dem er vielleicht zu sehr *stehen geblieben* ist, bei den tatsächlichen sexuellen Übergriffen, ist unserem Verständnis nach ein Rückfall in den groben Gegensatz zwischen dem Realen und der Phantasie, den die Theorie gerade zu überwinden erlaubt.

Erneute Befragung des Paares Aktivität–Passivität

Die Verallgemeinerung, die wir vorschlagen, kommt folglich zuallererst durch theoretisches Hinterfragen voran. Ihre erste Grundlage ist sogar genau gesagt philosophisch: *eine erneute Befragung des Paares »Aktivität–Passivität«*. Freud hatte das große Verdienst und die große Kühnheit, dieses Paar an den Ursprung zu setzen, und zwar ebenso in der Theorie

94 Wie beispielsweise M. Balmary: *L'homme aux statues*. Paris (B. Grasset), 1979; M. Krüll: *Freud und sein Vater*. München (C.H. Beck), 1979; J. Malcolm: *In the Freud archives*. London (Cape), 1984 [dt.: *Vater, lieber Vater … Aus dem Freud-Archiv*, übersetzt von E. Brückner-Pfaffenberger. Frankfurt/M., Berlin, Wien (Ullstein), 1986].

des Triebes wie auch chronologisch in der Entwicklung des Sexuallebens.[95] Damit trat er gleichsam im Voraus in Widerspruch zu der heute »modernsten« Beschreibung der Erwachsenen-Kind-Beziehungen unter dem Leitbegriff der »Interaktion«. Und in der Tat, wenn man sich auf eine reine Verhaltensbeschreibung der Beziehung zwischen zwei lebendigen Individuen beschränkt, ob sie nun derselben Generation (ja derselben Art) angehören oder nicht, ist derjenige ein ziemlicher Schlaukopf, der unterscheiden will, wer aktiv ist und wer passiv: »Jeder Trieb ist ein Stück Aktivität; wenn man lässigerweise von passiven Trieben spricht, kann man nichts anderes meinen als Triebe mit passivem Ziele.«[96] Doch trotz dieser Bezugnahme auf das Ziel verheddert sich Freud, wie man am einfachsten Beispiel, der frühen Situation des Stillens, zeigen kann. So behauptet er in der *Neuen Folge der Vorlesungen*, dass im Verlauf der ersten Beziehungen »die Mutter in jedem Sinn aktiv gegen das Kind [ist]«,[97] während er im *Leonardo da Vinci* (ein ansonsten so entschlossen ausgerichteter Text) durch die Tatsache aus der Fassung gebracht scheint, dass in der Erinnerung Leonardos das Kind den Schwanz des Milans zwischen seinen Lippen passiv empfängt, wo doch seiner Meinung nach die Oralerotik, das Saugen an der Brust, eine aktive Handlung des Säuglings sein sollte.[98] Hier geht, man spürt es, alles durcheinander, was nur den Verfechtern der Interaktion nutzt, es sei denn, man schafft es, durch die Berufung auf präzise Kriterien die Rollen zu entwirren.

Die Cartesianer

Wir werden folglich nicht zögern, uns für die Unterscheidung zwischen Aktivität und Passivität auf die philosophische Reflexion, vor allem die der

95 Siehe J. Laplanche & J.-B. Pontalis: *Das Vokabular der Psychoanalyse*, übersetzt von E. Moersch. Frankfurt/M. (Suhrkamp), 1971, Artikel »Aktivität–Passivität«.

96 »Triebe und Triebschicksale«. In: GW X, S. 214f.

97 *Neue Folge der Vorlesungen zur Einführung in die Psychoanalyse*. GW XV, S. 122.

98 Vgl. »Traumatisme, transfert, transcendance et autres trans(es)«. In: *Psychanalyse à l'université*, 11. Jg., 1986, Nr. 41, S. 78 und *Problématiques III: La sublimation*. Paris (PUF), 1981, S. 82–87 [dt.: »Trauma, Übersetzung, Übertragung und andere Über(-Schwenglichkeiten)«. In: *Die allgemeine Verführungstheorie*. Tübingen (edition diskord), 1988, S. 149-177].

Cartesianer, zu berufen, da sie diese Frage der Aktivität–Passivität in der intersubjektiven Beziehung sehr zugespitzt gestellt haben: Beziehungen der Geschöpfe untereinander und Beziehung des Geschöpfes zu Gott. Man kann sich hier ebenso auf Descartes wie auf Spinoza oder auf Leibniz beziehen. Für Descartes muss es, wenn er die Beziehung von Ursache und Wirkung untersucht (das ist hier die treibende Kraft für eines der Argumente, die die Existenz Gottes beweisen), in der Ursache »mindestens ebenso viel Realität« geben wie in der Wirkung. Spinoza geht noch weiter und setzt die Passivität mit einer Inadäquatheit in Beziehung, »etwas« zu bewältigen, das »in uns geschieht«.[99] Aber zweifellos am klarsten ist noch Leibniz:

> »Man sagt von einem Geschöpf, daß es nach außen hin wirkt, sofern es Vollkommenheit hat, daß es von einem anderen etwas erleidet, sofern es unvollkommen ist. [Doch allem Anschein zum Trotz wird dieser theologische Grundbegriff Vollkommenheit hier nicht im absoluten Sinne verstanden, sondern als geeignet, Abstufungen zu enthalten.] […] Und zwar ist ein Geschöpf vollkommener als ein anderes, sofern man in ihm etwas findet, was uns zur Begründung a priori der Geschehnisse in dem anderen verhilft; in diesem Sinne sagt man, es wirke auf das andere.«[100]

Verbindung mit Ferenczi

Indem wir uns auf dieses feste Kriterium stützen, das Kriterium eines »mehr«, mehr Inhalt, Bedeutung und also Botschaft, können wir uns

99 »Definitionen […] 2. Ich sage, wir handeln, wenn etwas in uns oder außer uns geschieht, wovon wir die adäquate Ursache sind, das heißt […] wenn aus unserer Natur etwas in uns oder außer uns folgt, das durch sie allein klar und deutlich verstanden werden kann. Dagegen sage ich, wir leiden, wenn in uns etwas geschieht oder aus unserer Natur etwas folgt, wovon wir bloß eine Teil-Ursache sind.«

»Lehrsatz 1. Unsere Seele tut einiges, anderes aber leidet sie; nämlich sofern sie adäquate Ideen hat, insofern tut sie notwendig einiges, und sofern sie inadäquate Ideen hat, insofern leidet sie notwendig *einiges*« (B. de Spinoza: *Die Ethik nach geometrischer Methode dargestellt*, übersetzt von O. Baensch. Hamburg [Felix Meiner], 1989, III. Teil, S. 10f.). [Die von J. Laplanche zitierte französische Übersetzung spricht statt von »handeln« bzw. »tun« und »leiden« von »aktiv sein« und »passiv sein« – »nous sommes actifs«, »nous sommes passifs«; »Notre Ame est active«, »elle est […] passive« –, was eine recht freie Übersetzung für die Verben *»agere«* und *»pati«* im lateinischen Originaltext der *Ethica* darstellt; A. d. Ü.].

100 *Monadologie*, 49, 50. In eckigen Klammern: Anmerkung von J. L.

der Ursituation des Kindes zuwenden und versuchen, sie jenseits all ihrer Variationen zu definieren. Hier leitet uns die Kühnheit eines Ferenczi, indem sie es möglich macht, uns von der »familialistischen« Ausschließlichkeit zu lösen, die auf dem gesamten psychoanalytischen Denken lastet. Denn es ist letztlich eine *Zufälligkeit*, selbst wenn sie in der Biologie und in der Menschheitsgeschichte verankert wäre, es ist kein notwendiges universelles Faktum an sich, dass ein Kind durch *Eltern*, durch seine Eltern, durch die Eltern aufgezogen wird. Die Ursituation, so wie Ferenczi sie aufstellt, ist die Konfrontation des Kindes mit der Erwachsenenwelt. Denn man kann *streng genommen*, und welche Verzerrungen auch immer daraus resultieren mögen, ohne eine Familie ein menschliches Wesen werden, jedoch nicht ohne diese Konfrontation. Hier würde, nebenbei bemerkt, eine erneute Sichtung des Denkens einer Margaret Mead in ihren Schriften zur vergleichenden Anthropologie vielleicht in dieselbe Richtung führen: Die von ihr jenseits der kulturellen Variationen aufgestellte grundlegende Tatsache ist das Problem des Zugangs des Neugeborenen zur Erwachsenenwelt.

Aber diese Erwachsenenwelt ist nicht eine objektive Welt, die das Kind zu entdecken und zu erlernen hätte, so wie es zu gehen oder Dinge zu handhaben lernt. Sie wird durch Botschaften im allgemeinsten Sinne des Wortes (linguistische oder schlicht sprachliche: prälinguistische oder paralinguistische Botschaften) charakterisiert, die das Kind befragen, bevor es sie versteht und denen es Sinn und Antwort geben muss, was ein und dasselbe ist.

Bis hierhin begleitet uns Ferenczi, aber nicht viel weiter, denn der Ausdruck »Sprachverwirrung« erscheint uns nicht ganz treffend. Es gibt in der Tat Sprach*en* des Erwachsenen, verbale Sprache, Sprache der Gesten, der Konventionen, der Mimiken oder der Affekte. Es gibt beim Kind eine Potentialität, in diese Sprachen einzutreten, die natürlich, instrumentell und auch affektiv ist. Doch beschränkt sich das Problem eben weder auf den Erwerb einer oder mehrerer »Sprachen« noch auf die Konfrontation zweier Sprachen mit ihren unterschiedlichen Logiken und ihren unterschiedlichen signifikanten Batterien. Schließlich weiß man, dass ohne Grammatik und auch ohne Wörterbuch ein solcher Erwerb oder solch eine hergestellte Entsprechung vollkommen möglich ist, und zwar ohne Rest.

Folgt man darin einem bereits von Freud vorgelegten Science-Fiction-Bild, kann man versucht sein, hier an die Konfrontation unserer Zivilisation mit der Ankunft von Außerirdischen zu denken oder auch, einfacher, an den Empfang, der Pizarro von den Inkas bereitet wurde. Man weiß durch dieses letzte Beispiel, dass am Ende, welches auch die Unterschiede der mentalen Strukturen, der Geschichten und selbst der Referenten sein mögen, die Sprachverwirrung einer geordneten Modalität von Entsprechung und Erwerb Platz macht. Und so tritt auch das Kind, um zu ihm zurückzukehren, ohne Lehrer in die ihm präexistierende Sprache ein: Es bewohnt die Sprache.

Ein ihm selbst unbekannter Sinn

Genau hier muss man weiter gehen als Ferenczi, aber auch auf einem anderen Weg als der Lacanismus. Denn Ferenczi macht nicht den Schritt, in Betracht zu ziehen, dass das, was er »Sprache der Leidenschaft« (die Sprache des Erwachsenen) nennt, nur insofern traumatisierend ist, als sie einen ihm selbst unbekannten Sinn transportiert, das heißt, die Anwesenheit des elterlichen Unbewussten manifestiert. Doch gegen Lacan behaupten wir, dass diese Manifestation des Unbewussten sich keineswegs auf die rein polysemischen Potentialitäten einer Sprache im Allgemeinen reduzieren lässt: Das Problem bleibt unseres Erachtens das des individuellen Unbewussten.

Um alle diese Elemente untereinander zu verbinden, sagen wir: Die Auseinandersetzung Erwachsener–Kind umhüllt eine wesentliche Aktivitäts-Passivitäts-Beziehung, die an die unumgängliche Tatsache gebunden ist, dass die elterliche Psyche »reicher« ist als die des Kindes. Doch im Unterschied zu den Cartesianern sprechen wir hier nicht von größerer »Vollkommenheit«, denn dieser Reichtum des Erwachsenen ist zugleich seine Schwäche: seine Spaltung, die ihn von seinem Unbewussten trennt.

Rätselhafte Signifikanten

Mit dem Ausdruck *Urverführung* bezeichnen wir also jene Grundsituation, in der der Erwachsene dem Kind sowohl nicht-verbale, verbale als auch verhaltensvermittelte Signifikanten unterbreitet, die von unbewussten sexuellen Bedeutungen durchdrungen sind. Für das, was ich *rätselhafte Signifikanten* nenne, braucht man nicht lange nach konkreten Beispielen zu suchen. Kann man denn weiterhin in der analytischen Theorie vernachlässigen, dass die Brust selbst, dieses scheinbar natürliche Stillorgan, von der Frau in hohem Maße sexuell und unbewusst besetzt wird? Kann man glauben, dass diese sexuelle Besetzung, die im Sinne der *Drei Abhandlungen zur Sexualtheorie* als pervers bezeichnet werden kann, vom Säugling nicht als Quelle undurchschaubarer Fragen wahrgenommen, erahnt wird: Was will sie von mir über das Stillen hinaus, und überhaupt, warum will sie mich stillen?

Einen besonderen Platz unter den rätselhaften Signifikanten möchten wir aber dem vorbehalten, was man die »Urszene« nennt. Ich kann nur den Ausgangstext wiederaufnehmen, den ersten, in dem Freud von der Beobachtung des Koitus zwischen den Eltern spricht:

> »Daß der sexuelle Verkehr Erwachsener den Kindern, die ihn bemerken, *unheimlich** vorkommt und Angst in ihnen erweckt, ist, möchte ich sagen, Ergebnis der täglichen Erfahrung. Ich habe für diese Angst die Erklärung gegeben, daß es sich um eine sexuelle Erregung handelt, die von ihrem Verständnis nicht bewältigt wird, auch wohl darum auf Ablehnung [weiter unten wird von Verdrängung die Rede sein: »Ablehnung« wird in diesem Text ungefähr im Sinne von Verdrängung verwandt] stößt, weil die Eltern in sie verflochten sind, und die darum sich in Angst verwandelt [wir finden hier die »erste«, ganz unübertreffliche Theorie der Verwandlung der sexuellen Erregung in Angst wieder].«[101]

Das Rätsel, Triebfeder der Urverführung

Es kommt mir bei dieser Passage, in der sich die Idee der Urverführung erahnen lässt, darauf an, dass es etwas gibt, das nur durch Verstehensarbeit bewältigt werden kann und das traumatisierend und verdrängt ist, eben weil es gleichsam in einem unverarbeiteten Zustand verbleibt.

101 GW II/III, S. 591; in eckigen Klammern: Kommentare von J. L.

Wenn man, wie Freud das später tut, die Verführung im großen Sammelbehälter der Urphantasien auf einer Stufe mit der Szene der Beobachtung des Koitus zwischen den Eltern ansiedelt, übersieht man, dass zwischen den beiden keine Äquivalenz und kein Nebeneinander, sondern eine Hierarchie besteht. Die sogenannte »Ur«szene *ist* selbst Verführung für das Kind, im Sinne der Urverführung. Die Beobachtung des elterlichen Koitus bietet, ja drängt dem Kind Bilder, Bruchstücke von Szenarien auf, die traumatisierend und nicht assimilierbar sind, weil sie für die Akteure selbst zum Teil undurchschaubar sind. Die spätere Auffassung Melanie Kleins vom »Vereinigten-Eltern-Paar« wird diesen Aspekt deutlich unterstreichen: Die Eltern sind vereint in einem ewig währenden Koitus, der Genießen und Tod verbindet und so das Baby von jeder Fähigkeit teilzunehmen, *also* zu symbolisieren, ausschließt.

Im selben Register funktionieren auch die beiden von Freud hervorgehobenen großen Rätsel, welche die »theoretisierende« Aktivität des Kindes in Gang setzen und zu den »infantilen Sexualtheorien« führen: die Ankunft eines weiteren Kindes und der Unterschied der Geschlechter. Auch hier wird die traumatische Wirkung über die Unfähigkeit der Erwachsenen hervorgerufen, *sich selbst* darüber klar zu werden.

Wie man sieht, schließe ich in die Urverführung Situationen, Kommunikationen mit ein, die in keiner Weise dem »sexuellen Übergriff« zuzurechnen sind. *Das Rätsel*, soweit seine Triebfeder unbewusst ist, *ist Verführung aus sich heraus*, und genau deshalb ist die Sphinx schon vor dem Drama des Ödipus an den Pforten von Theben postiert.

Beziehungen der drei Stufen der Verführung untereinander

Es ist nicht das geringste Verdienst von Leonardo da Vinci und von Freuds *Leonardo*, uns die drei Stufen der Verführung aufzuzeigen, so wie wir sie durchlaufen haben: pädophile (hier: homosexuelle) Verführung, frühzeitige Verführung durch die Mutter und schließlich die Urverführung, in Gestalt des unvermeidlichen *rätselhaften* Lächelns der Gioconda, der Jungfrau oder des Heiligen Johannes. Denn man muss schon begreifen, dass die Urverführung nicht die Bedeutung der beiden anderen Stufen aufhebt, sondern ihnen vielmehr eine Grundlage verschafft. Die Urverführung darf auch nicht als eine erste Zeit angesehen werden, zu der die frühzeitige oder infantile Verführung innerhalb eines Modells der Nachträglichkeit als zweite Zeit hinzukäme. Die Urverführung ist insofern die Quintessenz der beiden anderen, als sie allein die Asymmetrie »Aktivität–Passivität« darin einführt. Die »mütterliche« Pflege oder der »väterliche« Übergriff sind nur deshalb verführerisch, weil sie nicht durchsichtig, sondern undurchsichtig sind und so das Rätselhafte transportieren.[102]

Die frühzeitige Verführung ihrerseits verdient unsere ganze Aufmerksamkeit in einer neuen Theorie des Triebes: Die zentralen Begriffe dieser Theorie: erogene Zone, somatische Quelle des Triebes, analer, oraler oder phallischer Partialtrieb, all diese Begriffe können aus den Sackgassen, in die uns eine abenteuerliche Physiologie hineinführen will – bereits zu Freuds Zeiten geriet man in solche mit der Frage: Wie kann der Sexualvorgang auf der Stufe einer nicht-genitalen erogenen Zone aussehen? –, nur herausgeführt werden, wenn man sich erinnert, dass diese Zonen, Orte des Übergangs und des Austauschs, vor allem und vorrangig die Punkte sind, auf die sich die mütterliche Pflege fokussiert. Eine hygienische Pflege, bewusst durch Fürsorge motiviert, in der jedoch die unbewussten Wunschphantasien voll und ganz wirksam sind. Letztlich muss man vom Boden der Urverführung und der frühzeitigen Verführung ausgehend den Tatsachen der infantilen Verführung ihre ganze Bedeutung wieder zurückgeben, um sie endlich aus diesem theoretischen Ghetto herauszuholen, in dem sie seit Jahren eingeschlossen sind.

Heben wir an dieser Reihe: infantile Verführung – frühzeitige Verführung – Urverführung, noch einmal hervor, dass wir nicht vom Realeren zum »Mythischeren« schreiten, denn die Qualifizierung als mythisch (oder als »mythische Zeit«), durch die man sich vom Ursprünglichen befreien will, muss zurückgewiesen werden; das Ursprüngliche ist eine Vertiefung des Begriffs des Realen (des menschlichen Realen natürlich) hin zu unvermeidlichen Situationen, die es begründen: Das Ursprüngliche ist eine Kategorie der *Wirklichkeit**.

102 Vgl. zum Ursprünglichen in der analytischen Situation weiter unten, S. 190f.

Allgemeine Verführungstheorie

Die Theorie der Verführung muss in ihrer verallgemeinerten Form von einer genauen Konzeption dieser Hierarchie *der* Verführungen aus rekonstruiert werden (der rechte Teil unserer Tabelle). Einer Rekonstruktion also, welche die »eingeschränkte« Theorie Freuds auf eine andere Stufe heben will, genau wie dies mit der Relativität in der Physik geschehen ist: Sie schafft die Beschränkung auf das Pathologische ab, die im Freud'schen Denken vor 1897 wesentlich war; sie will die Struktur des psychischen Apparates oder Seelenapparates im Allgemeinen begründen; sie erklärt den Rückgriff auf Biologie und Phylogenese für ungültig, um ihn unter Umständen in einem zweiten Schritt neu zu verorten. Diese Theorie muss mittels des Mechanismus der Verdrängung die Entstehung und die Permanenz eines Unbewussten wie auch die damit unlösbar verbundene Wirkung »Trieb« erklären. Aber sie muss in ihr Modell auch das einschließen, was man die »Kur« nennt, ihre Wirkungen wie ihre Grenzen.

Das allgemeine Schema haben wir kürzlich mit größter Präzision für den Trieb umrissen.[103] Ein Individuum, dessen somato-psychische Vorrichtungen sich hauptsächlich auf der Ebene des Bedürfnisses einordnen lassen, wird mit vom Erwachsenen ausgehenden Signifikanten konfrontiert, die zwar mit der Befriedigung dieser Bedürfnisse in Verbindung stehen, die aber die Potentialität, die rein potentielle Frage von weiteren – sexuellen – Botschaften in sich tragen. Diese rätselhaften Botschaften zeitigen eine schwierige, ja unmögliche Arbeit der Bewältigung und Symbolisierung, die notwendigerweise unbewusste Reste, *fueros*, wie Freud sagte, zurücklässt: das, was wir die »Quellobjekte« des Triebes nennen. Es handelt sich also nicht um eine vage Sprachverwirrung, wie Ferenczi meinte, sondern eindeutig um eine Unangemessenheit der Sprachen, eine Unangemessenheit des Kindes dem Erwachsenen gegenüber, aber auch und zuvorderst um eine Unangemessenheit des Erwachsenen dem Quellobjekt gegenüber, das ihn selbst zum Handeln antreibt.

103 »La pulsion et son objet-source; son destin dans le transfert«. In: *La pulsion quoi faire?* Paris (APF), S. 9–24 [dt.: »Der Trieb und sein Quell-Objekt«. In: *Die allgemeine Verführungstheorie*. Tübingen (edition diskord), 1988, S. 122–148].

Im Zentrum: Der übersetzerische Gesichtspunkt

Wenn man die drei Gesichtspunkte wieder aufnimmt, die wir an der ersten Theorie Freuds unterschieden haben: den zeitlichen, den topischen und den übersetzerischen, erkennt man bereits, dass der zeitliche Gesichtspunkt sich nur mittels des übersetzerischen und semiologischen Gesichtspunkts verstehen lässt, denn nur im Bereich der übersetzerischen Neubearbeitung kann man verstehen, was diese kuriose Wirkung namens »Nachträglichkeit« bedeuten kann. Das Schema des Briefes 52 [112] bleibt hier gleichsam eine Art Programm, aber erinnern wir uns daran, dass es zu Beginn auf rätselhafte Weise (und niemand hat sich damit auseinandergesetzt) den Platz leer ließ für die erste Einschreibung, genannt *Wz**, das heißt »Wahrnehmungszeichen«. Wie sollte tatsächlich, streng genommen, die reine Wahrnehmung bereits *Zeichen* liefern? Wenn es sich nur um die Wahrnehmung unbelebter Objekte handelt, so liefert diese bestenfalls nur Anzeichen. Wenn es sich demnach nur um Anzeichen handeln sollte, um rein faktische Spuren, Rückstände ohne semiologische *Intentionalität*, wie könnten sie *sich* dann *einer* ersten *Übersetzung* durch das Subjekt *darbieten*? Wir setzen also das Wahrnehmungszeichen, diese erste Einschreibung in den psychischen Apparat, genau mit dem rätselhaften Signifikanten gleich, so wie er sich vor jedem Übersetzungsversuch niederschlägt. Dies impliziert selbstverständlich, wenn man sich die Freud'sche Theoretisierung vergegenwärtigt, dass das, was er »Befriedigungserlebnis« nennt, vollständig infrage gestellt wird.

Modalitäten der Metabole

Der Mensch ist und bleibt ein selbst-übersetzendes und selbst-theoretisierendes Wesen. Die Urverdrängung ist nur der erste und grundlegende Moment eines Prozesses, der das ganze Leben lang andauert. Für diesen Prozess haben wir ein Schema vorgeschlagen, das Schema der Signifikantensubstitution oder Metabole, mitsamt ihren verschiedenen

Modalitäten.[104] Ich erinnere hier an das Schema, das teilweise von Lacan abgeleitet wurde, aber in eine ganz andere Richtung geht, die Lacan im Übrigen gerade kritisiert hat. Es geht darum, dass ein erstes Paar Signifikant–Signifikat der metabolisierenden (ich werde mich zu diesem Terminus äußern) Aktion eines zweiten Paares unterworfen wird, welches diesmal aus zwei Signifikanten besteht:

$$\frac{S_1}{s} \times \frac{S_2}{S_1}$$

Dies sieht einer mathematischen Formel ähnlich, und kann in der Tat in gewisser Weise mathematisch behandelt werden; aber es handelt sich weder um hohe Mathematik noch um Topologie. Kommentieren wir den linken Teil: Am Platz des Signifikats *(s)* kann man auf ein zugängliches oder aber auf ein mehr oder weniger unzugängliches Signifikat stoßen; in den ersten rätselhaften elterlichen Signifikanten ist das *»s«* lediglich durch ein Fragezeichen (»was will er von mir?«) ersetzt. Auf der rechten Seite gilt es, die Beziehung zwischen S_2 und S_1 zu untersuchen: Es kann sich *ebenso um eine Ähnlichkeits- wie eine Kontiguitätsbeziehung* handeln. Im Unterschied zu den Lacanianern und zu den Postlacanianern und sogar zu meinem Freund Rosolato glaube ich, dass die Substitution ebenso gut als Angelpunkt Signifikanten haben kann, die untereinander durch Kontiguität wie durch Ähnlichkeit verbunden sind. Wenn die Verbindung von S_2 zu S_1 (im Wesentlichen) eine Analogie ist, wird diese Metabole Metapher genannt; gibt es zwischen S_2 zu S_1 eine reine Kontiguitätsverbindung ist, wird diese Metabole Metonymie genannt. Die Metabole ist also die gemeinsame Gattung für Metapher und Metonymie; meistens gibt es übrigens zwischen den beiden Signifikanten *zugleich* eine Kontiguitäts- und Ähnlichkeitsverbindung, sodass Metapher und Metonymie zwei abstrakte Grundformen sind, die kaum im Reinzustand anzutreffen, sondern zumeist miteinander vermischt sind.

Was kann aus dieser »Multiplikation«, aus der metabolisierenden Operation, entstehen? Mathematisch kann man sich zumindest zweierlei vorstellen. Als erstes die »Vereinfachung«, wobei S_1 schlicht und einfach verschwindet und S_2 das Resultat darstellt. Um die Mathematik zu verlassen: Der neue

---

104 Vgl. insbesondere *Problématiques IV: L'inconscient et le ça.* Paris (PUF), 1981.

Signifikant hat den alten in Zielrichtung des Signifikats restlos ersetzt; diese Substitution bezeichne ich als »vergesslich« in dem Sinne, dass sie den alten Signifikanten abschafft: Denken wir beispielsweise an das, was eine etymologische Metabolisierung sein kann; im Laufe der Zeit hat ein Signifikant einen anderen ersetzt: niemand kennt mehr, *nicht einmal unbewusst*, den griechischen oder sanskritischen Signifikanten, der das »S_1« vom Beginn war. Das andere Schema ist vom algebraischen Gesichtspunkt aus ein reiner, aber äußerst suggestiver Kunstgriff: Die beiden S_1 der anfänglichen Formel bleiben erhalten, aber wechseln vollständig unter den Trennstrich:

$$\frac{\frac{S_2}{s}}{\frac{S_1}{S_1}}$$

Eine mathematisch widersinnige Formel, da im Nenner der alte Signifikant nur noch auf sich selbst verweist. Wir machen aus diesem Schema die Grundform der verdrängenden Metabole, die auf die Bildung des Quellobjekts des Triebes hinausläuft.

Doch in Wirklichkeit ist all dies noch sehr schematisch, denn wir haben es stets mit einer Kombination aus diesen beiden Resultaten zu tun: Ein Teil von S_1, aber eben nur ein Teil, ist der Dunkelheit entrissen, und ein Teil ist verdrängt. Andererseits muss man Platz für das machen, was man Symbolisierung nennt, das ist das Ergebnis eines Gewebes aus Metabolen, und zwar unterschiedlicher Typen, die Metonymie und Metapher verbinden. Dieses Netz, dieses symbolisierende Maschenwerk erlaubt es, dass nach und nach etwas vom Urverdrängten der Dunkelheit entrissen werden kann.

Die Topik des Ich: Neu zu bewerten in Beziehung mit den Zeiten der Verdrängung

Einige Worte zum topischen Gesichtspunkt, so wie er in der Allgemeinen Verführungstheorie einzuordnen ist. Die Topik, so wie sie Freud in dem entwirft, was man als seine zweite Theorie bezeichnet (Es, Ich, Über-Ich), stellt einen gewaltigen Fortschritt gegenüber seinem ersten Modell dar. Aber dennoch wäre es ein Irrtum anzunehmen, dass die Topik sich damit des Problems ihrer eigenen Genese, und dieses entscheidenden Faktors, den die *Verdrängung* für die Errichtung der Instanzen darstellt, entledigt. Der topische Gesichtspunkt ist unabdingbar, um die Verdrängung zu verstehen, aber die Verdrängung ist unabdingbar, um die Topik zu verstehen. Es gibt unseres Erachtens verschiedene Stufen sowohl der Verdrängung als auch der topischen Entwicklung. Stufen der Verdrängung, die bereits durch die Unterscheidung zwischen Urverdrängung und sekundärer oder eigentlicher Verdrängung gekennzeichnet sind. Ich weise zunächst ausdrücklich darauf hin, dass die Stufen der Verdrängung nicht notwendigerweise der Hierarchie, Urverführung, frühzeitige Verführung sowie infantile Verführung, entsprechen; diese Hierarchie ist keine Abfolge, die Urverführung bleibt die Unterlage, die Triebfeder sowohl der frühzeitigen als auch der infantilen Verführung, ja sogar der erwachsenen Verführung, die analytische Verführung eingeschlossen.

Über die Urverdrängung ist hier zu sagen, dass ihre zwei Zeiten untrennbar sind von der Bewegung, die in die Bildung des Ichs mündet. In der ersten Zeit gibt es kein »Ich«, oder wenn man diesen Terminus bereits gebrauchen will, dann muss man deutlich machen, dass er mit dem ganzen Individuum und spezifischer mit der es begrenzenden Peripherie zusammenfällt. Genau in diesem Moment ist das Ich ein Körper-Ich, wie Freud sagt. Dagegen geht es in der zweiten Zeit der Urverdrängung um den Anfang des Ichs als *Instanz*; die Ich-Instanz ist diesmal ein *Teil* des Apparats, *nach dem Bild* des Ganzen, sie ist also Metapher des biologischen Ganzen, aber auch Organ des Ganzen, in metonymischer Kontinuität mit ihm. Es gilt hier ein Schema zu zeichnen, welches zeigt, dass unter den verschiedenen Stufen des Ichs nicht nur eine Art Parallelismus oder Einschließung, sondern auch Berührungspunkte bestehen. Man erkennt daran eindeutig, warum Leonardo da Vinci sagen kann, dass die Fenster des Körpers »Fenster der Seele« sind; sie sind außerdem Fenster des Ichs:

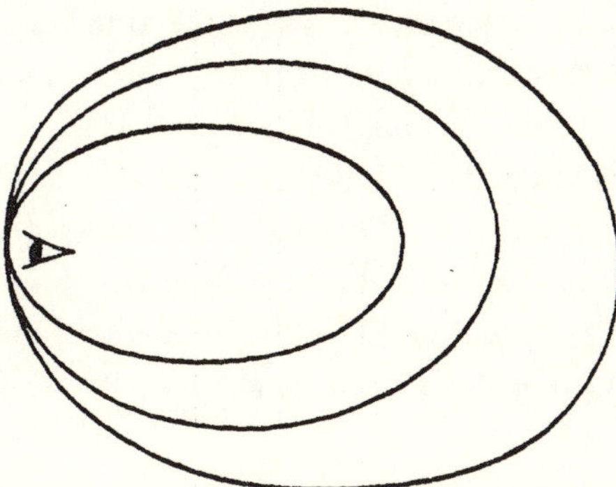

Die Zeit, in der das Ich erscheint – man darf sie nicht als eine einmalige Periode begreifen, getrennt vom Übrigen und in sich selbst geschlossen –, die wiederholten Zeiten, in denen das Ich erscheint, muss man *primären Narzissmus* nennen, in dem grundlegenden Sinne, den Freud ihm in seinem bahnbrechenden Artikel *Zur Einführung des Narzißmus* gab.[105]

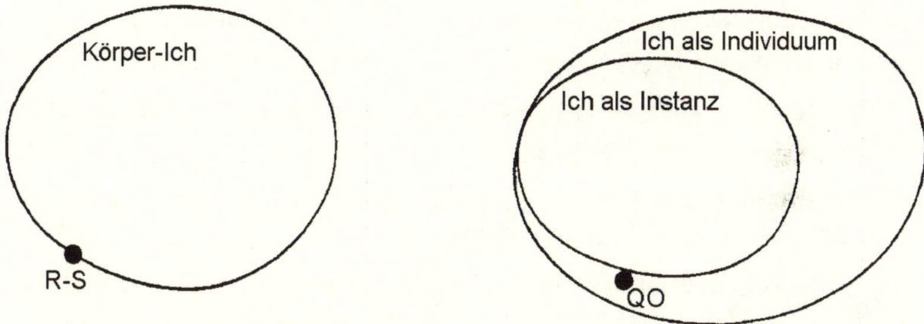

Der Platz des rätselhaften Signifikanten (R–S) ist in diesen beiden Konfigurationen unterschiedlich, je nachdem ob das Ich als Instanz existiert oder nicht. In der ersten Zeit ist er äußerlich, in die Peripherie des Ichs eingerammt, könnte man sagen, sehr konkret eingepflanzt in die Peripherie des Individuums, insbesondere an den Stellen, die man erogene Zonen nennen wird. Dagegen wird in der zweiten Zeit der rätselhafte Signifikant oder genauer sein verdrängter Rest, das Quellobjekt (QO),

105 Halten wir hier nochmals fest, dass die Bewegung der Theorie: Übergang vom Ich als Individuum zum Ich als Instanz, der Bewegung entspricht, die im Realen in der Genese des psychischen Apparats des Menschen abläuft.

innerlich: Es bleibt äußerlich im Verhältnis zum Ich, eingerammt in seine Peripherie, aber da das Ich eingeschränkter ist als das Individuum (man kann es ganz und gar räumlich skizzieren), ist es ein Inneres-Äußeres, das für das Ich von außen her agiert.

Gerade diese Stufen der Bindung und der Synthese, dieses Ineinandereinwickeln der Hüllen des Ichs, diese Berührung oder Vielfachberührung der Peripherien gestatten es, die Ambiguitäten und die Fruchtbarkeit eines Modells wie das des Bläschens aus *Jenseits des Lustprinzips* zu verstehen.[106]

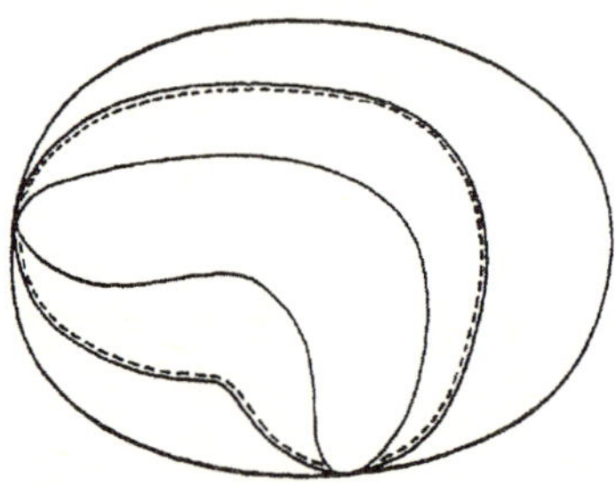

Doch ein Modell dieser Art ist nicht statisch; die Hüllen sind in der Lage, sich zusammenzuziehen und sich auszuweiten. Manche können aufs Neue zur Deckung gelangen; eines der besten Beispiele dafür ist der Traum, in dem die Hülle des Ichs wieder mit der somatischen Hülle des Träumenden zur Deckung gelangt; manche können sich auflösen oder sich aufs Äußerste ausdehnen, und ich denke, dass man diese Theorie des Ichs genau an dem Punkt wieder aufnehmen sollte, an dem sie brach liegen gelassen und durch das, was man »Ichpsychologie« nennt, gründlich in eine andere Richtung gelenkt wurde. Der genaue theoretische und historische Punkt, an den man anknüpfen sollte, sind die Vorarbeiten von Paul Federn.[107]

Von welcher Realitätsart ist die »Urverdrängung«? Nicht anders als die »eigentliche« Verdrängung ist sie weder eine mythische Zeit (wie das behauptet wurde) noch deswegen einer punktuellen Beobachtung direkt zugänglich. Der Grund dafür ist sehr einfach und keineswegs

---

106 Wie ich mehr als einmal die Gelegenheit hatte, es zu entwickeln. Vgl. *Problématiques I: L'angoisse*. Paris (PUF), 1980, S. 182–210 und *Problématiques III: La sublimation*. Paris (PUF), 1980, S. 237–247.

107 P. Federn: *Ichpsychologie und die Psychosen*. Frankfurt/M. (Suhrkamp), 1978.

metaphysisch: Indem sie gemäß der Logik der Nachträglichkeit in zwei Zeiten erfolgt, kann sie in einer Chronologie eingekreist, eingerahmt, aber niemals punktuell zugeordnet werden. Ein Buch wie das von Silvia Bleichmar zeigt das sehr schön anhand der psychoanalytischen Klinik des Kindes.[108]

Überdies wirkt sich die Nachträglichkeit, die sich zwischen den beiden Zeiten der Urverdrängung abspielt, gleichermaßen *hinsichtlich* der Urverdrängung selbst, in ihrem Ganzen genommen, aus. Womit konkret gemeint ist, dass die Urverdrängung zu ihrer Aufrechterhaltung ein Siegel benötigt: *Sie benötigt eine sekundäre Verdrängung*. Und genau da ist der Platz des Ödipuskomplexes, des Kastrationskomplexes und der Bildung des Über-Ichs anzusiedeln.

Das Über-Ich: Ein nicht-metabolisierbarer Imperativ?

Ich möchte hier einige Worte über das Über-Ich sagen, denn wir sind nun daran zu skizzieren, wie eine Neubearbeitung der Freud'schen Topik aussehen könnte. Bekanntlich stellt man schematisch ein frühzeitiges triebhaftes Über-Ich, das im Wesentlichen durch Melanie Klein aktualisiert wurde, und ein spätes, aus kulturellen Imperativen geschaffenes und über Gebote vermitteltes Über-Ich, ein, wie Freud uns sagt, an das Gesetz gebundene Über-Ich gegenüber. Nun verliert allerdings dieser Gegensatz mit der Allgemeinen Verführungstheorie einen Großteil seines Wertes: Denn wenn der Trieb seinen Ursprung eben in Botschaften hat (selbstverständlich nicht allein in verbalen Botschaften), dann ist festzustellen, dass es nicht von vornherein einen naturhaften Gegensatz zwischen dem Triebhaften und dem Intersubjektiven, zwischen dem Triebhaften und dem Kulturellen gibt. Die auf den Begriff des Rätsels ausgerichtete Allgemeine Verführungstheorie könnte folglich ein Wegweiser für die Theorie des Über-Ichs und seiner Imperative sein. Unser anderer Wegweiser wären nichts anderes als die philosophischen Überlegungen zu diesem Thema, wobei das Zentrum dieser Reflexion (nicht ihr Ende) Kants Ana-

---

108 S. Bleichmar: *Aux origines du sujet psychique, dans la clinique psychanalytique de l'enfant.* Paris (PUF), 1985.

lyse des Begriffs Imperativ wäre. Ich möchte einfach nur daran erinnern, dass für Kant die ihm vorausgehenden Moralen Moralen der Heteronomie sind: das heißt nicht auf das Subjekt zentriert, sondern stets dezentriert in einem Bezug zu Gott, zur Gattung, zur Idee des Guten usw.; in diesen Moralen werden der Imperativ und das daraus hergeleitete Gesetz als hypothetisch bezeichnet, das heißt aus etwas anderem deduzierbar. Der hypothetische Imperativ lautet: »Wenn du dies willst, dann tu das.« Wenn du Gott gefallen und für dein Heil sorgen willst, wenn du der Idee des Guten entsprechen willst, wenn Du willst, dass die Gesellschaft richtig funktioniert usw. …, nun, dann musst du dich so und so verhalten. Der hypothetische Imperativ ist also nach Kant im Bereich eines praktischen Wissens, einer technischen Regel, einer bestmöglichen Anpassung der Mittel an einen Zweck, mittels eines »wenn«, anzusiedeln: Das Beste, was du für dein Heil tun kannst (um dieses Mal die großen Freud'schen Imperative aufzunehmen) ist, deinen Vater nicht zu töten und nicht mit deiner Mutter zu schlafen.

Kant stellt dem hypothetischen Imperativ das, was er den kategorischen Imperativ nennt, in dem Sinne gegenüber, dass es in letzterem kein *wenn* gibt: Du musst dies tun, Punkt, Schluss. In Wirklichkeit stellt man bei genauerem Hinschauen fest, dass selbst der kantische kategorische Imperativ noch auf eine gewisse Weise hypothetisch ist, auch wenn es sich um eine etwas »spezielle« Hypothese handelt: »Wenn du frei sein willst, nun, dann musst du so und so handeln«; doch im Unterschied zu den vorangehenden Hypothesen ist das eine Deduktion, von der Kant behauptet, sie sei rein formal, das heißt, dass man von der einfachen Form eines freien Willens aus diesen oder jenen präzisen Imperativ deduzieren könne. Wogegen man zu Recht eingewandt hat, dass man aus dieser bloßen Autonomie eines Subjekts in Wirklichkeit keinen einzigen konkreten Imperativ jemals habe ableiten können. Genau diese Art Kritik ist Kant sowohl explizit durch eine gewisse moderne Kritik als auch implizit durch Freud entgegengehalten worden. Ich zitiere drei Namen, zwischen denen es interessant ist, die Parallelen aufzuzeigen: zum einen Levinas, im Bereich des religiösen Imperativs, Lyotard und auch Freud. Alle drei sagen uns: Der kantische Imperativ ist nicht so kategorisch, wie er zu sein behauptet, da er selbst deduziert ist (und überdies scheitert diese Deduktion …); der Irrtum besteht genau darin, den Aspekt »kategorisch«

und den Aspekt »Autonomie« miteinander zu verschmelzen; der wahre kategorische Imperativ kann nicht autonom sein, er kann nicht einmal aus dem Begriff eines freien Willens deduziert werden: Er ist ein *»tu dies«*, das sich aufdrängt und sich nicht zu rechtfertigen hat. Im Rahmen einer auf die Spitze getriebenen Religion, der jüdischen Religion, auf die Levinas sich beruft, erlässt Gott das Gesetz, und dieses bedarf keiner Rechtfertigung. Auf diesen kategorischen Aspekt der moralischen Imperative legt aber auch Freud Wert, wenn er uns daran erinnert, dass die Befehle des Über-Ichs tyrannisch und nicht zu rechtfertigen sind. Diese Willkür lässt er in seiner phylogenetischen »Manie« auf die Gründungsdekrete (das, was er *»Satzungen*«* und nicht *»Gesetze*«* nennt)[109] zurückgehen, zwei an der Zahl; der Vater der Horde verkündet: Ich bin unantastbar; alle Frauen sind mir vorbehalten.

Man hat Grund dazu, diesem Begriff eines kategorischen Imperativs, entstanden aus dem Über-Ich, größtmögliches Gewicht beizumessen und sich dabei auf diesen spezifischen Aspekt zu beschränken: Die kategorischen Imperative sind das, was nicht gerechtfertigt werden kann; sie sind gewiss rätselhaft wie auch andere Botschaften der Erwachsenen; aber sie sind nicht nur ungerechtfertigt, sondern vielleicht auch nicht zu rechtfertigen, das heißt sie sind nicht-metabolisierbar. Nicht-metabolisierbar bedeutet, dass man sie nicht verdünnen, nicht durch anderes ersetzen kann. Sie sind da, unwandelbar und unsymbolisierbar, und widerstehen dem Schema der Signifikantensubstitution.

Ich beschränke mich hier auf eine Hypothese, auf eine Suggestion, die offen ist für Fragen: Sind diese Imperative völlig unmetabolisierbar in dem Sinne, den ich der Metabole gegeben habe, oder sind sie einfach nur nicht-metaphorisierbar, aber unterliegen vielleicht einer gewissen metonymischen Abdrift? Eine weitere Frage, offen für eine genauere Untersuchung: Werden diese durch die Eltern übermittelten moralischen Regeln verdrängt oder bleiben sie, unfähig, verdrängt zu werden, im Zwischen der Vor-Verdrängung, insofern es eben nicht möglich ist, sie zu ersetzen, um »damit zurande zu kommen«? Und wenn die kategorischen Imperative gleichsam blockiert bleiben, zwischen den zwei

109 *Übersicht der Übertragungsneurosen*. Frankfurt/M. (S. Fischer), 1985, S. 42 (15). Unsere Lesart: *Satzungen** und nicht *Setzungen**.

Zeiten der Urverdrängung, bedeutet das dann nicht, in ihnen so etwas wie psychotische Enklaven jeder Persönlichkeit zu sehen?

Um mit der Topik zum Abschluss zu kommen: Sie sollte insgesamt neu bearbeitet werden, ohne sich dabei einfach auf die den »Instanzen« angeklebten Etiketten zu beschränken. Der Ausdruck Instanz deckt in Wirklichkeit völlig unterschiedliche Wirklichkeiten ab: Das Es, das Ich, das Über-Ich, die idealen Instanzen, sind nicht von gleicher Natur und haben auch nicht denselben Status: Die einen sind anthropomorphisch, andere nicht; die einen sind sprachlicher Natur, andere nicht; einige wie das Ich sind besonders an das Problem der Synthese gebunden usw.

Die Triebtheorie

Wie lässt sich jetzt die neue theoretische Aufgabe definieren, um die *Triebtheorie* im Rahmen unserer neuen Grundlage, der Allgemeinen Verführung, zu restrukturieren? Es geht unserer Ansicht nach darum, die von Freud vorgeschlagenen Unterscheidungen neu zu ordnen, indem man ihnen eine präzise Bedeutung gibt.

Bekanntlich müssen *die beiden* Triebtheorien und nicht nur eine einzige bewahrt werden: die erste, welche Selbsterhaltung und Sexualität, und die zweite, welche Lebenstriebe und Todestrieb gegenüberstellt, und genauso der entscheidende, bei Freud nur flüchtige Moment ihrer Verknüpfung, der durch den Text *Zur Einführung des Narzißmus* gekennzeichnet ist. Wir werden also diese zwei theoretischen Aspekte bewahren und dabei einmal mehr die Momente der Theorie zugleich als Momente der Entwicklung, der Genese des menschlichen Subjekts betrachten. Mit anderen Worten geht es um folgendes Schema:

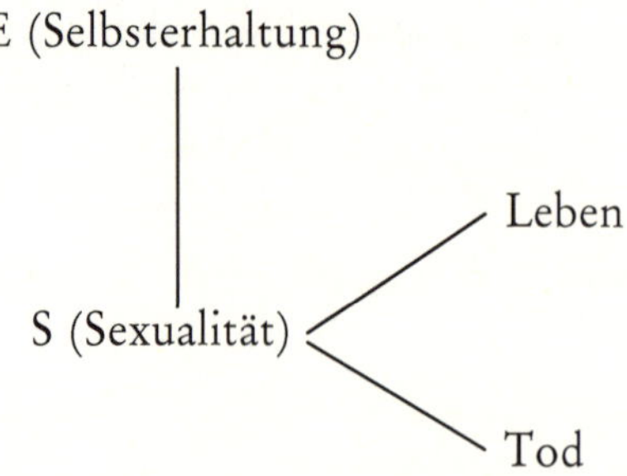

Selbsterhaltung und Sexualität, wir wissen bereits, wie wir diesen Gegensatz zum Funktionieren bringen, wir wissen, dass er im Großen und Ganzen in den klarsten Momenten des Freudianismus dem Gegensatz zwischen Trieb einerseits und Instinkt andererseits oder aber (Termini, die wir vorziehen) zwischen Trieb und Funktion entspricht (wobei die Funktion mit ihren eventuell instinkthaften Vorrichtungen auf der Seite der Selbsterhaltung anzusiedeln ist). Die kritische Darstellung, die wir im ersten Teil vorgelegt haben, zeigt deutlich, dass wir die Ebene der Selbsterhaltung, ihre Wichtigkeit, natürlich auch ihre Mängel, vor allem aber den Nutzen der wissenschaftlichen Erforschungen, deren Gegenstand sie bildet und auch weiterhin bilden muss, nicht vernachlässigen. Wir haben aber auch gezeigt, dass gerade das Herunterbrechen der sexuellen Ebene auf die Ebene der Selbsterhaltung – beim Menschen ein *reales* Herunterbrechen – das von uns kritisierte theoretische Herunterbrechen nach sich zieht. Auch wenn man der Selbsterhaltung den ihr gebührenden Platz einräumt, muss man doch kategorisch sagen, dass sie am psychischen Konflikt keinen Anteil hat. Man verzichtet nicht auf die Sexualität aus Furcht, das Leben zu verlieren, sondern aus anderen Gründen, zum Beispiel aus Furcht, die Liebe zu verlieren. Der Konflikt kann sich auf dem Gebiet der Selbsterhaltung abspielen und diese auch vorrangig betreffen, insofern die Funktionen durch einen Konflikt beeinträchtigt werden, der nicht auf ihrer Ebene angesiedelt ist. Es gibt dafür unendlich viele Beispiele, und diejenigen, die Freud vorschlägt, sind überzeugend; so zeigt er in *Die psychogene Sehstörung* in aller Klarheit, dass sich die Resultate des Konflikts auf dem Feld des Sehens (in Form einer hysterischen Blindheit) ansiedeln, dass aber trotzdem die visuelle Funktion, soweit sie den Zwecken der Selbsterhaltung dient, keinen Anteil am Konflikt hat. Das gleiche gilt für *Hemmung, Symptom und Angst*, wo Freud die sexuelle Bedeutung gewisser Funktionshemmungen herausstellt, insbesondere beim Gehen und beim Schreiben.

La pulsion – ein Ausdruck, der im Französischen erfunden wurde, um den Freud'schen *Trieb** zu übersetzen, um die Vorstellung wiederzugeben, dass der *»Trieb*« treibt*, uns zum Handeln treibt –, soll man den Ausdruck und den Begriff beibehalten? Dies ist nicht unbedingt selbstverständlich. Wenn man ihn beibehält, ist es auf jeden Fall angebracht, ihn vom Biologischen abzukoppeln. Der dem Menschen eigene Sexualtrieb stammt ursprünglich nicht aus dem Biologischen, selbst wenn er mit ihm auf der späteren Stufe der Genitalität zusammentrifft. Trotz allem glaube ich, dass es nach wie vor sinnvoll ist, diese Problematik des Triebes aufrechtzuerhalten, denn sie entspricht vier Ansprüchen, vier Anforderungen, die sich aus der psychoanalytischen Erfahrung ableiten.

Für den Trieb: Vier Anforderungen aus der Erfahrung

Die erste Anforderung ist die der *Kausalität*, ich meine damit nicht zwangsläufig den Determinismus; der Begriff Trieb trägt der Tatsache Rechnung, dass wir nicht Ursachen unserer selbst sind, sondern wahrlich *getrieben** werden. Ja vielleicht findet die Kausalität *einzig noch* in der Theorie des Triebes Zuflucht, während sie ansonsten vollständig aus dem gesamten zeitgenössischen wissenschaftlichen Denken verbannt, entthront worden ist zugunsten anderer Begriffe, insbesondere dem der Gesetzlichkeit, und zwar unabhängig davon, ob diese nun statistisch ist oder nicht. Der Trieb wäre demnach die letzte und wahrhaftige Zuflucht, die Heimat und der wahre Boden des Begriffs Ursache, und vermutlich wollte Lacan mit seinen Wortspielen über Ursache [»cause«] und Ding/Sache [»chose«] genau das zu verstehen geben.

Der zweite Grund, um den Grundbegriff Trieb zu bewahren, ist seine unauflösbare Verbindung mit den *Vorstellungen*. Doch hier nun treiben unsere »neuen Grundlagen« diesen psychoanalytischen Anspruch auf die Spitze. Nicht eine Energie X, wie Freud das so häufig annimmt, hängt sich, man weiß nicht wie, an Vorstellungen. Der Trieb ist in Wahrheit die eigene Kraft der Vorstellungen, sobald diese in einen bestimmten isolierten und getrennten Status überwechseln, den des Verdrängten und des ursprünglichen Unbewussten.

Ein dritter Punkt, warum der Freud'sche Begriff Trieb fruchtbar bleibt, ist seine Bindung – als Partialtrieb – an *festgelegte Körperzonen* und die daraus erwachsenden Konsequenzen, das heißt die Annahme von Stadien oder vielmehr Organisationsmustern, die diesen Körperzonen und deren Funktionsweise entsprechen. Bekanntlich liefert die Theorie der Verführung, insbesondere unter dem Aspekt der »frühzeitigen Verführung« für diesen Begriff einer erogenen Zone eine andere Grundlage.

Der vierte Punkt schließlich, für den der Freud'sche Realismus vorbildlich bleibt, zeigt sich, sobald man Phänomenen gerecht werden muss, die das tägliche Brot der Psychoanalyse ausmachen: die Verschiebung, die Verkehrung, die Trennung von Affekt und Vorstellung, die Verwandlung in Angst usw. Doch ist eben eine biologisierende Theorie viel weniger geeignet, diesen Phänomenen, man muss sie wohl Metabolisierungen nennen, Rechnung zu tragen, als eine Theorie, die den Vorstellungen und insbesondere der Einschreibung rätselhafter Signifikanten vollen Raum gewährt.

Die Elemente des Triebes in der Perspektive des Quellobjekts

Den Trieb also beibehalten, ihm allerdings seinen Charakter eines »mythischen Wesens« entziehen, wahrscheinlich aber auch seine *Elemente* umordnen. Diese Elemente sind in der Freud'schen Analyse, namentlich in *Triebe und Triebschicksale*, vier an der Zahl: Quelle, Objekt, Ziel und Drang. Die *Quelle* kann gemäß der Analyse, die wir dargelegt haben, nur der unbewusste Rückstand der Urverdrängung sein. Mit anderen Worten, sie ist das, was wir Quellobjekt nennen (was Freud bereits mehr oder weniger als Sachvorstellung erfasst hat). Wir werden uns nichtsdestoweniger etwas weiter unten zu dem Ausdruck »Objekt« erklären, den wir dem Ausdruck »Quelle« anhängen. Aber wie wir gerade betont haben, muss man gleichermaßen daran festhalten, dass die Quelle nicht lediglich Vorstellung ist, sondern dass sie im Somatischen der erogenen Zonen verankert ist, eben als Konsequenz des Phänomens der Verführung. Der Begriff *Ziel* muss beibehalten werden als Metaphorisierung, als metaphorisierende Wirkung somatischer Tauschvorgänge, also gebunden an die Quelle und an deren somatische Verankerung. Schließlich der *Drang* und die Frage, ob wir diesen quantitativen Begriff wirklich benötigen; konstante Kraft oder nicht? Und wenn es eine konstante Kraft ist, ein X, das unaufhörlich »mit hinüber[zu]nehmen« ist, wie Freud sagt, zu welchem Zweck, warum sollte man es in allen unseren Formeln mitschleppen? Dennoch scheint die Idee einer relativ konstanten Kraft dieses oder jenes Partialtriebs eine plausible Forderung zu sein; wir sagen freilich *relativ* konstant und zwar wahrscheinlich während eines festgelegten Zeitabschnitts. Freud definiert diesen Drang in physikalistischen Termini, die man nicht unbedingt ablehnen muss, nämlich als Arbeitsanforderung. Doch diese Arbeitsanforderung, und darin weicht meine Definition von seiner ab, geht nicht direkt von den somatischen Quellen, sondern von unbewussten Prototypen aus, oder, genauer noch, von der Differenz zwischen dem, was an den ursprünglichen rätselhaften Botschaften symbolisierbar ist, und dem, was es nicht ist. Die Konstanz dieses ökonomischen Faktors ist relativ, man erkennt, und genau darin besteht einer der Aspekte des analytischen Prozesses, dass die Symbolisierungsvorgänge den Zwang, der von ihm ausgeht, vermindern. Man erkennt auch, dass, wenn sich ein Verführungsvorgang wiederholt, dies neue Triebzufuhren hervorrufen kann. Kurz, wenn man unbedingt an dieser Annahme einer Triebenergie festhalten will, muss man akzeptieren, dass diese Energie nur relativ konstant ist und dass sie aufgrund psychischer Prozesse zu- und abnehmen kann.

Klarstellung zur Frage der Anlehnung – Ihre Wahrheit: Die Verführung

Bevor ich zu den zwei Arten von Trieben, also der Unterteilung des Sexualtriebs, übergehe, noch ein Wort zur Beziehung von Selbsterhaltung und Sexualität und diesbezüglich eine Klarstellung zum Begriff *Anlehnung*. Dieser Begriff ist nur deshalb für den Freudianismus zentral geworden, weil er wiederentdeckt wurde, denn er war zuvor völlig verborgen. Doch seitdem er von Pontalis und mir wiederentdeckt wurde, ist es wahrlich sein Schicksal geworden, für alles herhalten zu müssen. Seit geraumer Zeit bereits spricht man von allen möglichen Formen von Anlehnung: Anlehnung an die Mutter, Anlehnung ans Biologische, Anlehnung an den Körper, ja sogar Gegenanlehnung oder auch Anlehnung der Seele an den Körper. Die Anlehnung ist jedoch bei Freud keineswegs eine Antwort auf die Frage nach den Beziehungen zwischen Seele und Körper. Sie ist die Stütze, welche die sexuelle Funktionsweise in der Funktionsweise der Selbsterhaltung findet, *wobei das eine wie das andere gleichermaßen psychisch wie somatisch genannt werden können*: Das Sexuelle ist nicht psychischer und die Selbsterhaltung nicht somatischer; beides sind umfassende Aspekte einer Funktionsweise, die einen Sinn hat.

Soviel zu den Abweichungen, den Entstellungen dieses Begriffs seit Freud. Doch selbst wenn man ihn in seiner ursprünglichen Bedeutung und in seinem trefflichsten Sinne nimmt, muss man der Tatsache Rechnung tragen, dass die *Theorie der Anlehnung in der Leerstelle auftaucht, die 1897 durch die Aufgabe der Verführungstheorie entstanden war.* Die Anlehnung bleibt gültig als Darstellung einer gewissen Art von Verknüpfung, für die wir unterschiedliche Schemata angegeben haben (das Schema eines Dieders oder das eines Zubers), gilt aber nicht, wenn man daraus das Modell eines Ursprungs oder einer Genese machen will. Die manchmal bei Freud anzutreffende Idee einer Genese der Sexualität gemäß der Anlehnung beruht, wenn man sie ernst nimmt, zwangsläufig auf einer Emergenz, einer zunehmenden Divergenz zwischen Selbsterhaltung und Sexualität im Rahmen einer biologischen Funktionsweise. Ein mögliches Schema könnte folgendermaßen aussehen:

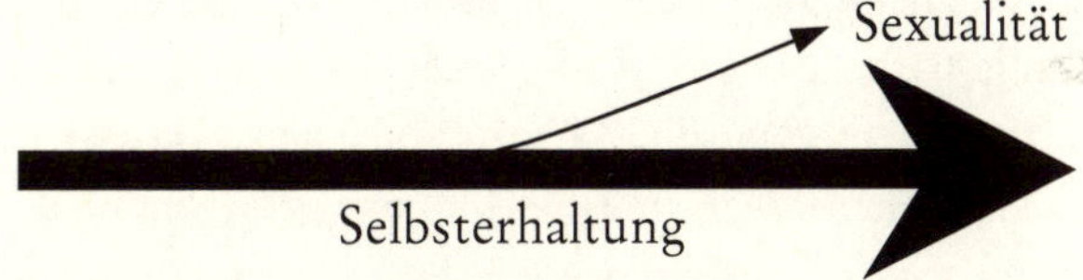

Genau das schlägt Freud für die orale Sexualität mit dem sogenannten Modell des »Ludelns« vor. Nun kann dieses Schema zur Not unter der Bedingung beibehalten werden, dass man darunter keine spontane oder endogene Bewegung versteht. Wir haben hier eine Art Zwiebel, von der sich eine erste oberflächliche Membran löst, eine Blume, von der sich ein Blütenblatt lösen würde. Um nun mit einem Wort verständlich zu machen, was wir meinen: Die Zwiebel schält sich nicht ganz von allein, die Verführung schält von der Selbsterhaltung eine gewisse Lamelle ab, die man sexuell nennen kann. Die Verführung ist es, welche die Zwiebel der Selbsterhaltung schält, und nicht die Selbsterhaltung, die sich durch man weiß nicht welche endogene Bewegung spalten würde.

Lebenstriebe – Todestrieb

Kommen wir jetzt kurz zum Feld des Triebes im eigentlichen Sinne, zu dem, was wir die zweite Triebtheorie nennen, *Lebenstriebe und Todestrieb*. Dies mit der Absicht, gleich zu Beginn einer Anmerkung zum Thema der Kategorien von Leben und Tod Nachdruck zu verleihen: Will man außerhalb der Selbsterhaltung Kategorien anwenden, die genau ihr entnommen sind, nämlich Leben und Tod des biologischen Subjekts, so müssen diese Kategorien selbstverständlich gründlich metabolisiert werden. »Leben und Tod in der Psychoanalyse« und in den sogenannten »Lebens«- und »Todes«trieben sind nicht das Leben und der Tod des biologischen Individuums. Sie überkreuzen sich sogar auf merkwürdige Weise mit unserem Leben und unserem Tod, insofern wir als Individuen durch die Geschichte dazu bestimmt sind, uns bis zum Moment unseres Dahinscheidens im Sein fortzuerhalten. Die zwei von Freud beschriebenen Arten von Trieben befinden sich *beide im Feld des Sexualtriebs*: Eros selbstverständlich, aber auch der »Todestrieb«. Wir können hier nicht auf all die zahlreichen historischen und theoretischen Hinweise eingehen, die es uns erlauben zu behaupten, der Todestrieb sei kein grundsätzlich neuer Beitrag, sondern lasse sich auf der Linie dessen einordnen, was Freud immer Sexualität genannt hat:[110] *Freuds Beitrag in den Jahren um 1915 ist* nicht der Todestrieb, sondern *der Lebenstrieb*, das heißt die an ein totales Objekt gebundene Sexualität, die Sexualität, die zu Liebe wird, entweder Liebe des Anderen oder, grundsätzlich und in völliger Entsprechung, Selbstliebe, das heißt Narzissmus. Die Entdeckung der Liebe für ein totales Objekt (den totalen Anderen oder man selbst als Ich, als totales Objekt) ist das Neue; und im Gegenzug nötigt sie Freud, um das Steuer wieder herumzureißen, das erneut zu bekräftigen, was an der Sexualität von Anfang an weitaus weniger idyllisch und auch weitaus weniger narzisstisch war: die Sexualität in Form größtmöglicher Auflösung, Zerstückeltheit und Zerstückelung. Wenn man das Freud'sche Denken im Längsschnitt betrachtet und sich fragt, was hinter diesem Ausdruck »Todestrieb« steckt (schließ-

110 Vgl. z.B. *Problématiques IV: L'inconscient et le ça*. Paris (PUF), 1981, S. 221ff. und »La pulsion de mort dans la théorie de la pulsion sexuelle«. In: *La pulsion de mort*. Paris (PUF), 1986, S. 11–26.

lich ist man nicht gezwungen, diesen Ausdruck beizubehalten, selbst wenn er sehr – allzu sehr – geistvoll ist), erkennen wir, dass er eine erneute Bekräftigung dessen ist, was stets das konflikthafte, dem Ich entgegengesetzte, unversöhnliche Wesen der Sexualität ausgemacht hat. Ein weiterer Hinweis unter vielen anderen ist die Tatsache, dass Freud, obwohl er zwei Arten von Trieben aufgestellt hat, niemals annahm, dass es deshalb auch zwei Arten von Triebenergien gäbe: Er hat niemals eine spezielle Energie für den Todestrieb, also eine *destrudo*, angenommen (*destrudo* ist kein Freud'scher Terminus; es gibt keine *destrudo*).

Ihre Beziehung zum Objekt

Todestrieb und Lebenstrieb sind zwei Aspekte des Sexualtriebs, die man also letztendlich zu definieren imstande sein muss, eventuell unter Zuhilfenahme von weiteren, insbesondere kleinianischen Beiträgen. Der sogenannte sexuelle »Lebens«trieb entspricht einem *totalen* und totalisierenden *Objekt*, er ist durch diese Beziehung an ein Objekt gebunden (im Freud'schen Sinne des Wortes, das heißt, mehr oder weniger zusammenhängend und nicht zerstückelt aufrechterhalten), das auf dem Weg oder im Vollzug ist, sich zu totalisieren. Es scheint uns, dass er daher eher auf eine *metaphorische* als eine metonymische Verschiebung ausgerichtet ist, ganz einfach weil allein Strukturen, die eine gewisse Totalität, eine gewisse innere Gliederung haben, sich für die Analogie eignen, die genau die metaphorische Substitution nach sich zieht: Analogie gibt es nur zwischen Einheiten, die in ihrer Totalität gewisse Strukturierungen und folglich gewisse Formähnlichkeiten beinhalten. Dagegen entspricht der Todestrieb dem *Partialobjekt*, das kaum ein Objekt ist, da es, wie auch bei Klein, instabil, ungeformt, zerstückelt, mehr der *Metonymie* als *der* Metapher geweiht ist.

Ihre Beziehung zu den zwei Arten von Vorgängen

Sicherlich kann man diese zwei Arten von Trieben in eine gewisse Beziehung zu dem setzen, was man *Primärvorgang und Sekundärvorgang* nennt, aber gewiss nicht, um eine absolute Gleichsetzung zu behaupten, dergestalt dass der gesamte Primärvorgang auf der Seite des Todestriebs und der gesamte Sekundärvorgang auf der Seite des Lebenstriebs wäre; de facto gibt es eher eine Ergänzungsreihe als einen wirklichen Gegensatz, eine Reihe, die sich im psychischen Apparat vom Innersten des Es, das der völligen Zerstückelung geweiht ist, bis zu den am stärksten durch das Ich oder durch das Objekt gebundenen Vorgängen, diesen mit dem Narzissmus entdeckten Vorgängen, erstreckt. Zwischen absolutem Primärvorgang und absolutem Sekundärvorgang haben wir also eine Reihe, die sich gleichermaßen gemäß dem mehr oder weniger Metonymischen und dem mehr oder weniger Metaphorischen verteilen würde, ohne dass wir deswegen am einen Ende die reine Metonymie und am anderen die reine Metapher erfassen könnten.

Die Frage des Quellobjekts

Es gibt also im Primärvorgang selbst, das heißt in den unbewussten Vorgängen, eine große Vielfalt von Funktionsweisen: einen Primärvorgang quasi im Reinzustand, Funktionsweise des Todestriebs, und einen bereits in gewisser Weise regulierten Primärvorgang, welcher die Funktionsweise des Lebenstriebs darstellt, der weder ganz zum Primärvorgang noch ganz zum Sekundärvorgang bestimmt ist. Dies läuft erkennbar darauf hinaus, den Terminus Quellobjekt als einen unvollkommenen Ausdruck wieder infrage zu stellen: Quelle? Gewiss doch, aber: Objekt? Unter der Bedingung, dass totales Objekt und Partialobjekt unterschieden werden, und dass man zugesteht, dass das Partialobjekt kaum ein Objekt ist und dem Index näher ist als dem »objekthaften« Objekt. Wir sahen uns deswegen wiederholt veranlasst, die beiden Triebarten als »Objekttrieb« und als »Indextrieb« gegenüberzustellen. Doch muss man noch anfügen, dass *dasselbe* Quellobjekt Quelle zugleich des einen wie des anderen ist, Quelle ebenso von todbringenden als auch von synthetisierenden Aspekten des Triebes, je nachdem, ob es den zerstückelten und partialen oder aber den totalen Gesichtspunkt aufweist. Dasselbe Quellobjekt ist Zeichen und Objekt, Partialobjekt und Totalobjekt zugleich.

Die Gewichtung: Bindung – Entbindung

All dies, was bereits grundsätzlich komplex erscheint, wird es noch mehr, wenn man auf die Ebene des psychischen Konflikts zu gelangen versucht. Auf der letzten Stufe der Metapsychologie, in den Kämpfen, bei denen sich nach einem Bild Freuds Armeen im Himmel gegenüberstehen, in letzter Instanz also, stellt der psychische Konflikt einen Konflikt zwischen Lebenstrieben und Todestrieb dar; konkreter bereits ist er in unserer alltäglichen psychoanalytischen Erfahrung ein Konflikt zwischen den Bindungs- und den Entbindungsvorgängen. Deswegen lassen wir uns nicht dazu verleiten, zwangsläufig Partei zu Gunsten der Bindung zu ergreifen, und behaupten auch nicht, die Bindung stünde notwendigerweise immer auf der Seite des biologischen Lebens oder gar auf der des psychischen Lebens: Denn die radikalste Form der Bindung ist auch die radikalste Form des Stillstands. Von diesem Gesichtspunkt aus bleibt Lacans Denunziation des Ichs als Instanz der Faszination und des Stillstands gültig, selbst wenn sie überzogen ist. Es gibt sicherlich einen Tod der Psyche durch Zerfall, Tod durch den Todestrieb, es gibt aber auch Tod der Psyche durch exzessive Erstarrung und Synthese, Tod der Psyche durch das Ich.

Letzten Endes – denn jenseits dieses Triebschemas bleibt alles noch zu konkretisieren – müsste man von da aus die Natur der Symbolisierung und ihre durch ihre Etappen skandierte Geschichte beschreiben (wir lehnen die wesentlichen Etappen des Ödipus- und des Kastrationskomplexes nicht ab, betrachten sie allerdings im Verhältnis zur Urverführung als sekundär); man müsste über die weiter oben gegebenen Hinweise hinaus die Genese und die Funktion der psychischen Instanzen neu bearbeiten; und selbstverständlich die verschiedenen möglichen Formen des Scheiterns der Symbolisierung einordnen.

4. Postskriptum: Die Natur des Unbewussten

Als Postskriptum zu diesen theoretischen Grundlagen und vor einer Skizzierung ihrer praktischen Konsequenzen möchten wir die jahrzehntealte Polemik über die *Natur des Unbewussten* wiederaufnehmen. Ein schon älterer, zusammen mit Serge Leclaire geschriebener Artikel, *Das Unbewusste, eine psychoanalytische Studie*,[111] trifft den nach wie vor aktuellen Gegensatz zwischen einem realistischen und einem phänomenologischen Gesichtspunkt des Unbewussten ganz gut. Der realistische Gesichtspunkt ist im Gesamtwerk Freuds ein Realismus, den man »naiv« nennen kann, ohne mit diesem Terminus irgendeine abwertende Konnotation zu verbinden; er basiert im Wesentlichen auf der Erfahrung der Kur, des psychischen Konflikts oder auch des Symptoms, woran deutlich wird, dass das, was aus dem Unbewussten stammt, als eine Realität in Konflikt tritt mit einer anderen – wobei sich die beiden Protagonisten, Wunsch und Abwehr, auf ein und derselben Realitäts- und Ausdrucksebene ansiedeln, bis in den Kompromiss hinein, in welchem sie sich miteinander verschränken. Von den philosophischen, ontologischen Argumenten, mit denen Freud seinen Realismus stützen will, sind einige gewiss bestreitbar und sogar eher kontraproduktiv. Das gilt etwa für die Bezugnahme auf Kant, in der das Unbewusste dem »Ding an sich« gleichgesetzt wird: Wenn man ein Ding an sich zugesteht, sagt Freud, jenseits des Universums der physischen Phänomene unerkennbar (aber ins Auge gefasst), warum soll man dann nicht dasselbe Postulat für die Psyche erheben? Dieses Argument scheint uns die analytische Entdeckung in ihrer radikalsten Form gerade zu untergraben: Wenn das Unbewusste nicht mehr ein separates Register ist, wenn es einfach nur den unerkennbaren Grund unserer *ganzen* Psyche bildet, dann läuft seine Anerkennung Gefahr, nur mehr einer Ehrerweisung, einer Reverenz zu entsprechen, ohne ernsthafte praktische Konsequenzen.

Von der Phänomenologie zum Realismus

Gegenüber diesem »Realismus des Unbewussten« vertreten mit größtem Geschick Politzer, aber auch Sartre (in den besten Teilen seines

111 J. Laplanche & S. Leclaire: »L'inconscient, une étude psychanalytique«. In: *Les Temps modernes*, Nr. 183, Juli 1961, S. 81–129; wiederaufgenommen in: *Problématiques IV: L'inconscient et la ça*. Paris (PUF), 1981, S. 261–321.

Denkens) oder auch erst jüngst Roy Schafer einen Gesichtspunkt, den ich »phänomenologisch« nennen möchte (selbst wenn die Autoren sich nicht alle auf die Phänomenologie berufen). Dieser phänomenologische Gesichtspunkt verkündet kurz gesagt die Immanenz des Unbewussten als Immanenz eines Sinns gegenüber seinen unterschiedlichen Ausdrucksformen. Bei Politzer, um das einfache Beispiel des Traums aufzugreifen, findet ein und derselbe Sinn, den zu realisieren kein Anlass besteht, zugleich seinen nicht-konventionellen Ausdruck im Traum und seinen konventionellen Ausdruck in der alltäglichen Sprache, die den Traum dekodiert. Außerhalb dieser beiden Ausdrucksweisen, der einen in unserer gemeinsamen und der anderen in einer individuell geschmiedeten Sprache, besteht kein Anlass, noch etwas zu suchen, einen dritten Terminus, den Sinn. Der Sinn, und wäre er unbewusst, darf nirgendwo realisiert werden.[112]

Dieser allzu kurze Rückblick war notwendig, um, ausgehend von unseren neuen Grundlagen und namentlich der Allgemeinen Verführungstheorie, die Frage richtig zu stellen: Bringt diese nicht ein neues, ja ein grundsätzliches Argument in die Auseinandersetzung über den Realismus des Unbewussten ein? Das Vorgehen wäre folgendes: Die von uns beschriebene Ursituation ist eine Konfrontation des Kindes mit einem Erwachsenen, welcher Botschaften anbietet, deren Sinn ihm nicht vollständig zur Verfügung steht. Bei der Darstellung des Protagonisten »Erwachsener« haben wir mit Bedacht hervorgehoben, dass es überhaupt nicht nötig war, zu diesem Zeitpunkt irgendeine Hypothese über die Natur des Unbewussten zu bilden; es genügte uns, dass das Unbewusste gegenwärtig war, selbst in dem Sinne, in dem seine Gegner es zugestehen, selbst in dem Sinne, in dem die »Phänomenologen« es verstehen, selbst in dem Sinne, in dem man es im alltäglichen Leben zwangsläufig berücksichtigen muss, und sei es nur durch diesen wunderbaren Ausdruck: »Ihnen ist gerade ein Freud'scher Versprecher unterlaufen.« Die Ursituation, so wie wir sie beschreiben, hat zu Beginn keinen Realismus des Unbewussten nötig, um ihre Konsequenzen zu entfalten; doch ausgehend von dieser Ursituation, der Urverführung und dem Verdrängungsvorgang oder der daraus folgenden Urmetabolisierung, muss man zwangsläufig zur Bildung

112 Ebd., S. 261–269.

eines Rests gelangen. Dieser Rest kann nur Nicht-Symbolisiertes, das heißt nur entsignifizierter Signifikant sein. Mit anderen Worten wird in diesem Prozess der Realismus des Unbewussten nicht zu Beginn postuliert, aber nichtsdestoweniger wird am Ende auf ihn geschlossen. Es gibt da gleichsam eine Art klinisch-theoretische Deduktion des Realismus des Unbewussten, ausgehend von einer weitaus neutraleren Beschreibung zu Beginn. Man braucht nur dieses Minimum der Freud'schen Entdeckung anzuerkennen, wonach gewisse »Fehlleistungen« etwas bedeuten, was das Subjekt nicht weiß, ohne gleich irgendein Postulat über die Natur dieses »nicht weiß« aufzustellen, um am Ende zu zeigen, dass allein der Realismus des Unbewussten mit der Funktionsweise der Urverdrängung vereinbar ist.

III. Die praktische Aufgabe

Es ist vielleicht ein Gemeinplatz, wenn man die enge Verflechtung, die innige Abhängigkeit von Theorie und Praxis unterstreicht. Doch im Fall der Psychoanalyse, deren Gründungsgeste unauflösbar praktisch und theoretisch ist, ist diese Abhängigkeit lebensnotwendig. »Die praktische Aufgabe« ist einer der beiden Teile von Freuds *Abriss der Psychoanalyse*,[113] seinem letzten abgeschlossenen Werk. Vielleicht vermittelt dieser Teil indes den Eindruck, anwendungsbezogen zu sein, und deshalb würde ich Ausdrücke wie »Umsetzung« oder »praktische Erprobung« vorschlagen.

Die Krise von 1897: Modell der theoretisch-praktischen Verflechtung

Kommen wir für einen Augenblick zurück zur Wende von 1897. Wir finden in den *Briefen von Freud an Fließ* das Zeugnis dafür, dass theoretischer und praktischer Fortschritt genau im Gleichschritt verlaufen. Die Praxis ist lebendige Ausarbeitung, die Theorie wird direkt erprobt, es geht in einem Zug vorwärts und die Schwierigkeiten gehen Hand in Hand; das Scheitern, wenn es dazu kommt, ist gleichermaßen Scheitern von Theorie und Praxis. Bekanntlich handelte es sich damals um eine Theorie, die nicht nur eingeschränkt, sondern auch einschränkend war,

113 GW XVII, S. 63–138.

da sie das Unbewusste allein vom Gesichtspunkt der Psychopathologie aus anging. Andererseits haben wir an die von dieser Theorie beseelte praktische Hoffnung erinnert: Das ganze Unbewusste bewusst zu machen; trotz allem eine legitime Hoffnung, *wenn es denn wahr wäre*, dass das Unbewusste nur bei den Neurotikern, den Geisteskranken existiert. Hat nicht Freud im Übrigen etwas Ähnliches für die Übertragung vertreten, die er damals für ein Phänomen hielt, das allein bei den Neurotikern vorkomme?

Die Revision von 1897 wird also als ein Scheitern erlebt. Auch in unserer Sichtweise ist es ein Scheitern, insofern der Widerspruch nicht zu einer Umwandlung der Verführungstheorie zu führen vermochte. Ein vielleicht unvermeidbares Scheitern, und trotzdem ist diese Krise auch ein positives Vorbild, weil sie Theorie und Praxis unauflösbar miteinander ins Spiel bringt.

Entkoppelung von Theorie und Praxis

Man stellt sich also nicht erst seit Kurzem die Frage nach unserem Handeln und dessen Grenzen. Doch ist im Unterschied zu 1897 dieses Hinterfragen heute leider nicht so grundsätzlich: Praxis und Theorie gehen jede ihren eigenen Weg. Unter dem Einfluss insbesondere des englischen empirischen Empirioklinizismus wird die Theorie eher in Abrede gestellt, gering geschätzt. Der angeblich klinische Imperialismus ist auf seinem Höhepunkt angelangt; kein Text, kein Kolloquium durchbricht die Schranke dieser Zensur, ohne sich mit dem Deckmantel von Fallbeschreibungen zu schmücken. Man kann sich nicht mehr vorstellen, dass die Erfahrung die Theorie durchdringen kann, dass die Theorie selbst Erfahrung ist, dass es eine theoretische Praxis gibt; man verwechselt schlichtweg Erfahrung und Empirismus …

Wie ist es heute um die Praxis bestellt? Ein Großteil der analytischen Welt ist von der Theorie entkoppelt. Mangels einer klaren Einschätzung der Ziele und Grenzen der Praxis, schwankt diese allzu oft zwischen Verzweiflung und verrückter Hoffnung. In der kommunistischen Bewegung der Nachkriegsjahre gebrauchte man den Ausdruck: »Man darf

Billancourt nicht die Hoffnung rauben«,[114] worunter zu verstehen war, dass unter gar keinen Umständen die Wirklichkeit des Sowjetregimes enthüllt werden durfte. Mit Blick auf die Realität der französischen Psychoanalyse könnte man in gleichem Sinne etwas formulieren wie: »Man darf dem Dreizehnten nicht die Hoffnung rauben.«[115] Aber wer raubt dem Dreizehnten am meisten die Hoffnung? Derjenige, der Grenzen aufzeigt, oder derjenige, der sich in ein unmögliches und grenzenloses Abenteuer stürzt? Ein Zeugnis für dieses Abenteuer wäre die Flucht nach vorne in den klinischen Wildwuchs: Ich halte ein klinisches Referat, du assoziierst frei über mein Referat, wir round-tablen über deine freien Assoziationen usw. Was bleibt bei alledem vom Schritt-für-Schritt der Psychoanalyse? Die Praxis ist also in der Krise. Sie ist in der Krise auf der Ebene ihrer Prinzipien: Entweder hat sie keine mehr oder aber sie vertraut auf die alten Rezepte der Desillusionierung oder der Ichstärkung, es sei denn, man wählt alternativ dazu die Strategie, unaufhörlich Wortspiele in die Kur zu injizieren, was man die angebliche Signifikantendeutung nennt. Die Psychoanalyse ist in der Krise aufgrund der Beurteilung ihrer Bewegung oder Dynamik: ihrer Indikationen, ihrer Resultate, ihrer Beendigung. Schließlich ist die Psychoanalyse in der Krise aufgrund derer, die sie praktizieren, denn bekanntlich versucht sich derzeit so ziemlich jeder als Psychoanalytiker.

Inwiefern kann diese neue Grundlage, die wir mit der Allgemeinen Verführungstheorie vorschlagen, es ermöglichen, die Praxis neu zu verorten? Dieses weit gefasste Programm werden wir nicht erfüllen können; wir begnügen uns damit, es zu umreißen. Dies geschieht in drei Punkten: der Auswirkung auf die Situation, auf die Übertragung und auf den Prozess.

---

114 Billancourt, eine Vorstadt von Paris, steht in diesem geflügelten Wort als Symbol für das Proletariat. Die Redewendung »Il ne faut pas désespérer Billancourt«, scheint erstmals nach einem Streik 1913 gebraucht worden zu sein und bedeutete, die Regierung solle keine Maßnahmen ergreifen, welche die Arbeiterklasse zu sehr benachteiligen, ihr also die Hoffnung auf Verbesserungen rauben würde. In einem Stück von Sartre, *Nekrassov* (1955), kommt auch der Ausspruch »Désespérons Billancourt! Désespérons Billancourt!« vor (A.d.Ü.).

115 Mit dem »Dreizehnten« ist das 13. Pariser Arrondissement gemeint. Anspielung auf ein psychoanalytisches Ambulatorium in diesem Bezirk, das zum Ziel hatte, niederschwellige psychoanalytische Behandlungen anzubieten (A.d.Ü.).

1. Die Situation

Das »Setting«: Weder ein Formalismus noch eine technische Vorrichtung

Die *Situation*, das ist bekanntlich ein Rahmen, und das sind Regeln. Häufig wird der Ausdruck *»setting«* verwandt, aber er läuft Gefahr, als etwas rein Willkürliches oder Technizistisches verstanden zu werden. Das *setting* ist kein Ritual, es ist keine technische Einrichtung wie etwa das Behandlungszimmer eines Zahnarztes; es ist auch kein willkürliches Gesetz. Vom Gesetz wechselt man bekanntlich allzu leicht zum GESETZ über, was es erlaubt, Verfehlungen gegen dieses GESETZ als Übertretungen einer angeblichen symbolischen Ordnung anzuprangern. Vom Gesetz zum Formalismus ist es nur ein Schritt oder aber eine einfache Umkehrung. Weder der reine Formalismus noch seine Ablehnung machen Sinn oder sind theoretisch gerechtfertigt. Wenn der Formalismus seinen Sinn verliert, ist die Versuchung da, ihn zum Teufel zu schicken. Die Umgestaltungen, die Varianten der Kur sind notwendig, aber man muss sie begründen können. Erinnern wir uns an den von Lacan gewählten Untertitel für einen Artikel über *Les variantes de la cure type [Die Varianten der typischen Kur]*, um den man ihn gebeten hatte: »Eine Fledermausfrage: zu prüfen am helllichten Tag.« Mangels eines solchen helllichten Tags endet man bei irgendwas, die Situation löst sich bis hin zu ihren räumlichen und zeitlichen Grenzen auf. Greifen wir rasch das Beispiel der zeitlichen Grenzen im Fortgang einer Behandlung auf. Sieht man nicht den unmerklichen und unhinterfragten Wechsel von der »Psychotherapie« zur »Psychoanalyse«: Wann werde ich ihn sich hinlegen lassen? Werde ich ihn einmal sich hinlegen und dann wieder sitzen lassen? Werde ich ihn in einen Schaukelstuhl setzen? Und hören wir nicht umgekehrt, wenn es um das Ende der Kur geht, immer wieder Fragen von unseren Patienten: Doktor, ab wann werde ich auf zwei Sitzungen überwechseln? Ab wann auf eine? Und warum nicht auf eine halbe? Die Kur wird so zu einer Art fortschreitender Umerziehung.

Etablierung

Um mit diesem Humor, der uns alle vor Probleme stellt, zu brechen, seien vier Orientierungspunkte für Leitlinien klar und deutlich festgehalten. Erstens, die Kur muss *etabliert* werden: Die Ausdrücke Vertrag oder Pakt sind völlig unzureichend mit ihrem Anklang ans Notarielle, es sei denn, man greift auf einen ursprünglicheren Sinn zurück, wie z.B. bei Rousseaus »contrat« social. Es geht um eine etablierende Geste, ein Ensemble von etablierenden Gesten, damit das Willkürliche dem Wesentlichen weicht. Zum anderen geschieht diese Etablierung immer wieder neu, die Situation muss sich immer wieder etablieren, bis zum Ende, bis zum letzten Moment der Analyse. Es gibt keinen allmählichen Übergang zwischen der Analyse und der Außer-Analyse.

Der Zuber: Ein rein triebhafter Ort

Unser zweiter Punkt besagt, dass es um die Etablierung *eines rein triebhaften oder sexuellen Ortes* geht. Hier hilft uns die Theorie mit der klaren Unterscheidung zwischen der Selbsterhaltung als dem Feld der Interessen, der Bedürfnisse oder der Anpassung und dem Feld der Sexualität oder der Libido. Die analytische Situation funktioniert abseits der Selbsterhaltung und der Anpassungsziele, allerdings nach einem komplexen Schema. Wir haben dieses Schema als *Zuber* skizziert; es ist von demjenigen des Traumes abgeleitet, zumindest so wie Freud ihn beschreibt, was aber keineswegs besagt, dass die Kur ein Traum sei. Denn die im Schlaf herrschende Ausschließung der Motilität und der Wahrnehmung ist völlig verschieden davon, wie das äußere Feld in die Kur eingreift. Unser Schema verfolgt genau das Ziel, diesen Unterschied zu visualisieren. Im Traum ist das Subjekt wirklich abgeschnitten, sowohl von den Wahrnehmungen als auch von seinem motorischen Ausdruck. In der Kur existiert dieser Schnitt nicht, es gibt weiterhin die afferenten »Pfeile«, aber sie befinden sich in einer Art tangentialer Position im Verhältnis zum Kreis des Zubers:

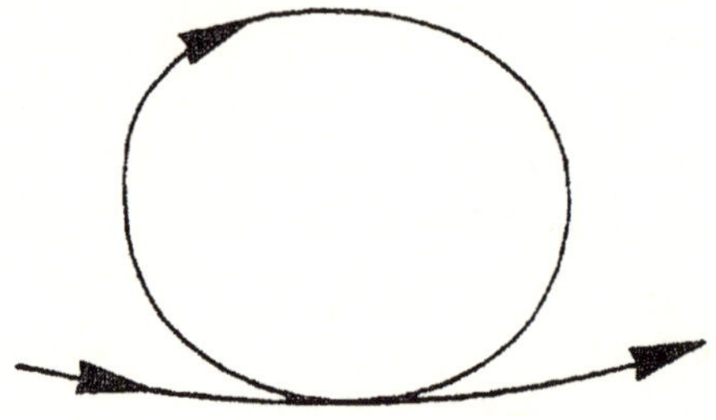

Die auf Anpassung abzielenden Interessen werden gegenüber dem, was im Zuber geschieht und was zur Ordnung der Sexualität, der Liebe und des Hasses gehört, nicht eigentlich ausgeschlossen (für eine Ausschließung genügt es bekanntlich nicht, dass man sie verkündet!), sie werden *tangentialisiert*. Und zwar aufgrund der Etablierung der raum-zeitlichen Einfriedung der Kur, aber vor allem aufgrund der Versagungen [»refus«] des Analytikers.

Mit dem Ausdruck »refus« oder »refusement« versuchen wir, dem Weg der Freud'schen *Versagung** zu folgen, was uns zu zwei Hauptformen dieser Versagungen des Psychoanalytikers führt. Wo wir jetzt sind, spielt sich eine *erste Form von Versagung* ab, nämlich sich auf die Anpassungsebene zu begeben: Ratschläge erteilen, Mittel und Zwecke erörtern; es beispielsweise ablehnen [»refuser«], die Abwesenheit eines Patienten auf eine Diskussion über die Fahrpläne der Eisenbahn zu reduzieren.

Ein Ort der Urverführung

Unser dritter Punkt über die Situation besagt, dass sie die Neuetablierung *eines Ortes der Urverführung* darstellt. Dies in dem präzisen, weiter oben entwickelten Sinne, nämlich der Verführung durch das Rätsel. Natürlich dürfen in der Psychoanalyse weder die frühzeitige Verführung noch die infantile Verführung in die Tat umgesetzt werden, dies bedeutete eine Perversion ihrer Praxis. *Allein die Urverführung* wird wieder ins Spiel gebracht, und zwar in reiner Form, reiner und wesentlicher als in der Kindheit, denn in infantilen Situationen war sie stets mehr oder weniger durch sexuelle Gesten oder Verhaltensweisen vermittelt. Dies wirft ein neues Licht auf den Begriff des Ursprünglichen:

Das Ursprüngliche ist nicht in erster Linie das, was als Erstes kommt, sondern das, was die Grundlage bildet; von daher ist nichts erstaunlich daran, dass das Ursprüngliche auf prägnante Weise in den Anfängen gegenwärtig ist. Aber es ist auch nicht unmöglich, dass eine spätere Situation, die Analyse, das Ursprüngliche in seinem *Wesen* selbst wieder ins Spiel bringt. Ich sehe hier einen Anknüpfungspunkt für einen Dialog mit den Auffassungen von Conrad Stein, denen zufolge das einzige Ursprüngliche die gegenwärtige Tat [»acte«], die Aktualität der analytischen Situation, ist.[116] Dennoch bleibt eine grundsätzliche Meinungsverschiedenheit, insofern ein auf die Sitzung zentrierter Relativismus oder »Subjektivismus« (ein Analytikozentrismus, so wie man von Ethnozentrismus spricht) das infantile Ursprüngliche auf einen a posteriori geschmiedeten Mythos herabwürdigen würde. Das verdeutlicht, wie sehr die unaufhörlich aufs Neue zu bestätigende Unterscheidung zwischen der Nachträglichkeit (mit ihrer Spannung zwischen zwei oder mehreren psychischen Erlebnissen) und dem *Zurückphantasieren**, das bereits für Jung sein Zentrum und seinen einzigen Ausgangspunkt im Aktuellen fand, an der Tagesordnung bleibt. Die Phantasie mit dem schönen Namen Mythos zu schmücken, ändert meiner Ansicht nach nichts am grundsätzlichen Problem, und das ist die Wirklichkeit des infantilen Ursprünglichen.

Die Situation etabliert eine ursprüngliche Beziehung zum Rätsel und zu seinem Träger, »dem Wissen unterstellt wird«, gemäß dem von Lacan verwendeten, wenn auch nicht entwickelten Ausdruck. Hier findet sich das Wesentliche der Ethik des Psychoanalytikers, mitsamt dem, was man Gegenübertragung nennt. Man spricht von Beherrschung der Gegenübertragung, von Gebrauch der Gegenübertragung, man spricht von der Gegenübertragung als Affekt, Teilnahme, Verstrickung usw. Doch vielleicht besteht das Wesentliche nicht darin: Das Wesentliche ist, dass der Analytiker, wenn er in der Position desjenigen, dem Wissen unterstellt wird, sein soll, auf jeden Fall das Wissen zurückweisen [»refuser«], aber auch und vor allem es sich

116 C. Stein, in: *Études freudiennes*, März 1987; vgl. auch: »Qu'est-ce qu'on t'a fait, à toi, pauvre enfant? ou L'efficience de l'interprétation«. In: *Psychanalyse à l'Université*, 11. Jg., 1986, Nr. 42, S. 215–224 (1. Trois figurations de l'enfant dans *L'interprétation des rêves*) und 1986, Nr. 43, S. 377–416 (2. L'attachement de Freud à la théorie de la séduction).

selbst versagen [»se le refuser«] muss. Diese Zurückweisung des Wissens und diese Zurückweisung zu wissen ist die zweite Versagung des Analytikers, nach derjenigen der Anpassung. Das ist der eigentliche Motor, ja die Energiequelle und vielleicht die Quelle einer *neuen* Energie, jener, welche die Kur antreibt. Dieser Wettlauf um das Wissen ist es, der den Analysanten unterjocht und antreibt, wie er früher das kleine Kind angetrieben hat.

Das Containment

Schließlich der vierte Punkt: Die Situation ist *ein Ort des Containments* und der Erhaltung. Dies ist nicht unsere Erfindung; wir haben genug Schlechtes über die Engländer gesagt wegen ihres »empirischen Klinizismus«, sodass wir ihnen hier mit Winnicott und Bion die Idee des »Containers« gutschreiben wollen. Um das Schema des Zubers wieder aufzunehmen: Wir haben es mit einer Art Zyklotron verglichen, in dem die Partikel mit beträchtlichen Energien beschleunigt werden; nun, ohne Umschließung wird das Zyklotron zu einer Wasserstoffbombe. Das »Containment« ist wahrscheinlich das, was Lacan und den Lacanianern am meisten fehlt; Containment und Regelmäßigkeit in der Dauer der Sitzung, Konstanz in der Umgebung, vor allem aber das Wesentliche des Containments, die Aufmerksamkeit, sagen wir gar *die* Aufmerksamkeit*en* des Psychoanalytikers. Selbst wenn jeder Analytiker mitunter schon dem nachgegeben hat, einen Brief zu öffnen oder einen Telefonanruf anzunehmen, die systematische geistige Abwesenheit beraubt die Situation dieses wesentlichen Elements, das man *holding* nennt: Die Umschließung verschwindet und die Sitzung löst sich auf. Die Anwesenheit einer Umschließung ist aber umso notwendiger, als wir einen Diskurs der Entbindung begünstigen und in Gang setzen.

2. Die Übertragung

Nachdem wir diese vier Hauptmerkmale der *Situation* aufgestellt haben, kommen wir nun zur *Übertragung*. Allerdings, um etwas zu behaupten, das diese Unterscheidung relativiert: *Die Situation ist selbst Übertragung*.

Die psychoanalytischen Ausarbeitungen über die Übertragung zeichnet ein langsames Fortschreiten aus. Es wird in dem schon etwas älteren Bericht von Lagache sehr gut zusammengefasst;[117] dieser Fortschritt zeigt in der Tendenz, dass die Übertragung kein von Neurotikern hergestelltes Symptom ist, dass die Übertragung nicht einmal ein Symptom ist, für das der Analysierte der Verantwortliche wäre, sondern dass es eine richtige »Herstellung der Übertragung« durch die Analyse gibt: Das ist der Ausdruck von Ida Macalpine und von Lagache. Fortan muss man noch weiter gehen, über den Ausdruck Herstellung hinaus, und deutlich machen, dass die Situation, wenn sie eine Ursituation erneut etabliert, aus sich selbst heraus Übertragung *ist*.

Man muss hier die allgemein anerkannten Auffassungen, die zwar unterschiedlich sind, aber stets auf Freud'schen Äußerungen gründen, kritisieren. Die Übertragung, sagt uns Freud, wäre eine Wiederholung archaischer, veralteter, unzweckmäßiger Prototypen; die Übertragung wird durch die analytische Neutralität begünstigt, sodass die in der Neurose verstreut auffindbaren pathologischen Mechanismen verdichtet wieder zu finden wären in dem, was man Übertragungsneurose nennt. Die neurotischen Verhaltensweisen würden im Verlauf der Analyse *in praesentia* exemplifiziert. (Wir sprechen hier nicht ohne Grund von »Verhaltensweisen«, da Freud die Übertragung als ein Handeln beschreibt.) Von diesen grundsätzlichen Auffassungen aus ergeben sich für das »Was mit der Übertragung anfangen« zweifellos große Abwandlungen und Unterschiede. Soll man sie gebrauchen, soll man sie deuten, um sie aufzulösen, soll man sie sich entwickeln lassen, indem man sie deutet? Ida Macalpine, die scharfsinnigste in dieser Sache, beklagt zu Recht die Illusion, man könne die Übertragung auflösen. Doch auf jeden Fall bleibt, unabhängig von den Optionen in der Praxis, Freuds theoretische Grundlage unverändert.

Gefüllte Übertragung, hohlförmige Übertragung

Selbstverständlich gibt es darunter Dinge, die wieder aufzugreifen sind, doch muss man sie ausgehend von der Verführungstheorie grundsätz-

117 D. Lagache: »Le problème du transfert«. In: *Œuvres III (1952–1956): Le transfert et autres travaux psychanalytiques*. Paris (PUF), 1980, S. 1–114.

lich neu beleuchten: Die Grundlage der Beziehung zum ursprünglichen Anderen ist die Urverführung, und die Grundlage der Beziehung zum Analytiker reaktualisiert diese Beziehung, ja führt sie ins Absolute. Versuchen wir, unsere Formulierung durch die Unterscheidung zwischen einer »gefüllten Übertragung« und einer »hohlförmigen Übertragung« zu erhellen. Vorab schon behaupten wir, dass gefüllte und hohlförmige Übertragung sich beide … in einer Höhlung etablieren. Die Neutralität des Analytikers ist ein Aspekt dieser Höhlung, wahrscheinlich der oberflächlichste Aspekt, denn er hält die Banalisierung der Züge des Analytikers für wesentlich – Theorie des neutralen Spiegels oder des jungfräulichen Telefonhörers. Jenseits dieser Deutung der Höhlung als Neutralität schlage ich vor, darin die Etablierung der Beziehung zum »unterstellten Wissen« zu sehen. Jenseits der Weigerung, sich im Realen zu etwas Einzigartigem zu machen, gibt es das, was wir als Versagung des Wissens bezeichnen. Das habe ich auch schon anders formuliert, nämlich als »Transzendenz der Übertragung«.[118] Was wird sich in dieser durch den Analytiker und seine Versagung des Wissens etablierten Höhlung einquartieren? Es kann sich darin etwas Gefülltes *oder* etwas Hohlförmiges einquartieren. Etwas Gefülltes ist die positive Wiederholung der infantilen Verhaltensweisen, Beziehungen und Imagines. Etwas Hohlförmiges ist auch eine Wiederholung, in der allerdings die wiederholte infantile Beziehung ihren rätselhaften Charakter wiedererlangt und in der die Imagines nicht mehr vollständig gefüllt sind. Gefüllte Übertragung und hohlförmige Übertragung existieren gemeinsam, das ist unvermeidlich. Wir predigen also nicht die hohlförmige Übertragung gegen die gefüllte Übertragung! Wir behaupten einfach nur, dass, wenn allein die gefüllte Übertragung (die von Freud als typisch beschriebene Situation, die Wiederholung archaischer Situationen, ohne Mysterium) existierte, es keine Möglichkeit gäbe, jemals aus diesem gefüllten Zustand herauszukommen. In einem solchen Fall kann die Deutung zeitweilig nur die Gestalt einer Verneinung annehmen: Sie schreiben mir Züge Ihrer Mutter zu, sagt der Analytiker (worauf der Analysant meistens bereitwillig zustimmt), nun bin ich aber nicht Ihre Mutter. Die folgende Etappe der Verneinung ist die Projektion: Nicht

118 In: *Psychanalyse à l'Université*, 9. Jg., 1984, Nr. 35, S. 369–398 und Nr. 36, S. 543–597.

ich bin es, der, sondern Sie sind es, der. Die Projektion ist die Crux des Psychoanalytikers, sie ist die Crux unlösbarer Übertragungen.

Lösen, analysieren, auflösen bedeutet, irgendwo ein Messer durchziehen, und ein Messer setzt man immer nur da an, wo sich Risse, Spaltungslinien andeuten: Die hohlförmige Übertragung ist eine Höhlung, die sich in einer anderen Höhlung einnistet. Rätselhafte Botschaften aus der Kindheit werden neu ins Spiel gebracht, neu infrage gestellt und neu bearbeitet, und zwar aufgrund der Situation selbst, die diese Wiederkehr und diese Neubearbeitung des Rätselhaften begünstigt. Wir haben gerade darauf hingewiesen, gefüllte Übertragung und hohlförmige Übertragung sind zwei komplementäre Aspekte; aber *erst* von dem Moment an, in dem im Inneren der übertragenen Imagines oder Szenen eine Spaltung erscheint, von dem Moment an, in dem das Messer durchgehen kann, wird sich die gefüllte Übertragung zu einer hohlförmigen Übertragung entwickeln und ausgearbeitet werden können.

Dass die Übertragung nicht so kompakt ist, wie immer behauptet wird, dafür finden wir mit Sicherheit Vorahnungen bei den Autoren. Denken wir insbesondere an Freud, wenn er auf der Ambivalenz der Übertragung beharrt, oder an Klein, die den Akzent auf die depressive Position legt, in der sich gerade die Ambivalenz abspielt. Aber das Wesentliche daran ist nicht, dass das Objekt gut und auch böse ist, sondern dass die Spaltung und das Rätsel gemeinsam in den infantilen Imagines und in der Beziehung zum Analytiker bearbeitet werden können.

3. Der Prozess

Unser dritter Punkt betrifft den *Prozess*. Sind Deutung und Konstruktion bloß Mittel dazu? Sind sie nicht viel eher der Prozess selbst, und dies auf der Basis eines grundlegenden, ontologischen Satzes: Das menschliche Subjekt ist ein selbst-deutendes, selbst-theoretisierendes und selbst-symbolisierendes Subjekt. Von da aus können wir nur zwei Entwicklungsrichtungen andeuten.

Zuallererst eine Wiederaufnahme des Problems der Theorie in ihrem Verhältnis zur Praxis. Dieses Problem gewinnt eine neue Schärfe, sobald wir sagen, dass die Kur selbst »Theoretisierung«, Selbst-Theoretisierung ist. Offensichtlich fügen wir dem Wort »Theoretisierung« Anführungsstriche hinzu, was die Möglichkeit impliziert, die Theorie auf verschiedenen Stufen zu betrachten. Es impliziert auch die Möglichkeit, Unterschiede, verschiedene Ebenen der Theorie zur Diskussion zu stellen. Wir möchten mindestens zwei, wahrscheinlich aber drei Ebenen unterscheiden. Zuallererst die allgemeine Theorie, für die der vorliegende Text ein Beispiel bietet, die Theorie, die von den neuen Grundlagen her zu rekonstruieren ist: also die Metapsychologie. Man behaupte nicht, es sei unsere Absicht, eben diese Theorie in die Kur einzuführen. Nicht nur darf die Theorie nicht in die Kur eindringen, sondern sie ist *dazu* da, dem Eindringen jeder dem Subjekt fremden Theorie Einhalt zu gebieten. Am anderen Ende steht die Selbst-Symbolisierung des Subjekts, das ist die Kur selbst. Am weitesten fortgeschritten ist die Freud'sche Reflexion zu dieser Frage wahrscheinlich mit der Unterscheidung zwischen Deutung und Konstruktion, insofern die Deutung dabei hilft, gewisse Signifikanten zu erkennen, die in der Kur erscheinen, allerdings immer nur punktuell, während die Konstruktion eine vom Subjekt selbst geleistete wirkliche Rekonstruktion seiner Geschichte ist. Aber die Selbst-Symbolisierung des Menschen geschieht nicht aus dem Nichts heraus, kein Mensch, kein Analysant erfindet den Roman seines Lebens völlig neu. Es gibt nicht eine unendliche Anzahl von Szenarien. Folglich ist zwischen der Selbst-Theoretisierung, die in der Kur ihren privilegierten Moment findet, und der allgemeinen Theorie der Psychoanalyse Platz für eine Zwischenstufe, die Stufe dieser theoretischen Schemata, die teilweise an ein kulturelles Umfeld gebunden sind. Hierbei schweben uns insbesondere die infantilen Sexualtheorien, die Komplexe usw. vor. Wir sehen kein Problem darin, auf dieser Stufe den Kulturalismus zu rehabilitieren und beispielsweise den Ödipus- und den Kastrationskomplex als mögliche Varianten dieser kulturell angebotenen Szenarien einzuordnen. Natürlich dürften hier auch die »Urphantasien« ihren Platz finden, allerdings unter der Voraussetzung, dass diese allgemeinen Schemata der Phantasie weder phylogenetisch übermittelt noch für den Kern des Unbewussten konstitutiv sind.[119]

119 Vgl. weiter oben, S. 56–64.

Unendliche Analyse und Übertragung von Übertragung

Unsere zweite Anmerkung zum Prozess hat mit der Beendigung der Analyse zu tun. Führen wir hier drei Ausdrücke ein: *»begrenzt«*, *»unendlich«* und *»beendet«*. Die Analyse ist begrenzt: Sie ist begrenzt durch das Unbewusste und im Unbewussten durch das, was wir die Quellobjekte des Triebes nennen. Man kann diese unbewusste Schranke ankratzen, man kann sich ihr annähern, aber man kann sie, anders als Freud es gehofft hatte, nicht abschaffen. Als zweites wird behauptet, dass die Analyse trotz oder vielleicht gerade wegen ihrer Begrenztheit unendlich ist. Der selbstdeutende Prozess ist potentiell unendlich, zum Glück für den Menschen! Es wäre schlimm, wenn dieser Prozess eines Tages erschöpft wäre! Aber dieses Unendliche bedeutet nicht, dass die Analyse als Situation und als Kur unendlich sein muss. Und hier nun ist der dritte Ausdruck einzuführen, die Beendigung. Im Kontext all unserer Vorschläge kann diese Beendigung auf keinen Fall die »Auflösung der Übertragung« bedeuten, insofern diese als Beziehung zum rätselhaften Objekt verstanden wird. Sie kann bloß die Übertragung dieses Übertragungsprozesses an einen oder mehrere andere Orte, in eine oder mehrere andere Beziehungen bedeuten. Die einzige denkbare Beendigung der Psychoanalyse ist folglich die *Übertragung der Übertragung*. Das Schwierigste ist zweifellos, den Wendemoment zu erfassen, in dem diese Übertragung der Übertragung möglich ist. Man kann zwei Bilder vorschlagen, das Bild der Verladebrücke oder auch das Bild vom Abschuss einer Rakete hin zu anderen Planeten. Es gibt »Fenster«, zeitlich begrenzt, genau bestimmt, während derer man eine Rakete Richtung Saturn schicken kann. Ebenso gibt es bestimmte Momente, in denen die Beendigung der Analyse entschieden werden kann. Verfehlt man sie, dann hat man einen neuen Zyklus, eine neue Windung der Spirale vor sich.

Was wir gerade ausgeführt haben, ist zum großen Teil im Zustand eines Programms verblieben und verfolgt einzig den Zweck zu zeigen, dass die Allgemeine Verführungstheorie kein einfacher »Überbau« ist (gemäß dem pejorativen Ausdruck von Freud), sondern eine solide Ausgangsbasis für neue Entwicklungen in der Praxis der Kur zu bieten hat.

Namensregister